印度尼西亚海权发展的历史考察

王勇辉 著

世界知识出版社

图书在版编目（CIP）数据

印度尼西亚海权发展的历史考察 / 王勇辉著. -- 北京 : 世界知识出版社, 2024.12
ISBN 978-7-5012-6730-9

Ⅰ. ①印… Ⅱ. ①王… Ⅲ. ①制海权－研究－印度尼西亚 Ⅳ. ①E815

中国国家版本馆CIP数据核字(2024)第014522号

书　　名	印度尼西亚海权发展的历史考察
	Yindunixiya Haiquan Fazhan De Lishi Kaocha
作　　者	王勇辉
责任编辑	范景峰
责任出版	李　斌
责任校对	张　琨
出版发行	世界知识出版社
地址邮编	北京市东城区干面胡同51号（100010）
网　　址	www.ishizhi.cn
电　　话	010-65233645（市场部）
经　　销	新华书店
印　　刷	北京虎彩文化传播有限公司
开本印张	787mm×1092mm　1/16　15¼印张
字　　数	240千字
版次印次	2024年12月第一版　2024年12月第一次印刷
标准书号	ISBN 978-7-5012-6730-9
定　　价	135.00元

版权所有　侵权必究

目 录

第一章 绪 论 1
  第一节 国内研究现状 1
  第二节 国外研究现状 11

第二章 独立自主原则下的印尼海权构建 15
  第一节 印尼的海洋环境 15
  第二节 建国初期的印尼海权构建 20
  第三节 独立初期印尼维护海权的实践 36
  第四节 "新秩序"时期的海权发展 57

第三章 民主化改革以来印尼海权的巩固 107
  第一节 哈比比时期的印尼海权战略 107
  第二节 瓦希德政府时期的印尼海权战略 111
  第三节 梅加瓦蒂政府时期的印尼海权战略 116
  第四节 苏西洛政府时期的印尼海权战略 129

第四章 海洋强国目标下的印尼海权拓展 159
  第一节 佐科政府的"全球海洋支点"构想 159
  第二节 佐科政府"全球海洋支点"构想的核心 165
  第三节 佐科政府"全球海洋支点"构想面临的发展机遇
     与挑战 192

第五章　结　语..209

参考文献..214

附录：印度尼西亚涉海涉边条约、法律译名对照表..........227

后　记..237

第一章 绪 论

第一节 国内研究现状

关于印度尼西亚（以下简称"印尼"）海权的发展，国内学界主要从海洋领土争端、海洋经济、海洋战略、与中国的海洋合作等方面进行研究。印尼作为海域面积广阔的地区大国，地处连接太平洋与印度洋和亚洲与大洋洲的十字路口，近年来其海权的发展引起了国内学界的关注与研究。以下将从印尼海洋历史形成、当前海上争端、海洋经济、海洋法律与制度以及海洋战略等方面进行总结与归纳。

一、印尼古代海洋活动

我国研究印尼古代海洋活动的成果比较少，主要是一些关于印尼的历史学著作有所提及。王任叔[①]等从印尼的地理位置和自然资源禀赋出发，论述了早至7世纪印尼人的海上渔业活动与贸易活动，形成了早期印尼海洋文明。印尼不仅是一个地域广阔的群岛国家，也是一个海域辽阔的海洋国家。天然地缘优势和海洋资源，使得印尼人自然具有亲海性。

二、海域划界问题

在20世纪，国内对印尼与周边国家海上争端的研究较少，进入21世纪，随着海洋经济与海洋产业的发展，印尼海上争端引起了国内学界的广泛关注，并开始较多地进行个案的分析。

---

① 王任叔：《印尼古代史》，中国社会科学出版社，1987。

东南亚地区岛屿星罗棋布，地理情况非常复杂，存在领土争议的岛屿较多。对于印尼与邻国马来西亚的海上争端，朱利江[①]较早地从国际法角度进行了整体分析。在他看来，能够通过将领土争议案件提交远在欧洲的国际法庭，并通过诉讼进行解决对于东南亚国家来说已实属不易，印尼和马来西亚有关部门需要一定的政治勇气。通过国际法庭解决海上争端，不失为一种相对和平且有效的措施。在个案分析上，李辉、陈安刚、邵建平、胡二杰等学者都有不同视角的考察。李辉、张学刚[②]对印尼与马来西亚的安巴拉特领海争端进行了研究。1967年，印尼因婆罗洲[③]领土纠纷，发动了对马来西亚的"对抗运动"，在安巴拉特海域石油开发上，印尼和马来西亚也存在矛盾，甚至一度升级为军事对峙。但争端中，两国领导人均指示各自海军保持克制，以避免事态的扩大。陈安刚[④]对印尼与马来西亚在苏拉威西海的油气开采纷争进行了梳理，不同于多数学者的研究，他更多从军事角度考察，分析了两国的海军军事实力。邵建平、李晨阳[⑤]在总结东盟国家解决南海以外海域划界争端的方式时，将印尼与马来西亚的利吉丹岛和西巴丹岛争端作为案例分析，这是国际法庭基于有效控制原则和禁止反言原则进行裁决的代表案例。胡二杰[⑥]在梳理东南亚国家和平解决海上争端的主要路径时，将印尼与马来西亚、新加坡三国共管马六甲海峡作为协商解决路径的一个成功案例进行了分析。

2014年5月，印尼与菲律宾签订两国重叠专属经济区的边界协定。这是两国签订的第一份海洋划界协定，该协定划定了两国在棉兰老海、西里伯斯海和菲律宾海重叠的专属经济区的边界。华涛、李忠林、王胜等分析

---

① 朱利江：《马来西亚和印度尼西亚岛屿主权争议案评论》，《南洋问题研究》2003年第4期，第60—70、94页。
② 李辉、张学刚：《印尼与马来西亚安巴拉特领海争端概况》，《国际资料信息》2005年第5期，第10—13页。
③ 即加里曼丹岛北部地区，现为马来西亚东部的沙捞越州和沙巴州。
④ 陈安刚：《印马苏海争端》，《航海》2005年第3期，第33—35页。
⑤ 邵建平、李晨阳：《东盟国家处理海域争端的方式及其对解决南海主权争端的启示》，《当代亚太》2010年第4期，第144—156页。
⑥ 胡二杰：《浅析东南亚国家和平解决海洋争端的主要路径选择》，《东南亚纵横》2016年第4期，第33—38页。

了印尼与菲律宾的海域划界谈判中菲律宾与印尼对涉海法律制度的调适、维护海上边界安全的诉求，[1]以及开发近海自然资源的需要，是两国边界谈判由长期停滞不前到快速解决的背后动因。[2]印尼与菲律宾在南海均有利益诉求，两国在西里伯斯海和棉兰老海的海域边界的成功划定，对解决南海争议具有一定启发意义。[3]

对于印尼尚未解决的海域划界问题，刘畅[4]、潘军[5]、刘能冶等[6]从多个角度进行了梳理并对此予以展望。印尼从20世纪60年代末就开始的与周边相关国家的海域划界谈判，是海权意识的集中体现。迄今至少还有五个比较重大的问题需要解决，包括与马来西亚的安巴拉特海域划界争端、与马来西亚和新加坡两国在新加坡海峡的"灰色地带"划界问题、与澳大利亚1997年所签订条约的批准问题、与东帝汶关于印尼领海基线的争议、与帕劳的海域划界问题。多年来，印尼在处理海域划界问题时，善于利用国际法，主张通过谈判解决分歧与争端，并积极参加国际海洋合作。但学界对于未来印尼解决海域划界问题的前景并不乐观，因为新任总统佐科提出的"全球海洋支点"构想，一方面展示了印尼在海域划界谈判中维护本国国家利益的决心，另一方面也增加了解决有争议海域问题的难度。

然而，也有国内学者对通过外交谈判手段解决海域划界问题提出了质疑，例如蔡拓、胡二杰等认为，由于主权争议在战略、资源开发和宣泄民族主义情绪上的功能作用，谈判当事方都不愿放弃对相对优势的争夺，因

---

[1] 王胜、华涛：《菲律宾条约界限的性质刍议——以条约界限的形成、演变与确立为中心》，《太平洋学报》2014年第12期，第23—35页。

[2] 王胜：《菲律宾—印度尼西亚专属经济区划界谈判及其影响》，《海南热带海洋学院学报》2020年第1期，第21—27页。

[3] 李忠林：《印尼和菲律宾专属经济区划界及对中菲南海争端的启示》，《亚太安全与海洋研究》2016年第5期，第33—124页。

[4] 刘畅：《印尼海洋划界问题：现状、特点与展望》，《东南亚研究》2015年第5期，第35—40页。

[5] 潘军：《一次卓有成效的国家实践——200海里外大陆架法律制度下澳大利亚划界案的实证分析》，《太平洋学报》2012年第8期，第66—79页。

[6] 刘能冶、王晓明：《新加坡、马来西亚岛屿主权纠纷案述评》，《中国审判》2009年第11期，第86—89页。

此，边界谈判很难达成一致。① 此外，谈判解决作为外交努力的产物，其局限在于谈判成果有赖于各方的自觉执行。早在1997年，印尼与澳大利亚就海域划界问题签署了条约，但一直未能获得两国国会的批准。②

三、涉海法律与协调机制

国内学界关于印尼涉海法律与协调机制的研究，主要集中在群岛水域海上安全机制方面。

与领海、毗连区、公海等国际海洋法制度相比，群岛水域相关的国际法制度形成较晚。刘新山、郑吉辉较早地全面分析了印尼的群岛水域制度。1982年《联合国海洋法公约》对国际海洋法领域中众多的习惯法规则进行了法典化，同时也确立了许多新的国际海洋法制度。其中，印尼对群岛水域制度的形成作出了一定贡献，进而维护了印尼国家利益，但群岛水域中无害通过权、群岛海道通过权的行使方式还需要通过进一步的国家实践予以明晰。③

印尼是毗邻马六甲海峡的群岛国家。独特的地理位置决定了印尼在亚太地区的地缘战略地位，也决定了它与众不同的海上安全策略。马六甲海峡是连接印度洋和太平洋的国际水道，是世界上重要的海上交通枢纽，因其重要的战略地位和军事、经济价值而备受各国关注。然而，该地区存在航行事故、海盗、恐怖主义等安全隐患，一直影响着海峡沿岸国家的安全和海峡的航运安全。早期，马六甲沿岸三国——拥有海峡控制权的印尼、马来西亚、新加坡等相关国家在海峡管理上各自为政，分头采取了多项海上安全措施，但海峡安全问题的复杂性，使三国意识到单靠一国的力量无以全面解决安全问题。为消除安全隐患，提高海峡安全系数，近年来三国会同众多海峡使用国在共同应对安全问题上做了诸多努力。钱忠礼认

---

① 杨昊、蔡拓：《公地化：解决领土主权争端的另一种思考》，《国际安全研究》2013年第3期，第75—157页。

② 胡二杰：《浅析东南亚国家和平解决海洋争端的主要路径选择》，《东南亚纵横》2016年第4期，第33—38页。

③ 刘新山、郑吉辉：《群岛水域制度与印度尼西亚的国家实践》，《中国海商法年刊》2011年第1期，第102—108页。

为，马六甲海峡所涉安全问题非常复杂，其中既有传统安全威胁，也有非传统安全威胁，安全问题既有客观存在的，也有在安全困境下国家主观建构的。他解读了印尼与马来西亚、新加坡在马六甲海域构建的联合巡逻机制，这一机制涵盖了海峡沿岸国家协调机制、东盟地区论坛框架下海峡安全机制和针对马六甲海峡安全问题设立的小多边的安全合作机制，将马六甲海峡安全问题纳入多边安全机制。[1]

针对海上安全机制问题，李峰、郑先武[2]和鞠海龙[3]则通过区域安全政策、海上安全能力建设、海上安全合作角度对印尼海上安全政策具体的内容和目标进行论述，分析了影响印尼海上安全政策走向的因素。他们认为尽管印尼的海上安全政策将在美国的介入和南海地区形势变化的影响下出现一些波动，但是其政策大致方向仍是坚持维持地区和平，推动与周边国家合作，不与域外强国结盟的政策轨道。这也是印尼反对域外大国介入马六甲海峡安全问题的一贯主张。相关学者认为，马六甲海峡海上安全机制对南海争端具有较强的对照参考性，其形成与运作综合了印尼的国家与区域安全观，是印尼实践安全战略与政策、协调区域主义与大国角色的工具，对南海海上安全机制以及印尼建构区域安全机制起到了协同补充作用。

有异于多数学者的分析路径，韦红等学者认为，中国近年来所提出的"总体国家安全观"中体现出的安全治理新理念可为东南亚区域海上安全治理提供新的思路，并提出了中国在这一问题上的策略选择。她认为目前在东南亚海上安全治理中存在一系列问题，如非国家行为体与国家行为体互相竞争，国内发展水平与治理能力要求严重脱节，传统安全与非传统安全治理交织冲突，自身安全与地区安全相互依存理念缺失等，这些问题

---

[1] 钱忠礼：《马六甲海峡安全机制及其特征分析》，《世界经济与政治论坛》2010年第3期，第118—125页。

[2] 李峰、郑先武：《印度尼西亚与南海海上安全机制建设》，《东南亚研究》2015年第3期，第52—61页。

[3] 鞠海龙：《印度尼西亚海上安全政策及其实践》，《世界经济与政治论坛》2011年第3期，第25—36页。

导致东南亚海上安全治理陷入困境。①在2017年的针对东盟海上安全合作机制的一项研究中,②相关学者梳理了东盟海上安全合作机制的建构路径,包括基本共识基础上的东盟内部海上安全合作实践、东盟地区论坛架构下的海上安全合作、以东盟海事论坛为代表的海上安全合作交流机制、同周边国家及域外国家的海上安全合作等,对东盟海上安全合作机制进行了全面的总结。

四、海洋经济

作为世界上最大的群岛国家,印尼在2012年就提出了"促进蓝色经济"的概念,旨在推动海洋经济成为新的增长点,其海洋经济的发展情况成为近年来学界关注的重点,尤其是与中国在海洋经济方面的合作,广受学界的关注。

王晓惠、赵鹏较为全面地介绍了印尼海洋经济发展的现状。他们从印尼的国情和海洋产业的发展现状出发,分析了印尼提出"蓝色经济"的背景,总结了印尼在海洋经济方面的举措与实践。印尼政府提出的蓝色经济是一个新的概念,其主要目标是促进海洋和渔业的经济增长,实现资源的可持续性利用,保护海岸带与海洋环境。蓝色经济也是一种不再倚重资源和环境开发的发展模式,主要包括两大方面:一是以海洋与渔业工业化为旗帜的海洋经济快速发展,二是以创新型蓝色经济为方向的对新型经济发展模式的探索。③在"蓝色经济"提出的大背景下,2013年印尼巴厘岛亚太经合组织(APEC)峰会以"弹性亚太,全球增长引擎"为主题,将蓝色经济作为峰会的重要议题之一,峰会期间,印尼积极地就蓝色经济开展双边和多边磋商。

---

① 韦红:《东南亚海上安全治理困境及中国的策略选择——基于"总体国家安全观"分析路径》,《华中师范大学学报(人文社会科学版)》2018年第6期,第41—50页。

② 韦红、卫季:《东盟海上安全合作机制:路径、特征及困境分析》,《战略决策研究》2017年第5期,第32—103页。

③ 王晓惠、赵鹏:《印度尼西亚蓝色经济发展现状》,《海洋经济》2013年第4期,第53—61页。

在介绍印尼海洋经济发展具体政策措施的基础上，吴崇伯[①]分析了中国与印尼开展海洋经济合作的前景并提出了具体的政策建议。鉴于中国和印尼都是重要的南海周边国家，他认为两国在海洋领域有许多共同关注的话题，中国和印尼两国在保护海洋、开发海洋资源方面存在着诸多共同利益，两国应继续深化海洋经济合作，努力扩大合作规模，拓宽合作的领域。在2016年的相关研究中，他也指出了印尼海洋经济发展所面临的主要挑战，这些挑战覆盖了海洋经济发展的多个重要领域，既有印尼现存的技术设备落后、资金不足、配套设施缺乏、人力素质不高等问题，也包括印尼强硬立场所引发的地区问题，如地区关系紧张、地区新一轮军备竞赛等。[②]

在有关印尼海洋经济发展的经验研究方面，马贝等在总结亚太地区具有代表性的国家海洋产业发展经验的基础上对印尼的经验进行了介绍。海洋经济在印尼国民经济中所占比例较大，对国民经济发展的贡献率大。印尼海洋经济新举措主要包括：2015年以来实施"海上高速公路"战略，不断完善海洋产业基础设施建设；健全海洋管理机构，加强海洋秩序管理；加强海洋资源开发和管理，保护海洋生态环境；建立"蓝色经济示范区"，实现海洋领域投资环境的不断优化等。[③]

印尼海洋经济领域的研究主要集中在渔业、能源等领域。赵春珍详细分析了中国与印尼能源合作的现状与现实基础，并对未来推进中国与印尼能源合作提出了具体的政策建议，认为中国与印尼在油气贸易、资源开发、能源基础设施建设以及新能源方面开展了一定程度的合作，但仍需进一步拓展深度与广度，在解决诸多问题的基础上两国海洋能源合作大有可为。[④]韩杨等从渔业产量、市场、管理体制与相关法规等角度对印尼渔

[①] 吴崇伯：《中国—印尼海洋经济合作的前景分析》，《人民论坛·学术前沿》2015年第1期，第74—95页。

[②] 吴崇伯：《印尼海洋经济发展及其与中国海洋经济合作政策思考》，《中国周边外交学刊》2016年第2期，第165—180页。

[③] 马贝、高强、李华、王晓彤：《亚太国家海洋产业发展经验及启示》，《世界农业》2018年第2期，第21—27页。

[④] 赵春珍：《中国与印尼能源关系：现状、挑战和发展策略》，《南洋问题研究》2012年第3期，第17—26页。

业的发展进行了梳理。印尼的渔业资源极为丰富，其渔业仍属传统渔业类型。[①] 海洋捕捞是印尼渔业的重要组成部分，自1950年以来，印尼的捕捞业曾持续缓慢增长。而印尼的水产养殖业在2004年之后呈迅猛发展态势，成为渔业的支柱。不同于对渔业发展现状的梳理，李明爽关注了佐科总统在第一个任期采取的加强基础设施建设、保护渔业、减轻海洋资源压力，恢复印尼世界最大群岛国家地位等一系列新举措。[②]

五、海洋战略与海洋政策

印尼海洋战略与海洋政策也是国内学者关注的较多的方面，国内学界以南海政策等与中国国家利益关联性较强的政策和战略为切入点展开了相关研究。吴艳[③]对印尼海洋战略的内在支柱与外在目标进行了界定，指出独特的地理结构、摆脱殖民统治后的独立安全意识、已建立的"逐岛防御体系"是构成印尼新时期海洋战略的三大内在支柱；而应对周边冲突、抵御域外势力渗透、预防跨国恐怖主义是印尼新时期海洋战略的三大外在目标。印尼战略三大内在支柱和三大外在目标的现实运作，构成了印尼强化海军、支持东盟、慎对域外合作、坚持大国平衡的海洋战略原则。这些战略原则又在总体上支撑了印尼应对域外大国压力时所采取的相对独立且公允的国策路线。韦健锋、张会叶[④]、常书则重点探讨了后冷战时代印尼的南海政策，认为印尼在南海问题上虽未提出主权要求，但十分关注南海局势的发展，长期以来一直积极推动解决南海争端，扮演着中立调停者的角色，[⑤]并制定了相应政策。维护纳土纳群岛及其领海安全是印尼国家海洋政策的一大立足点，因此，积极调解南海争端以提升本国在地区和国际事务中的地位和影响力，也是印尼海洋政策追求的目标之一。

---

① 韩杨、曾省存、刘利:《印度尼西亚渔业发展趋势及与中国渔业合作空间》,《世界农业》2014年第5期，第39—45页。

② 李明爽:《印度尼西亚新海洋法促进渔业可持续发展》,《中国水产》2015年第4期，第52页。

③ 吴艳:《印度尼西亚海洋战略探析》,《战略决策研究》2014年第2期，第50—59页。

④ 韦健锋、张会叶:《论冷战后印尼的南海政策及其利益考量》,《和平与发展》2016年第1期，第98—114页。

⑤ 常书:《印度尼西亚南海政策的演变》,《国际资料信息》2011年第10期，第25—28页。

随着近年来美国主导的"印太战略"的落地,国内学者对于印尼版的"印太构想"也给予了较多关注,认为印尼的"印太构想"推动了东盟版"印太战略"的形成。韦红等指出,印尼在2013年就提出了其"印太构想",并且在2018年以来重新提出和推介其"印太构想",其目标"是要在印太地区建立和平、稳定、繁荣的地区环境"。[①] 印尼主要通过安全和经济两大目标同时推进其"印太构想",强调积极合作和包容性制度制衡,并战略性倚重东盟和环印度洋联盟等多边机制平台推进其国策。丁辉等认为,由美国主导推动、日本大力推介、澳大利亚和印度积极跟进的"印太战略",具有意识形态对抗色彩,对印尼长期坚持独立自主的外交政策及东盟在区域合作中维持主导地位构成了一定的挑战。[②] 刘琳主要从东盟的"印太展望"的形成以及对"印太战略"的消解的角度进行了研究。尽管印尼在东盟"印太展望"的形成过程中发挥了关键作用,积极倡导东盟版"印太战略",但佐科政府的主要关注点还是国内经济发展,因此,她对印尼能够投入多大精力落实东盟"印太展望"的前景并不乐观。[③]

2014年11月13日,佐科在缅甸内比都出席东亚峰会期间首提"全球海洋支点"构想,近年来成为学界关注的焦点。李峰、郑先武、刘畅、应霄燕、谢静岩从不同角度进行了分析,认为佐科将印尼国家战略发展从陆地转向海洋,构建海洋强国既是对印尼外交中的区域大国、中等强国身份认知的承续,也是佐科政府权衡前两者实践不足,旨在充分发挥自身海洋优势,平衡印尼区域经济与安全能力,协调国内、区域与全球实践,以谋求战略互构的结果。[④] 在相关学者看来,海洋强国是一个综合性概念,具有补充性、联通性的目的与特征,其中,经济与安全是核心内涵,海洋基础设施建设和捍卫海权是佐科"全球海洋支点"构想的两条主线。

---

① 韦红、李颖:《印尼的"印太"构想:特征、动因、影响及中国应对》,《印度洋经济体研究》2019年第4期,第92—109页。

② 丁辉、汤祯滢:《印度尼西亚对印太战略的反应——印度尼西亚"印太政策"辨析》,《东南亚纵横》2018年第4期,第38—45页。

③ 刘琳:《东盟"印太展望"及其对美日等国"印太战略"的消解》,《东南亚研究》2019年第4期,第72—156页。

④ 李峰、郑先武:《历史承续、战略互构与南海政策——印尼佐科政府海洋强国战略探析》,《太平洋学报》2016年第1期,第63—73页。

对"全球海洋支点"构想的可行性表示乐观的学者总结了印尼的优势条件,其中包括恰当地提出时机、对发展需求的理性分析、较为坚实的民意和合法性基础以及印尼国家的较好国际形象等因素,这些为该构想的实现提供了有力支持。相关学者同时认为,"全球海洋支点"构想的实施有助于印尼提升国家竞争力,拓展与主要大国的关系,并使印尼在东南亚地区发展中扮演领头羊的角色。[①] 同时也有学者对于该构想的前景不够乐观,认为印尼"全球海洋支点"构想的内涵不只局限于经济领域,还事关国家整体发展的重大变革。相关学者从战略适应性角度对这一构想的前景表达了担忧,即该构想面临区域发展失衡的制约、地缘政治与外交关系的连带效应以及自然灾害与社会文化方面的一些挑战。[②] 面对此类适应性问题,印尼未来需要在人才培养、城市建设、文化交流和海洋开发等方面进行变革。

六、"全球海洋支点"构想与"一带一路"倡议的对接

2007年11月16日,中国与印尼在双边海洋合作中签订了《海洋领域合作谅解备忘录》,2012年两国共同制定了《海洋领域合作五年计划(2013—2017)》,这是两国开展海洋合作的重要保障,对海洋合作的稳定持续发展起到了促进作用。2018年10月,中国与印尼签署了共建"一带一路"倡议和"全球海洋支点"构想谅解备忘录。对于两国战略对接的问题,国内学者从多个角度分析了前景与可行性,并有针对性地提出了政策建议:

马博[③]等在对印尼"全球海洋支点"构想评析的基础上,分析了中国与印尼两国战略对接的必要性、条件和具体路径,以及面临的机遇和挑战。他认为,一方面,中国与印尼良好的双边关系与维护地区安全稳定的

[①] 刘畅:《试论印尼的"全球海洋支点"战略构想》,《现代国际关系》2015年第4期,第8—13页。

[②] 应宵燕、谢静岩:《印尼全球海洋支点战略的实施与展望——基于国家战略适应性的分析》,《印度洋经济体研究》2019年第6期,第132—149页。

[③] 马博:《"一带一路"与印尼"全球海上支点"的战略对接研究》,《国际展望》2015年第6期,第33—50页。

共同利益是两国发展战略成功对接的现实基础,双方可将贸易均衡化、增加投资、能源资源合作等领域作为突破口,逐步推进战略对接。另一方面,中国与印尼发展战略对接也面临着一系列潜在的挑战,如印尼在海上强势执法、对待美日等域外大国干涉的态度等。

许培源、陈乘风[①]等从战略定位角度,认为印尼的"全球海洋支点"构想和我国的"一带一路"倡议存在合作空间。张洁[②]等从海洋的历史发展角度,认为得天独厚的自然条件和地理位置,加上悠久的历史经验是印尼"全球海洋支点"构想的深厚基石。印尼扼守"一带一路"倡议合作的战略通道,又是东南亚国家的领头羊,必然成为"一带一路"建设的重点合作国家。为与印尼实现战略对接,顺利开展"一带一路"倡议的项目合作,应在历史与文化情境下,从政治、经济、安全等多维度理解和认识印尼的"全球海洋支点"构想,以海洋为核心,开展经济合作,维护地区安全,管控双边的潜在冲突,最终实现互利共赢。

第二节 国外研究现状

国外学者对印尼海权发展的考察,多集中在海域边界管理、海洋战略、海洋安全领域。相较于国内学者的研究,国外学者更多地将印尼放在东盟整体环境下进行考察,并从安全事务、地区角色、对中国依赖程度等等关键考察线索角度进行了深入分析。对于佐科总统的"全球海洋支点"构想,国外学者也给予了较多的关注,并就这一构想与中国"一带一路"倡议的结合进行了评论。

就海域划界问题,国外学者多从具体政策措施角度进行分析并总结了印尼的经验。[③] 印尼全境岛屿数量众多,海岸线漫长,与印度、马来西亚、

---

① 许培源、陈乘风:《印尼与"海上丝绸之路"建设》,《亚太经济》2015年第5期,第20—24页。

② 张洁:《"一带一路"与"全球海洋支点":中国与印尼的战略对接及其挑战》,《当代世界》2015年第8期,第37—41页。

③ Andrew Drwiega, "Indonesia Faces Force Modernisation and Border Challenges," *Spotlight on Indonesia* (2014): 431.

新加坡、越南、菲律宾、澳大利亚、东帝汶、帕劳、巴布亚新几内亚和泰国等10个国家相邻或隔海相望，复杂的周边环境使印尼在领土管理中不可避免地会遇到边界问题。很多国外学者采用个案分析的方法进行了逐案分析。[①]

马来西亚学者拉姆利·多拉（Ramli Dora）关注了联合国《海洋法公约》视角下的印尼与邻国的海域边界问题，并阐述了印尼海洋政策的主要发展，特别是政府在解决海域划界问题和其他与海洋相关的问题上所采取的一系列措施。虽然联合国《海洋法公约》意在提供一个有效的海洋安全机制，但不同于国内学者的观点，他认为这一公约非但没有促进海洋问题的解决，反而使其更加复杂。[②]印尼政府处理海洋安全和其他相关海洋问题的能力及其成果对马来西亚政府开展相关工作具有指导意义。

澳大利亚学者阿伦·康纳利（Aron L. Connelly）[③]在佐科总统上任初期就他的外交政策和海洋战略展开了评论。阿伦·康纳利认为，印尼新任总统佐科在外交事务上是新人，他对外交似乎没有兴趣，这与他的前任苏西洛形成鲜明对比，苏西洛更倾向于寻求实现世界政治家的梦想。佐科总统把施政重点放在了国内事务上，作为一项广泛改革计划的一部分，佐科的海洋政策更注重加强印尼的海上基础设施建设和重塑国家的权威。阿伦·康纳利重点探讨了印尼与邻国关系中的潜在冲突点，并得出结论：佐科政府的外交政策可能变得不那么清晰，协调与合作程度降低，从而给印尼在该地区的领导地位带来不确定性。

同样，里斯蒂安（Ristian Atriandi Supriyanto）[④]认为由于政治和官

[①] John G. Butcher, "The International Court of Justice and the Territorial Dispute between Indonesia and Malaysia in the Sulawesi Sea," *Contemporary Southeast Asia* 35, no. 2 (2013): 235-257.

[②] 拉姆利·多拉、万·沙瓦鲁丁·万·哈桑、文一杰:《印度尼西亚海洋边界管理中的挑战：对马来西亚的启示》,《南洋资料译丛》2015年第1期，第22—37页。

[③] Aaron L. Connelly, "Sovereignty and the Sea: President Joko Widodo's Foreign Policy Challenges," *Contemporary Southeast Asia* 37, no.1 (2015): 1-28.

[④] Supriyanto, Ristian Atriandi, "ASEAN and the India Ocean: The Key Marine Links Report," Edited by Bateman Sam, Gamage Rajni and Chan Jane. S. Rajaratnam School of International Studies, 2017, pp.52-61.

僚主义的原因，印尼对印度洋的外交努力充满了矛盾。尽管有口头上的热情，印尼政府仍未制定合理、详细的海洋战略。印尼政府高层缺乏明确的指导方针，这意味着尽管有政策制定机构，但相关机构并未全权负责政府开展的活动，或在实施过程中加强协调和统一。表面看来，印尼有关海洋战略的言论似乎很重要，然而，他认为印尼只是在寻求简短、快速的外交胜利，而这些胜利更倾向于宣传性质的。

印尼学者勒内（René L Pattiradjawane）[①]等从海上安全角度对印尼的海洋战略进行了展望。勒内认为佐科政府的"全球海洋支点"构想可以成为双赢的海洋合作机制，既能实现该地区的共同稳定、安全与繁荣，同时也承认亚洲及其他地区的经济多样性。但他同时也提出，印尼需要解决国家和地区两大层次的挑战才能建立"全球海洋支点"，这需要考虑东盟在维护该地区和平与安全中的重要作用。

新西兰学者大卫·卡派（David Capie）[②]对印尼在地区与国际事务中发挥的作用，尤其是在联合国维和行动中的作用给予了评价。大卫·卡派根据对印尼外交、国防部官员和独立分析师的采访，以及印尼代表在联合国和其他国际高级别论坛上的发言，认为印尼作为一个新兴国家，与其他新兴大国相比，印尼的作用尚未得到充分研究。尽管新兴国家经常被描述成保守派，但印尼一直主张采取更雄心勃勃的东南亚集体维和方法，主张建立东盟维持和平部队，并支持使用区域部队来监督地区和平协定。

印尼学者克里斯托弗（Christopher B. Roberts）[③]等则以印尼的崛起过程为视角，对印尼的海洋文明进行了研究。相关学者讨论了殖民时代的荷兰人如何强调确保水道安全的重要性，认为水道安全问题影响了印尼群岛观概念的形成，并解释了佐科强调将印尼转变为"全球海洋支点"的历

[①] René L Pattiradjawane and Natalia Soebagjo, "Global Maritime Axis: Indonesia, China and a New Approach to Southeast Asian Regional Resilience," *International Journal of China Studies* 6, no. 2 (2015): 175-185.

[②] David Capie, "Indonesia as an Emerging Peacekeeping Power: Norm Revisionist or Pragmatic Provider?" *Contemporary Southeast Asia* 38, no. 1 (2016): 1-56.

[③] Christopher B. Roberts, Ahmad D. Habir and Leonard C. Sebastian Basingstoke, Hampshire, "Indonesia's Ascent: Power, Leadership and the Regional Order," *Contemporary Southeast Asia* 37, no. 3 (2015): 502.

史基础，以及需要大力保护其主权和海洋权益的必要性。克里斯托弗认为佐科总统销毁印尼海域内从事非法捕鱼活动的外国船只的政策可能显得较为极端，并且确实已成为印尼与其邻国关系中的障碍。

站在邻国的角度，新加坡学者娜塔莎（Natasha Hamilton-Hart）对印尼的海洋政策与周边外交政策进行了论述，她认为，新加坡和印尼的紧张状态常被决策者和学界夸大到与事实不符的程度，他们把两国关系中的危险因素和在诸多领域存在的互补与合作隔离开来。[①] 印尼与新加坡之间的关系并非必然地倾向于紧张和不稳定，一般被视为对两国关系影响较大的结构性和历史性因素，往往并不是决定性因素。两国关系中某些结构上的紧张状态确实存在，但这种状态在1965年之前就已存在，并且其根源并不在于文化和人口因素。同时，新加坡的战略与国内政治，同印尼的政治变更和领导人的个性一样，决定着两国合作与争论的形式。两国的政治家有时对两国关系采取选择性的解释，使其比实际情况更加敏感，但选择性错误在学术研究中不应继续重复。新加坡和印尼在很多问题上意见相左，如第三方在区域海盗问题中的角色，两国意见始终并不一致。新加坡和印尼的关系通常表现出强烈的波动，在紧张对立和亲密合作之间转换。

---

① 娜塔莎·汉密尔顿·哈特、许丽丽：《印尼和新加坡——结构、政策和利益》，《南洋资料译丛》2010年第2期，第57—65页。

第二章 独立自主原则下的印尼海权构建

第一节 印尼的海洋环境

一、印尼的地理状况

印尼位于亚洲东南部，由太平洋和印度洋之间的17,508个大小岛屿组成，包括苏门答腊岛（Sumatra）、爪哇岛（Java）、苏拉威西岛（Sulawesi）及加里曼丹岛（Kalimantan）和新几内亚（Papua）的部分地区。其国土面积为191.4万平方公里，[1] 海洋面积为316.6万平方公里（不包括专属经济区），[2] 是世界上最大的群岛国家，素有"千岛之国""赤道翡翠"等美誉。

印尼群岛分布于北纬6°至南纬11°、东经94°至141°之间，赤道贯穿全境，其东西绵延达5110公里，南北纵长约1888公里。在大大小小的岛屿之间，各种海峡，如马六甲海峡（S. Malaka）、巽他海峡（S. Sunda）、龙目海峡（S. Lombok）、马鲁古海峡（S. Maluku）等和各种内海，如爪哇海（L. Jawa）、苏拉威西海（L. Sulawesi）、弗洛勒斯海（L. Flores）、班达海（L. Banda）等构成了沟通太平洋和印度洋的重要通道。这些通道

---

[1]《印度尼西亚国家概况》，中华人民共和国外交部网站，2023年11月，https://www.fmprc.gov.cn/web/gjhdq_676201/gj_676203/yz_676205/1206_677244/1206x0_677246/，访问日期：2024年3月21日。

[2]《对外投资合作国别（地区）指南——印度尼西亚（2022年版）》，中国驻印尼大使馆经济商务参赞处网站，2022年12月25日，www.mofcom.gov.cn/dl/gbdqzn/upload/yindunixiya.pdf，访问日期：2024年3月21日。

使得印尼成为亚洲大陆和澳洲之间的桥梁、太平洋和印度洋之间的要冲，既与巴布亚新几内亚、东帝汶、马来西亚接壤，又与泰国、新加坡、菲律宾、印度、澳大利亚等国隔海相望，在全球战略上居于重要地位。[1]

印尼位于赤道，是低纬度国家，属于典型的热带海洋性气候。山地和高原是印尼地形的主要特点，除苏门答腊、爪哇、加里曼丹、伊里安岛平原辽阔以外，其他岛屿仅沿海地区有狭长的平原，位于巴布亚省查亚维查亚山（Pegunungan Jayawijaya）的查亚峰（Puncak Jaya）是印尼最高峰，海拔5030米。印尼群岛的火山比较多，且活动频繁。全国400余座火山，均分布在除加里曼丹以外的各岛屿，其中100座为活火山，最著名的有巽他海峡的喀拉喀托火山（G. Krakatau）、巴厘岛的阿贡火山（G. Agung）、爪哇的莫拉比火山（G. Merapi）和塞梅鲁火山（G. Semeru）。[2]

印尼水利资源丰富，河流、湖泊众多。其境内有800多条河流横贯各岛，对交通运输和农业水利灌溉发挥着重要的作用。其中九条最长河流分别是：加里曼丹的卡普阿斯河（S. Kapuas，长998公里）、巴里托河（S. Barito，长704公里），巴布亚的曼伯拉莫河（S. Memberamo，长684公里）、迪古尔河（S. Digul，长546公里），苏门答腊的穆西河（S. Musi，长507公里）、巴当哈里河（S. Batang Hari，长485公里）、印特拉吉利河（S. Indragiri，长343公里），加里曼丹的卡哈延河（S. Kahayan，长343公里）、马哈坎河（S. Mahakam，长334公里）。[3]此外，还有以悠久人文历史著称的爪哇岛的梭罗河（Bengawan Solo）、芝塔龙河（S. Citarum）和布兰塔斯河（S. Brantas）。印尼的湖泊星罗棋布，景色迷人。苏门答腊的多巴湖（D. Toba）、马宁焦湖（D. Maninjau）和辛卡拉湖（D. Singkarak），苏拉威西的坦佩湖（D. Tempe）、托武帝湖（D. Towuti）、锡登伦湖（D. Sidenreng）、波索湖（D. Poso）、通达诺湖（D. Tondano）和马塔纳湖（D. Matana），巴布亚的帕尼艾湖（D. Paniai）和森达尼湖（D. Sentani），均为印尼重要旅游胜地。其中苏门答腊的多巴湖最为著名，其

---

[1] 《印度尼西亚自然地理》，中华人民共和国商务部网站，2010年1月1日，http://id.mofcom.gov.cn/article/ddgk/201005/20100506903098.shtml，访问日期：2024年3月21日。

[2] 同上。

[3] 王任叔：《印尼古代史》，中国社会科学出版社，1987，第42页。

湖心岛面积1300平方公里,是世界第二大湖,也是海拔最低和最深的湖泊之一。①

从印尼的地理状况可以看出,它不仅是一个地域广阔的群岛国家,而且也是一个海域辽阔的海洋国家。天然的地缘优势和海洋资源,使得印尼人拥有与生俱来的亲海性。在任何历史阶段,印尼人都从事着与海洋有关的活动,即便是在生产力较为落后的古代,印尼人的海上活动依然没有停止过。虽然,在印尼共和国成立之前,鲜有关于印尼国家海洋战略的文字记载,但作为一个地处战略要地的海洋国家,其任何海洋事业发展的活动都具备或多或少的战略性。

二、印尼海洋地理环境及特征

印尼的地理位置决定了其海洋国家的地位,而悠久的历史造就了其群岛国家的现实。印尼的陆地边界2774公里,其中东部巴布亚与巴布亚新几内亚的边界长度为820公里,北部加里曼丹岛上柱省与马来西亚的沙捞越州、沙巴州的边界长度为1782公里,南部东努沙登加拉省与东帝汶的边界长度为172公里。1957年12月3日,印尼政府宣布其领海宽度为12海里,按群岛原则,各岛屿最外端点的连接直线为基线;1980年3月21日,印尼宣布200海里专属经济区;1983年10月18日,印尼政府颁布的5号法令通过了200海里专属经济区。其海洋面积为790万平方公里(包括专属经济区),相当于陆地面积的4倍,专属经济区面积为270万平方公里,整个海岸线约长8.1万公里。②

印尼作为《联合国海洋法公约》所承认的群岛国家,主要由以下四大群岛组成:大巽他群岛,包括苏门答腊岛、爪哇岛、加里曼丹岛和苏拉威西岛等大岛及其附近区域的小岛,其总面积约占印尼国土面积的71%;伊里安群岛(Kep. Irian),包括巴布亚岛的西半部分及周边岛屿,约占全国面积的22.16%;努沙登加拉群岛(Kep. Nusatenggara),也称小巽他群岛

---

① 《印度尼西亚自然地理》,中国驻印尼大使馆经济商务参赞处网站,2010年1月1日,http://id.mofcom.gov.cn/article/ddgk/201005/20100506903098.shtml,访问日期:2023年6月23日。

② 同上。

（Kep. Sunda Kecil），包括巴厘岛（P. Bali）、龙目岛（P. Lombok）、松巴哇岛（P. Sumbawa）、松巴岛（P. Sumba）和弗洛勒斯岛（P. Flores）等，其面积约占国土面积的3.86%；马鲁古群岛（Kep. Maluku），有"香料群岛"之称，主要是由苏拉威西岛（P. Sulawesi）与伊里安省之间所有岛屿组成的群岛，约占国土面积的3.81%。[①]

印尼是世界上最大的群岛之国，除了具备一般群岛国家的特点，还具有十分明显的海洋地理特征。

（一）海域辽阔和岛屿分散，这是印尼群岛最为明显的特点

岛屿的分散容易造成各个岛上居民的孤立状态，海域的辽阔又造成相互之间交通的困难，这在生产不发达的古代尤其如此。这就使得印尼"民族共同体"（或种族集团），由于分散的群岛生存环境造成分隔状态，地域差别迥异，语言和文化千姿百态。

当然，这种不利的海洋地理条件，有时也可转变为有利的因素。海洋船舶的出现和航海技术的进步，往往就是在岛国和滨海国家产生的，而早在公元3世纪，印尼人的祖先就知道利用风力行舟和探索出一定的科学原理。其船舶制造技术在当时已属世界领先，如果不是受到其他历史条件的限制，印尼人也许在很早前就成为强大的海上民族。

（二）岛屿互为屏障，内外海分明，构成统一的格局

印尼群岛从西起苏门答腊岛、中经爪哇岛、努沙登加拉群岛、塔宁巴尔群岛（Kep. Tanimbar）、阿鲁群岛（Kep. Aru）而与巴布亚省相邻接，这就使印尼的西、南、东三个方向构成了一条连续不断的弧线。而在群岛的北部，则由加里曼丹、苏拉威西、马鲁古群岛、伊里安岛与巴布亚新几内亚相邻接，形成了北面的屏障。这样，爪哇海、弗洛勒斯海、班达海和马鲁古海，特别是爪哇海，几乎等同于印尼的"内海"。而爪哇就成为连接东西、统摄南北的中心和"内陆"。在印尼的历史发展进程中，爪哇岛也始终是政治、经济和文化的中心，这一现象的产生绝不是偶然的。这种群岛建构成的天然屏障对于印尼而言，既不是完全敞开的，也没有完全封闭，在战略上为印尼提供了便利的伸缩弹性。

[①] 唐慧等编著：《印尼概论》，世界图书出版公司，2012，第6—7页。

（三）海峡众多，且多为国际战略航道

印尼群岛岛屿众多，岛屿间的海峡也不计其数，印尼不仅是世界上岛屿最多的国家，而且也是世界上海峡最多的国家。

马六甲海峡是联通东西方国家的海上咽喉之地，通航历史悠久，因古代名城马六甲而得名，[1]其呈西北—东南走向，海峡全长约1100公里，西北较宽，最宽达300多公里，东南较窄，最窄处37公里。马六甲海峡的水深由西北向东南递减，水深范围在25~150米不等，航道的主要深水区域靠近偏东方向的马来半岛一侧。海峡处于赤道无风带，底质平坦，且海水流速缓慢，非常有利于海上航行。[2]马六甲海峡是世界上最繁忙的海峡之一，作为印度洋和太平洋之间的主要航道，连接着印度、中国、日本和韩国等亚洲主要经济体。据统计，每年有超过94,000只船经过马六甲海峡，[3]占世界四分之一的商品贸易海运都要经过马六甲海峡。[4]目前，马六甲海峡由印尼、马来西亚和新加坡三国共同管辖。

望加锡海峡则位于加里曼丹岛和苏拉威西岛之间，是印尼中部地区的一个重要海峡。望加锡海峡长约800公里，宽度较均匀，一般为250公里，它是连接亚洲国家和澳洲国家的重要航线。[5]望加锡海峡还是重要的军事战略通道，二战中的望加锡海战就主要是通过这一海峡进行的。[6]

（四）海洋资源丰富，尤其是渔业资源和油气资源

印尼的海洋资源十分丰富，这不仅仅是因为其成千上万的岛屿和漫长的海岸线，还因为其海域范围内拥有大量的海洋生物和油气储藏。印尼是世界上海洋生物最多样化的国家，拥有大约8500种鱼类，其中可以进行捕

---

[1] Ricklefs, *A History of Modern Indonesia since c.1300* (London: MacMillan, 1991), p. 19.

[2] 钱忠礼：《马六甲海峡安全机制及其特征分析》，《世界经济与政治论坛》2010年第3期，第118页。

[3] "Ships Collide off Malaysian Coast," Aljazeera, August 19, 2009, accessed June 23, 2023, http://www.aljazeera.com/news/asia-pacific/2009/08/200981993714453320.html.

[4] Donald B. Freeman, *The Straits of Malacca: Gateway or Gauntlet?* (Kingston: McGill-Queen's University Press, 2003), pp. 528-530.

[5] 唐慧等编著：《印尼概论》，世界图书出版公司，2012，第9页。

[6] "Battle of Makassar Strait," Wikipedia, June 12, 2023, accessed June 23, 2023, https://en.wikipedia.org/wiki/Battle_of_Makassar_Strait.

捞的种类有数百种,主要包含有金枪鱼、沙丁鱼、鱿鱼、石斑鱼、海虾、海参和扇贝等。[1] 印尼的海洋油气资源也比较丰富,其全国约有60个沉积盆地,其中70%以上分布在海上,在这些盆地中蕴藏着大量油气资源。目前,已经发现了340多个油田和54个气田,其具有油气远景的海上盆地面积达150万平方公里,海底石油蕴藏量要比陆地高3～5倍。[2] 这些渔业资源和油气资源既是印尼人必需的生产、生活资料,也是印尼国民经济中重要的组成部分。

第二节　建国初期的印尼海权构建

1942—1945年,印尼被日本占领,在日本投降前夕,印尼宣布独立。印尼的海权战略始终以坚持独立自主为根本的出发点。

印尼的领海和群岛国家概念起源于1928年的青年誓词(Youth Pledge),1928年10月28日,第二届印尼全国青年代表大会在雅加达召开,大会通过了著名的青年誓词,代表着印尼民众渴望统一的政治愿望,即一个民族、一种语言、一个故乡——统一印尼的土地和水域为一个祖国。[3] 1957年,印尼宣布其为群岛制度国家,12月13日,《朱安达宣言》(Djuanda Declaration)的发表,增加了印尼海洋空间和资源的主权面积,领海宽度从3海里延长至12海里。[4]《朱安达宣言》也是1966年印尼群岛观点(Wawasan Nusantara)的基础。然而印尼的群岛国家身份在1958年联合国召开的第一次海洋法会议上并未得到认可,直至1982年《联合国海洋法公约》的通过,印尼才真正成为一个群岛国家。

独立后的印尼奉行不结盟政策,军事上以群岛为基础,推行"逐岛防御"的军事战略,经济上以海洋开发作为国家发展的重要领域之一。苏加

---

[1] 陈思行:《印度尼西亚海洋渔业概况》,《海洋渔业》2002年第4期,第192页。

[2] 童晓光、杨福忠:《印尼油气资源及中国石油合同区块现状》,《中国石油勘探》2005年第2期,第59页。

[3] 唐慧等编著:《印尼概论》,世界图书出版公司,2012,第2—3页。

[4] 拉姆利·多拉、万·沙瓦鲁丁·万·哈桑、文一杰:《印度尼西亚海洋边界管理中的挑战:对马来西亚的启示》,《南洋资料译丛》2015年第1期,第27页。

诺和苏哈托政府时期，印尼更关注于塑造其独立自主的国家地位，对海洋的关注度并不太高，自20世纪60年代以来，印尼的勘探和开发活动才逐渐由陆地走向海洋。总的来说，这一时期印尼的海洋政策集中体现在海洋工作协调机制、海洋法律法规体系的建立，海军的成立和发展以及对海洋资源的开发上。

一、海洋工作协调机制的建立

自苏加诺政府时期开始，印尼管理海洋的机构主要为印尼国家海洋技术委员会（the National Committee for Ocean Technology）和印尼国家研究委员会（the National Research Council），其主要职能在于协调海洋渔业、海洋环境、沿海海洋开发、近海勘探以及海洋学的发展。同时，印尼军政各界与海洋法律法规的制定以及海洋事务的执行相关部门，还包括交通部（the Ministry of Communication and Transportation, MOCT）、海关总部（the Directorate General of Customs, DGC）、国家环境部（the State Ministry for Environment, KLH）、移民总部（the Directorate General of Immigration, DGI）、印尼警察（海上警察）、印尼海军及空军等国家军政机构和部门。[①] 其中通信和交通部、海关总部、国家环境部、移民总部以及警察属于涉海行政部门，而海军和空军则负责专属经济区的远海执法活动。

二、印尼海洋法律法规体系的建立

19世纪，荷兰在印尼的殖民政府对印尼周边海域并没有主权意识，直至19世纪80年代，一些澳大利亚人来印尼寻找珍珠才使荷兰殖民者对领海主权提起重视。1902年，荷兰政府宣布巴达维亚执政当局对其周边海域拥有主权，并陆续出台了《领海和海区法令》等法律。独立后的印尼，其海洋立法主要是从荷兰殖民政府出台的海洋法律法规中演变而来，旧的殖民海洋法律法规被新的海洋法律法规所取代，以满足不断变化的涉海司法

---

① Dirhamsyah, "Maritime Law Enforcement and Compliance in Indonesia: Problems and Recommendations," *Maritime Studies* 2005, no. 144 (2005): 1-16.

需求。在苏加诺和苏哈托政府时期,印尼制定了一系列同海洋管理和沿海活动相关的海洋法律法规。

(一)海洋管辖权声明

1956年10月,印尼政府成立了一个跨部门委员会,这是印尼海洋史上十分重要的历史事件。1957年12月13日,印尼发布了《政府关于印度尼西亚共和国领海的公告》,即《朱安达宣言》,该宣言废除了1939年荷兰殖民政府制定的《领海和海区法令》中一些涉及海洋政策方面的规定,制定了关于印尼领海和群岛国家地位的新政策,宣言指出"……所有围绕印尼所属各岛的、各岛之间的以及连接各岛的水域都是印尼领土不可分割的一部分,是印尼国家的内陆水域或印尼主权范围管辖的水域"。[①]根据宣言,印尼的领海范围也由3海里以内延长至12海里以内。《朱安达宣言》的发布实际上为印尼日后制定海洋法确定了一个基本原则——群岛原则,即群岛最外层岛屿周围基线内的所有水域都是印度尼西亚共和国的内水,除无害通过的有限例外情况以外,受其主权管辖。这便为印尼建立一个统一且多元化的群岛国家提供了政治合法性。[②]

但是该宣言一经出台便引起多方的不满,美国、英国、澳大利亚、荷兰、法国和新西兰等国相继对宣言提出了抗议,它们认为印度尼西亚违反了航行自由和自由过境这一神圣不可侵犯的原则,根据该原则,任何一个实体都不能拥有被视为全球公域的海洋。[③]所以,在《朱安达宣言》发布后,印尼政府并没有在包含群岛原则的海洋政策上采取进一步的行动。直到1960年2月18日,印尼政府才出台了《关于替代〈印度尼西亚水域法〉的政府条例》以贯彻执行《朱安达宣言》。[④]该法令第1条规定:印尼的领

[①] Robert Cribb, Michele Ford, *Indonesia beyond the Water's Edge: Managing an Archipelagic State* (Singapore: Institute of Southeast Asian Studies, 2009), p.39.

[②] Leifer, Michael, "Continuity and Change in Indonesian Foreign Policy," *Asian Affairs* 4, no. 2 (1973): 173-180.

[③] Sebastian, Leonard C, Ristian Atriandi Supriyanto and I. Made Andi Arsana, "Indonesia and the Law of the Sea: Beyond the Archipelagic Outlook," *Indonesia at Home and Abroad* 67 (2014): 67-70.

[④] Draper, Jack A, "The Indonesian Archipelagic State Doctrine and Law of the Sea: Territorial Grab or Justifiable Necessity," *Int'l Law* 11(1977): 146.

海从第2条所述的附图中标注的外围基线向外延伸12海里,这意味着印尼的领海从围绕印度尼西亚群岛最外层岛屿绘制的基线开始计算。而该法令的第2条规定:附图中各点所包围的一切水域均被视为内水,这部分内水加上法令第1条所规定的领海被视为"印度尼西亚水域"。[①] 由此,该法令便明确了《朱安达宣言》中的"群岛原则"以及印尼领海宽度为12海里的主张。另外,为缓解国际上的抗议压力和大国的不满,该法令的第3条也规定了内水对外籍船只开放,外籍船只可以根据印尼政府法令的规定无害地通过扩大后的印度尼西亚领海。但这种规定并没有明确说明外籍船只无害通过是一种权利抑或是保证,这就在法律层面留下了模糊空间。[②] 所以在1962年,苏加诺总统发布了一项旨在规范外国船只无害通过"印度尼西亚水域"的行政法规,这项新规定更清楚地阐明了印度尼西亚允许外国船只无害通过的条件,[③] 但它与国际法之间仍存在一些偏差。

(二)渔业和海洋资源管理的相关法规

印度尼西亚对于海洋资源的规划和管理最早见于1945年颁布的《印度尼西亚共和国宪法》,其中的第33条第3款规定:"政府有权利和义务规划、组织、实施和控制海洋资源和环境的利用。"[④] 此后,直到苏哈托政府时期,印尼才对海洋资源的规划和管理作出进一步的规定,如印尼在1980年发布了《印度尼西亚政府关于本国专属经济区的宣言》,宣布要设

[①] "Government Regulation Replacing Law No. 4, Concerning Indonesian Waters," United Nations, accessed June 23, 2023, https://www.un.org/Depts/los/LEGISLATIONANDTREATIES/STATEFILES/IDN.htm.

[②] "The Indonesian Archipelagic State Doctrine and Law of the Sea: Territorial Grab or Justifiable Necessity," United Nations, accessed June 23, 2023, https://www.un.org/Depts/los/LEGISLATIONANDTREATIES/STATEFILES/IDN.htm.

[③] "Government Regulation No. 8, Concerning Innocent Passage of Foreign Vessels in Indonesian Waters," United Nations, accessed June 23, 2023, https://www.un.org/Depts/los/LEGISLATIONANDTREATIES/STATEFILES/IDN.htm.

[④] "The 1945 Constitution of the Republic of Indonesia," Nuclear Energy Regulatory Agency of the Republic of Indonesia, accessed June 23, 2023, https://jdih.bapeten.go.id/unggah/dokumen/peraturan/116-full.pdf.

立200海里专属经济区；① 在1983年出台了第5号《印度尼西亚专属经济区法》，其中第2章第2条明确了专属经济区的划界原则，即从领海基线向外200海里为专属经济区，主张大陆架从群岛基线量起，至少应扩展到200海里，在200海里距离内可以不考虑海底的地质、地貌特征。另外，该法第3章第4条规定了印度尼西亚在专属经济区内拥有的权利，包括勘探、开发、管理和保护海床、底土及水域中天然生物与非生物资源的主权，以及在上述区域内从事，包括从水中、海流、风中获得能源在内的勘探及经济开发有关的一切其他活动的主权；对下列事项拥有管辖权：建造和利用人工岛屿、设施及其他结构；在海上进行科学研究；其他国际海洋法有关条约赋予的一切其他权利和义务。②

在渔业资源的合理利用和管理上，印尼政府也出台了相应的法律、政府条例和总统条例等，其中包括1984年出台了第15号《印尼专属经济区生物资源管理总统条例》，该条例对外籍渔船的捕鱼活动进行了规制；③ 1985年出台了第9号《渔业法》，该法指定了国内外渔船的总允许捕获量（TAC）以及用于捕鱼或进行水产养殖的区域，同时还规定在印度尼西亚水域和专属经济区内捕鱼或进行水产养殖须得到印尼农业部长的许可；1990年出台了第5号《生物资源保护法》，该法对鱼类栖息地，包括红树林、珊瑚礁和海草等进行了保护。④ 此外，在1992年，印尼政府还制定了第16号关于检疫农产品、牛和鱼的法令。这些法律法规的制定为印尼日后构建更完善的海洋管理法律体系奠定了基础。

---

① "Declaration by the Government of Indonesia Concerning the Exclusive Economic Zone of Indonesia," United Nations, accessed June 23, 2023, https://www.un.org/Depts/los/LEGISLATIONANDTREATIES/STATEFILES/IDN.htm.

② "Act No. 5 of 1983 on the Indonesian Exclusive Economic Zone," United Nations, accessed June 23, 2023, https://www.un.org/Depts/los/LEGISLATIONANDTREATIES/STATEFILES/IDN.htm.

③ 刘新山、姚智慧、赵希波：《印尼渔业行政管理机构及其渔业法律制度》，《中国渔业经济》2010年第4期，第60页。

④ Kusuma-Atmadja, Mochtar and Tommy H. Purwaka, "Legal and Institutional Aspects of Coastal Zone Management in Indonesia," Marine Policy 20, no. 1 (1996): 63-86.

三、印尼海军的成立和发展

（一）独立前印尼海军的历史

印尼海军的历史可以追溯至7—14世纪的三佛齐王国（室利佛逝）时期。此时的三佛齐王国以商船为基础建立了一支组织严密的海军，以保护王国的领土免受海盗的侵害。在此之后，满者伯夷（1293—1500年）崛起成为当时强大的海上帝国，其先进的造船和航海技术为其组建一支强大的海上舰队奠定基础。据当代出土文物的记载，当时的爪哇拥有东南亚最大的港口城市，城内修建了许多造船厂，其生产的巨轮通常长达70米，载重500余吨，且装备有各种火器。在哈亚姆乌鲁（Hayam Wuruk）国王时期（1350—1389年），满者伯夷组建了一支由400艘军舰、40,000名士兵组成的装备精良的皇家舰队。在该舰队的支持下，满者伯夷征服了当时位于巴厘岛、龙目岛、松巴哇岛、塞兰岛、苏拉威西岛和东波岛等地的王国，并且使马来群岛的整个东部地区得到统一。但从15世纪开始，满者伯夷王国逐渐衰落，随之而来的是16世纪欧洲列强的入侵与殖民。受欧洲列强，尤其是荷兰殖民统治的影响，印度尼西亚在此后400余年的时间里开始远离大海，并逐渐由一个海洋国家转变成内陆国家，渔业和海上力量薄弱。[①]

（二）印度尼西亚共和国海军的成立

1945年8月17日，印度尼西亚宣布独立。此时，印度尼西亚国民浓厚的民族主义情绪重振了印尼民族的海洋精神，重建印尼海军的意愿也逐渐被强化。1945年8月22日，印度尼西亚独立筹备委员会（Panitia Persiapan Kemerdekaan Indonesia, PPKI）组建了印尼海军的雏形——人民海事安全局（Badan Keamanan Rakyat Laut, BKR Laut）。最初为了避免激怒日本，印尼将人民海事安全局纳入战争受害者家属援助机构（BRKKP）之中，作为一种非正规的半军事性质的军事力量，其主要的职能在于协调各种行动，尤其是从日军手中接管港口设施和海军武器装备，

---

① "Tradisi TNI Angkatan Laut: Pewarisan Nilai-Nilai Luhur dalam Membangun Semangat Juang dan Karakter Prajurit Matra Laut," Dinas Perawatan Personel TNI Al, 9 Desember 2020, diakses 23 Juni 2023, https://docplayer.info/185279757-Tradisi-tni-angkatan-laut-4-5.html.

并控制日本占领军的海军基地。由于这些行动都是以和平的方式进行的，所以印尼能够为海军的正式成立积累原始资本。尽管如此，人民海事安全局所拥有的全部武器装备也仅包括一些木船和日军遗留下来的登陆舰。

1945年8月15日，日本天皇宣布无条件投降，并结束战争。1945年10月5日，印尼政府发布了第2/X号总统令，将半军事性质的印尼人民海事安全局转变为正规的军事单位——印尼人民安全军海军（Tentara Keamanan Rakyat Laut，TKR Laut），并将总部由雅加达转移至日惹。12月1日，印尼人民安全军海军最高司令部成立，由帕尔迪（M. Pardi）担任总参谋长，印尼的每个港口也建立了作为印尼人民安全军海军分支机构的海上基地。

最初，在军队建制上，印尼人民安全军海军决定在爪哇岛组建三个师，即由亚当（Adam）领导的西爪哇Ⅰ师、由纳几尔（M. Nazir）领导的中爪哇Ⅱ师，以及由阿里斯（A.R. Aris）领导的东爪哇Ⅲ师。但由于东爪哇地区的战争动态导致东爪哇的海军陆战队（Corps Mariniers，CM）与日惹的人民安全军海军总部产生了意见分歧，1945年12月，海军陆战队独立出来成立人民安全军海军陆战队（Marine Keamanan Rakyat，MKR），并在东爪哇的玛郎市成立了最高司令部。两个军事机构的分立造成了印尼海军力量的分散，双方行动的不协调也不利于印尼后续的军事行动。所以为了解决双方的分歧，并将所有海军作战部队统一在同一个指挥之下，印尼政府于1946年1月决定将印尼人民安全军海军改组成为海上印度尼西亚共和军（Tentara Republik Indonesia Laut，TRI Laut）。1946年2月，海上印度尼西亚共和军改名为印度尼西亚海军（Angkatan Laut Republik Indonesia，ALRI），印尼海军正式成立。[①]

（三）印尼海军的发展

1. 荷印战争时期（1947—1949年）。1947年7月21日，荷兰对印尼发动了军事侵略，印尼大部分的海军基地沦陷，其舰队也几乎被荷兰军队消

[①] "Tradisi TNI Angkatan Laut: Pewarisan Nilai-Nilai Luhur dalam Membangun Semangat Juang dan Karakter Prajurit Matra Laut," Dinas Perawatan Personel TNI Al, 9 Desember 2020, diakses 23 Juni 2023, https://docplayer.info/185279757-Tradisi-tni-angkatan-laut-4-5.html.

灭。针对这一危难局势，印尼政府于7月28日发布了第97A-47号总统令，宣布组建印尼海军最高领导层（PP ALRI），以统筹印尼海军事务。1948年初，最高领导层根据1月2日第1号总统令的指示对印尼海军进行了重组和合理化（Rera），并着手组建6支无敌舰队（CA）。为此，印尼副总统兼国防部长哈达（Moh. Hatta）于1948年3月17日成立了海军重组委员会（Komisi Reorganisasi Angkatan Laut, KRAL），并任命梭比扎克托（R. Soebijakto）上校为委员会主席。据统计，在实施"重组和合理化"政策时，印尼海军约有45,000人，其中爪哇的兵力约为35,000人，包括27,000名属于海军陆战队的士兵和8000名属于无敌舰队的士兵；另外，苏门答腊、加里曼丹和南苏拉威西等地的兵力加起来约10,000人。而在这45,000人当中，不少士兵作战素质较低，无法适应海上作战的要求，影响了印尼海军的战斗力，所以印尼海军重组委员会作出了两项决定：清算不符合海员资格的海军部队，并将其与陆军合并；被认为不符合海军陆战队要求的人员必须"回归"社会。另外，经过"重组和合理化"改革，印尼海军成功消除了两头指挥的问题，增强了海军内部的凝聚力。而印尼海军的军队建制也逐渐固定下来，共分为六大部门：[1]

航海部队（Korps Pelaut） 航海部队最初由无敌舰队的海军成员组成，其主要舰艇均来自外国，包括德国的潜艇、荷兰和英国的轻型护卫舰以及韩国的快艇。随着海军的重组和合理化，航海部队下设四大部门，含指挥部、行政兵团、机械兵团和卫生队，其主要职能包括为陆军和海军陆战队提供海上战略运输服务、对战略性海峡进行巡逻、打击海盗、制止走私和非法捕鱼活动以及辅佐国家应对自然灾害的行动。

工程部队（Korps Teknik） 工程部队是印尼海军的后勤保障部队，其使命是通过让印尼的工程兵专业化、现代化和素质化，实现印尼海军在后勤保障和物资供应上的高效能。该部队的主要职能是建立一套准时、优质的后勤管理体系，并根据作战需要完善后勤保障的物资供应流程。另

---

[1] "Tradisi TNI Angkatan Laut: Pewarisan Nilai-Nilai Luhur dalam Membangun Semangat Juang dan Karakter Prajurit Matra Laut," Dinas Perawatan Personel TNI AI, 9 Desember 2020, diakses 23 Juni 2023, https://docplayer.info/185279757-Tradisi-tni-angkatan-laut-4-5.html.

外，工程部队要对海军各组织的资源利用状况进行优化，从而增强印尼海军在物资保障、基地保障和人员设施维修保障等方面的能力，以实现后勤保障的可靠化、集成化、自动化和便利化。在组织管理上，工程部队实行问责制，以确保国家财务核算的透明、及时和准确。

电子部队（Korps Elektronika） 电子部队的功能集中在通信和电子领域，其主要职能包括开发有关通信和电子领域的技术，对相关的系统和设备进行控制，并以综合的方式支持印尼海军的作战和训练活动。这要求电子部队的军官必须熟练掌握武器、弹药、电力、导航、通信、电子等领域的基本技能，并对海军武器系统的发展保持高度的敏感。[1]

补给部队（Korps Suplai） 补给部队主要在作战、人员和后勤三方面支持和加快印尼海军的发展。其主要职能包括在印尼法律法规的指导下制订高效的后勤计划与预算计划，对在汇报、财务等领域具有基本技术能力的行政军官进行培训，并负责整合海军的资源以支持舰队武器系统的发展。

海军陆战队（Korps Marinir） 海军陆战队主要是指1948年的海军步兵军团。1948年10月9日，印度尼西亚国防部长颁布了第A/565/1948号法令，决定在海军建立一支名为指挥部队（Korps Komando，KKO）的海军步兵军团，以作为印尼海军的两栖突击队，而从旧海军陆战队（CM）退伍的士兵成了这支兵团的第一批新兵。海军陆战队由三个师、一个独立旅和一个特种作战部队组成。其中，每个海军陆战队师设有海军陆战队步兵旅、海军陆战队作战支援团、海军陆战队炮兵团和海军陆战队骑兵团。而第4海军陆战队旅设有四个海军陆战队营及其他支援单位。特种作战部队则设有一个两栖侦察营和一个联合反恐队。

海军军事警察部队（Korps Polisi Militer，TNI AL） 海军军事警察部队是印尼海军的一般军事技术部队，其作用是向印尼海军单位提供行政协助。具体而言，海军军事警察具有刑事调查、维持纪律和秩序、执法、

---

[1] "Koarmada I Gelar Pelatihan Perwira Korps Elektronika KRI," Indonesia Defense, 26 Mei 2021, diakses 23 Juni 2023, https://indonesiadefense.com/koarmada-i-gelar-pelatihan-perwira-korps-elektronika-kri/.

管理战俘等职能。这些职能要求海军警察发展有别于其他军人的专业能力，即以法律为主要工具，处理海军内部的行政事务。

2. 苏加诺政府时期（1949—1966年）。独立战争的结束标志着印尼海军向现代海军的发展。根据圆桌会议（KMB）的讨论结果，从1949年开始，印尼海军将着手进行内部整合和组织改革。由此，1949—1959年印尼海军成功地提高了自身的作战能力。在组织领域，印尼海军组建了舰队、海军航空兵和作为海洋领土防御中枢的区域海事司令部。在武器装备领域，印尼海军的作战装备有所增加，这主要源于荷兰海军的交付以及印尼从各国进行的采购。而以海军基地为主体的基础设施也已经配备到位。在人才储备方面，印尼海军成立了多所海军学校以培养未来的入伍军官，另外现役的海军士兵也被派遣至外国接受教育。随着能力的提升，印尼海军也开始完善海上作战的战略、战术和技术，并将其直接应用于各种军事行动，以应付1950—1959年出现的分离主义运动。在苏门答腊的军事行动中，印尼海军在海上作战、两栖作战和与其他部队的联合作战等三方面获得了丰富的经验。

当局势从国家解体的威胁中好转时，印尼海军于1959年启动了一项名为"迈向胜利的海军"（Menuju Angkatan Laut yang Jaya）的改革计划。在该计划的影响下，印尼海军购入了来自东欧国家的各种海军作战装备，其中包括伊里安号巡洋舰、斯科理级驱逐舰、里加级护卫舰、613型潜艇、蚊子级快速导弹舰、伊尔–28小猎犬远程轰炸机和PT-76两栖坦克。凭借这些武器装备，印尼海军在1960年代被誉为亚洲规模最大的海军力量。此外，1964年印度尼西亚海军、陆军、空军和国家警察被整合进印度尼西亚共和国武装部队（Angkatan Bersenjata Republik Indonesia, ABRI）之中。经过整合，印尼海军能够在国防和安全领域与陆军、空军等部队同步行动，从而提高了印尼武装力量的协调性。[1]

3. 苏哈托政府时期（1967—1998年）。新秩序时期，印尼海军的作战任务逐渐突破保卫领海免受外部威胁和镇压叛乱的局限，开始注重维系印

---

[1] Frederick, William H. and Robert L. Worden (eds.), *Indonesia: A Country Study* (Washington, D.C.: Government Printing Office, 1993), pp. 1-464.

尼水域内的海洋秩序，尤其是制止走私和非法捕鱼活动。为了支持后一项任务，印尼海军在1980年代末宣布在国家东部和西部领土的偏远地区建造并升级一批海军基地，其中包括马古鲁省东南部的图尔基地、巴布亚省的比亚克和马诺瓦里基地。在这一计划的影响下，印尼海军在苏禄海和苏拉威西海的巡逻活动有所增加，这对于侦察和阻止印度尼西亚、马来西亚和菲律宾海上边界交汇处的恐怖活动和其他海上犯罪活动具有重要作用。而且，自1980年代开始，印尼政府陆续组建了作为海军训练中心和船只维修中心的 P. T. PAL 造船厂，位于雅加达、三宝垄、马诺瓦里和安汶的小型船只建造厂以及位于泗水的其他海军设施。这些海军设施的建立进一步促进了印尼海军武器系统的现代化，其中KCR-60M轻型导弹舰及其改型，班加马辛型船坞登陆舰便是这一时期印尼海军自主开发的成果。另外，海军设施的组建也促使印尼海军开展了一项创新性的采购计划，即由各省政府资助购买快速巡逻舰后将其移交给海军，用以保卫印尼海上安全，并协助各省对其管辖范围内的海域进行执法。这便让印尼海军扩大舰队规模的同时控制成本，从而有利于解决海军船只种类不齐的突出问题。

4. 后苏哈托时期（1998—2014年）。后苏哈托时期，印尼海军整体的发展战略仍然延续20世纪80年代内向型的安全观——群岛愿景（Wasantara）。作为一种内向型的防御概念，"群岛愿景"旨在强调印尼在保持群岛统一方面的利益，而忽视印尼的地区性利益。因此，在"群岛愿景"的指导下，印尼海军的工作重点在于日常的海上执法活动，侧重维护印尼水域，尤其是专属经济区内的良好秩序。但与苏哈托时期不同的是，"群岛愿景"被批评具有一种强烈的军事软弱感，而且与印尼欲在东南亚地区事务中发挥更大作用的愿望不相容，因此这一时期的印尼海军开始尝试进行外向型的活动，以发挥自身在维护地区稳定、履行《联合国海洋法公约》所规定的义务等方面的作用。其中最突出的尝试是2004年印尼联合马来西亚、新加坡发起的"马六甲海峡协调巡逻行动"（Malacca Straits Coordinated Patrol Operations），而其他尝试还包括"空中之眼"（EiS）和"反海盗区域合作协定"等。然而，1997—2008年的印尼国防白皮书将"群岛愿景"的大陆要素作为印尼战略前景的核心焦点，这反映了印尼在外向型行动方面存在一定程度的政治犹豫。受此影响，印尼海军在整体的发展战略上仍然保持内向的姿态。①

5. 佐科政府时期（2014年至今）。在佐科政府以前，印尼国防系统一直侧重陆上部队的发展。而各种国防文件在评估国家面临的威胁时也优先考虑内部威胁，如国家解体和分裂主义，而不是来自海上的外部威胁。但自2014年开始，这一趋势发生了变化。佐科总统承诺在"全球海洋支点"构想的旗帜下重申印度尼西亚的海洋身份，并争取让印尼成为亚太地区事务的主要参与者。为了实现这一目标，印度尼西亚将更加重视海军的建设，着手推动印尼海军的现代化，其中包括海军装备的现代化和海军学说的现代化。

在武器装备方面，印尼海军目前的国防设备大部分来自冷战时期。而且据印尼官方统计，截至2018年，印尼海军配备的211艘舰艇中，只有122艘能够参与国家海事活动，另外99艘处于非活动状态。因此，为了提高印尼海军应对各种安全风险的能力，推动武器装备的升级改造是印尼海军现代化的首要任务。而国防贸易是完成这一任务的主要手段，其具体形式包括完全进口外国武器装备或与外国国防实体共同开发生产国防装备。此外，印度尼西亚还通过与共享海域边界的邻国建立合作关系的方式来加强其海军能力。从印尼与外国的合作成果来看，这一合作模式提高了印尼海军自行设计开发军用船只的能力。② 根据2023年的数据，目前印尼海军拥有军舰242艘，包括4艘潜艇、7艘护卫舰、24艘小型护卫舰、9艘水雷舰、168艘近海巡逻舰、30艘登陆舰。其中印尼自主研发的共有25艘，主要集中在近海巡逻舰和登陆舰；而进口舰艇共有217艘，德国、韩国、英国、荷兰、日本和新加坡都是主要进口国。③

在海军学说方面，"全民国防和安全"学说（Total People's Defence

---

① Agastia, I. Gusti Bagus Dharma, "Small Navy, Big Responsibilities: The Struggles of Building Indonesia's Naval Power," *AEGIS: Journal of International Relations* 1, no. 2 (2018): 167.

② Zulkifli, Basar and Abdul Rahman, "The Modernisation of Indonesian Naval Forces in Jokowi Era," *Jebat: Malaysian Journal of History, Politics & Strategy* 47, no. 1 (2020): 2-14.

③ "Indonesian Navy 2023," Wdmmw, accessed June 25, 2023, https://www.wdmmw.org/indonesian-navy.php.

and Security）逐渐被"新范式"学说（New Paradigm）所取代。这一新的学说消除了对整体性领土结构的重视，要求印尼海军的军事战略重心从传统的以国内安全为中心转变为以对外防御为中心。在这一学说的指导下，印尼海军放弃了双重职能的原则，削减了海军陆战队和海军军事警察部队的人数，其在国家立法机构中的代表地位也被取消。另外，根据"新范式"学说的要求，印尼海军将应用"最小必要部队"（MEF）的新概念，发展以"中型导弹舰艇"为重点的中型兵力，并开辟独立的海上战场，实现从"近岸防御"向"近海防御"的战略转变。这一转变也促使印尼海军开始实施综合武器系统集成计划，建设由作战部队、巡逻部队、海军陆战队和后勤支援部队组成的3支近海舰队。最后，"新范式"学说还强调改善印尼海军上层的海上指挥能力，并通过与外国海军的接触来衡量本国海军的实际水平。[①]

经过将近10年的现代化改革，印尼海军的作战能力得到明显提升，但仍面临四个主要问题：缺乏全面的海权战略；预算审批的条件较为严格；指挥和控制系统的大陆性倾向仍然存在；政府相关机构之间存在"地盘争夺战"。这些问题限制了印尼海军的进一步发展。[②] 此外，综合对海洋法律法规的执行，印尼仍缺少一个全国性综合空中监测体系，导致印尼无法有效地进行空中监视，而且印尼空军缺乏训练，无法提供对群岛有效的空中防御。多数在沿岸和海域进行的执法是通过海上巡逻来实施的，空中监测则仅在应急情况下进行，例如，海上安全操作、搜索和营救，对非法外国渔船的"紧随追击"以及对海盗的缉捕。在这些应急情况中，非法捕鱼、海盗和毒品走私等非传统安全威胁的占比逐渐增多，这也给印尼海军带来挑战。由于印尼频繁遭受自然灾害，印尼海军还需不断提升实施人道主义援助和救灾援助的能力。

---

① Agastia, I. Gusti Bagus Dharma, "Small Navy, Big Responsibilities: The Struggles of Building Indonesia's Naval Power," *AEGIS: Journal of International Relations* 1, no. 2 (2018): 164-166.

② Geoffrey Till and Collin Koh Swee Lean, *Naval Modernisation in Southeast Asia, Part Two: Submarine Issues for Small and Medium Navies* (London: Palgrave Macmillan, 2018), pp. 156-158.

四、海洋资源的开发

建国初期,印尼对国内海洋资源的开发主要集中在海洋渔业、海上油气资源、海上运输和港口建设等领域。伴随着海洋资源的开发,海洋污染问题也逐渐得到了关注。

(一)印尼海洋渔业的开发和管理

印尼拥有众多的岛屿,地处热带,海洋生物资源丰富,渔业资源位居世界前列,世界鱼类的37%都可以在印尼找到,海洋渔业生产在印尼国民经济中占据重要位置。

1. 渔业资源。印尼岛屿之间的海域,除阿拉弗拉海以及爪哇岛海域为浅海外,其他海域都是深海,岛屿周围拥有富饶的渔场,渔业资源种类繁多,很多渔业资源具有鱼种生长快、成熟早、生命周期短、产卵季节长等特点,再加上适宜的气候和水文条件,为印尼渔业发展提供了优越条件。近海大陆架可以进行底层鱼类和中上层鱼类的捕捞,底层鱼类分布面比较广,在爪哇海域就分布有约230种底层鱼类,包括多种经济鱼类,常见的渔获品种占了40%。[①] 印尼海域栖息于接近海水表层的中上层集群鱼类资源有小沙丁鱼属、带鱼属、宝刀鱼属、圆鲹属等。

在印尼岛屿周围海水较深的专属经济区,拥有丰富的金枪鱼和鲣鱼(skipjack)等洄游性鱼类。印尼海域共分布有10多种金枪鱼,洄游路程甚至长达1229公里,有体长40~180厘米的大型金枪鱼和体长20~105厘米的小型金枪鱼。另外印尼还分布有80多个虾类,对虾科就有约40种,另外还有龙虾、新对虾以及仿对虾等。由于印尼岛礁众多且分布广泛,为岩礁性鱼类提供了良好的生态环境,在印尼海域分布有至少13科岩礁性鱼类,但由于捕鱼技术不够先进,该渔业资源尚未得到充分利用。

此外,分布在印尼海域的软体动物和藻类也十分丰富。印尼的渔船保有量达几十万只,但远洋渔船数量较少,且现代化程度不高,装备也不完善,捕鱼方式主要是拖网捕捞、围网捕捞、地曳捕捞和敷网捕捞等。

2. 海洋渔业发展类型。印尼的渔业属于传统渔业类型,其海洋渔业

---

① 陈思行:《印度尼西亚海洋渔业概况》,《海洋渔业》2002年第4期,第192页。

类型主要有小型中上层渔业、金枪鱼渔业、捕虾渔业等。

（1）小型中上层渔业。印尼的小型中上层渔业资源多聚集在近岸沿海水域，其中爪哇海的小型中上层鱼类资源就有12种，鲱科、鲹科、鲭科以及鳀种鱼类为主要的捕捞对象。鲱科鱼类中占首位的为小沙丁鱼，一般在沿岸以及海湾河口一带就能捕到；鲹科密集于爪哇海沿岸一带水域，是小型中上层渔业生产中最重要的鱼种，该类鱼种的捕获主要是利用围网渔船；鲭科鱼类在加里曼丹岛南部沿海一带水域较容易捕获，且渔获量在下半年比较多，一般采用定置网作业；鳀科鱼类中小公鱼属的异拟叶银鳀、印度小公鱼、岛屿小公鱼、百塔银鳀和棱鳀属的产量比较高，可以作为商品鱼，这些鱼类主要分布在沿岸、海湾河口一带，一般采用小型围网和敷网捕捞。[①]

（2）金枪鱼渔业。印尼海域的金枪鱼渔业资源十分丰富，分布在印尼的东部和西部水域。印尼东部水域辽阔，该水域的渔获量约占印尼渔获量的80%，而且80%~95%的出口金枪鱼也来自该海域，以黄鳍金枪鱼为主要捕捞对象，使用的渔具主要有延绳钓、围网、竿钓和手钓等。印尼东部水域的金枪鱼延绳钓渔业开始于1972年，在1985年之后迅速发展起来；金枪鱼围网捕捞开始于1980年，印尼与外国合资联营的渔业公司多使用围网船进行金枪鱼作业；竿钓渔船的主要捕捞对象为鲣，同时也可以捕捞到少量的黄鳍金枪鱼；手钓是个体渔民使用的一种传统的捕捞方式。

印尼西部水域主要以小型金枪鱼为捕捞对象，拥有4个渔场：苏门答腊岛北部渔场、苏门答腊岛西部渔场、爪哇岛南部渔场和巴厘岛渔场。苏门答腊岛北部渔场于1982年开发，进行黄鳍金枪鱼和鲣鱼作业的多为围网渔船；苏门答腊岛西部渔场在明打威群岛周围，捕获物主要为个体比较小的鲣鱼和黄鳍金枪鱼；爪哇岛南部渔场的珀拉布汉拉图为最主要的金枪鱼渔业中心，此外普里吉和蒙贾尔水域的金枪鱼捕获量也比较大，使用的渔具比较多，以刺网和伦巴拉网为主；巴厘岛渔场在沿岸水域，渔船仅在离岸几公里之内的区域作业，最常捕获的为黄鳍金枪鱼和鲣鱼。

（3）捕虾渔业。印尼的捕虾渔业历史悠久，捕虾渔业在印尼海洋渔业

---

① 陈思行：《印度尼西亚海洋渔业概况》，《海洋渔业》2002年第4期，第194页。

中占有重要地位，1966年，通过引进现代拖网捕虾技术，印尼的捕虾渔业得到迅速发展，捕虾渔业出口额占比从1968年的29%增至1978年的80%，占水产品出口总额的第一位。[①] 印尼沿岸水域均可捕获到对虾属渔业资源，尤其是在河口以及红树林区附近的浅水区。捕捞的品种多达42种，在渔获量中，尤以墨吉对虾、斑节对虾和刀额新对虾居多。印尼主要的捕虾场在苏门答腊岛东西两岸、爪哇岛南北两岸、加里曼丹岛海域、阿拉弗拉海等。苏门答腊岛东海岸的渔获量高于西海岸，均可捕到对虾，捕虾船也多为木质的舢板船，双支架拖网渔船也逐渐投入使用；马六甲海峡多用木质舭拖网渔船捕捞，虾产量也在衰退；爪哇岛南北两岸是捕虾的好渔场，北岸比南岸的渔场产量更高；加里曼丹岛海域和阿拉弗拉海也都是捕虾的好渔场。

印尼捕虾的用具主要分为两类：一类是包括敷网、地曳网、刺网、推网、潮陷阱网等在内的传统性渔具，主要在苏门答腊岛、加里曼丹岛、爪哇岛等水域作业；另一类为拖网，拖网捕虾，主要在加里曼丹岛和印尼东部水域进行作业。

另外，印尼的水产养殖业也拥有悠久的历史。印尼的咸淡水、海水主要是进行对虾养殖和海藻养殖。自1964年印尼开始进行对虾养殖，1980年，因印尼政府禁止在本国水域使用拖网捕虾，导致虾类捕获量锐减，从而推动了虾类养殖业的发展。[②] 在20世纪50年代，印尼已经成为世界上最大的藻类生产国，20世纪70年代初藻类养殖逐步发展，并逐步发展成为印尼海洋渔业产品中的主要产品。

印尼的海洋渔业资源一直遭受着外国渔船非法捕鱼的威胁，尤其是在苏门答腊岛北部和西部、北苏拉威西岛、纳土纳群岛水域以及加里曼丹岛等海域，印尼每年因外来非法捕鱼损失约20亿美元。[③] 由于涉及的风险较高，海洋渔业从未成为印尼银行的宠儿，印尼政府唯一涉足渔业的融资是在1994年，印尼财政部以2亿美元收购了31艘300吨的西班牙长线拖网

---

① 陈思行:《印度尼西亚的海洋渔业》,《海洋渔业》1984年第2期,第93页。
② 纪炜炜等:《印度尼西亚渔业发展概况》,《渔业信息与战略》2013年第4期,第319页。
③ McBeth, John, "The Old Man and the Sea," *Far Eastern Economic Review* 163, no. 12 (2000): 26.

渔船。

(二) 海洋油气资源的开发

印尼拥有60个沉积盆地,其中分布在陆上的约占27%,海上的约占73%,截至1992年,印尼已经对其中的36个盆地进行了勘探。印尼的油气盆地主要分布在苏门答腊岛油气区、爪哇岛油气区、东加里曼丹岛油气区、东部油气区以及西纳土纳盆地。

印尼的石油勘探起步非常早,在苏门答腊岛,公元8世纪就曾采用原始方式进行原油的开采。印尼于1859年开始了石油勘查,1885年在苏门答腊岛北部钻出了第一口具有商业价值的油井。荷兰殖民者于1890年在印尼成立了荷兰皇家石油公司,1907年成立了皇家荷兰—壳牌集团。随后多个油田被发现,包括塔郎阿卡尔油田、打拉根油田、桑加油田、杜里油田、米纳斯油田等。印尼独立之后,将其群岛海域内勘探与开发的矿物资源,包括油气资源整合为国家能源与矿物开发规划的一个组成部分。1963年,印尼政府正式立法规定石油和天然气资源归国家所有,1968年印尼国家石油公司建立,石油勘探活动也逐渐向海上发展,先后发现了包括阿塔卡大油田、阿隆气田等在内的多个海上油气田。自20世纪60年代,印尼就开始吸引外资进行油气勘探,1966—1992年,印尼国家石油公司与壳牌、莫比尔、谢夫隆等一些国际著名跨国公司签订了多个勘探开发合同。为了发展印尼的石油天然气工业,印尼政府在不同时期制定了不同的政策,对外合作开发石油的政策也逐渐完善。1960年实行"工作合同制";1966年为"产量分成合同";1977年实行"联合经营产量分成"的新合同形式,以鼓励外国石油公司的投资;而20世纪80年代以来,印尼政府又不断放宽对外国投资的限制,旨在达到保证出口、赚取外汇的首要目标。[①]

第三节　独立初期印尼维护海权的实践

自独立以来,印尼就面临着复杂而敏感的海域划界问题。海域边界有

---

① 童晓光、杨福忠:《印尼油气资源及中国石油合同区块现状》,《中国石油勘探》2005年第2期,第60—61页。

三类：领海、专属经济区和大陆架。印尼与邻国有五段共同大陆边界，11段共同领海边界，以及15段共同大陆架专属经济区。[①] 印尼一直试图与所有邻国建立稳固的陆地和海域边界，印尼与澳大利亚已就所有边界问题达成了共识，但1997年两国政府达成的解决其最后的海床界线和专属经济区的争议问题的条约尚未被印尼的立法机构所批准，同时，对于澳大利亚对安石礁的主权声索，印尼也提出了反对意见。印尼同马来西亚之间的领土和海上争议谈判一直在持续当中，两国有争议的海域包括西里伯斯海安巴拉石油板块的海上边界。印尼和新加坡仍在努力敲定两国于1973年达成的海上边界协定，明确了新加坡的樟宜与印尼巴淡岛之间存有争议的海域。印尼与帕劳在海域划界的谈判，印尼与越南在专属经济区的谈判也仍在继续。

在苏加诺政府时期，印尼便与澳大利亚和印度进行过海域划界谈判，与马来西亚、新加坡、越南等东南亚邻国也曾就海域划界问题进行过谈判。

一、苏加诺政府时期印尼维护海权的实践

（一）《朱安达宣言》的出台

苏加诺政府时期，印尼对海权的维护主要体现在质疑荷兰殖民政府时期出台的《领海及海区条例》上。1918年，荷属东印度政府出台了《海区条例》（Maritime Districts Ordinance），该条例提到了荷属东印度群岛的领海，但并没有具体规定领海的宽度。1920年，荷兰政府颁布皇家法令，规定荷兰殖民地的领海宽度为3海里。[②] 1935年10月，荷属东印度政府基于对1918年《海区条例》的修订，出台了《领海及海区条例》，对荷属东印度群岛的领海进行了相当精确的划定。[③] 该条例第1条规定，领海"从属

[①] Andika, Muhammad Tri, "Indonesia Border Diplomacy under the Global Maritime Fulcrum," *Ritsumeikan International Affairs* 15 (2017): 45-66.

[②] Butcher, John G. and Robert Edward Elson, *Sovereignty and the Sea: How Indonesia Became an Archipelagic State* (Singapore: Nus Press, 2017), p. 26.

[③] Cornelis Vollenhoven, *Adat Law Circles and Native Local Communities* (Leiden: Brill Publishers, 1945), pp. 4-63.

于荷属东印度领土的岛屿或部分岛屿的低潮线起延伸3海里",这意味着距离岛屿超过3海里的岩石、暗礁等均不被包括在领海的范围之内,荷属东印度政府对此没有管辖权。而且按照该条例的规定,荷属东印度群岛已经失去作为整体的群岛概念,在法律上荷属东印度只有个别的岛屿,每个岛屿都拥有属于自己的领海以及岛屿群。这实际上比1905年《渔业条例》规定的荷属东印度领海有所退步,使荷属东印度丧失了巨大的海上权益。[1] 1939年8月,荷属东印度政府修订《领海及海区条例》,取消了对外国军事人员进入印尼海域的全面禁令。

1945年独立后,印尼的精英们开始重新构想印尼领海的组成,并对1935年的《领海及海区条例》提出质疑。1945年5月31日,在独立调查委员会提出"一个独立的印尼究竟应该包括哪些土地"的问题后,穆罕默德·耶明(Muhammad Yamin)在发言中指出,独立调查委员会不应该被殖民时期的领土边界所束缚,而应回想起斯里维查亚(Srivijava)和马贾帕希得(Majapahit)的伟大帝国。耶明坚持认为,印度尼西亚应该包括英国在马来半岛、婆罗洲北部的保护国和殖民地,葡萄牙的东帝汶以及荷属东印度群岛的全部领土。6月1日,苏加诺也对独立调查委员会的问题作出回答:"即使是小孩,如果他看世界地图,也能指出印度尼西亚群岛是一个整体。地图上可以显示出太平洋和印度洋两个大洋之间以及亚洲大陆和澳大利亚大陆之间的群岛的统一。即使是一个小孩,也能说出爪哇岛、苏门答腊岛、婆罗洲岛、西里伯斯岛、哈马赫拉岛、小巽他群岛、摩鹿加群岛和其他小岛是一个整体……上帝所命定的整个群岛是两个大陆和两个海洋之间的统一,这就是我们的国家。"7月,苏加诺在一次演讲中表示支持耶明关于印尼领土的构想,而耶明—苏加诺版本的印度尼西亚领土也被独立调查委员会通过。[2] 但是,在1945年8月18日通过的《印度尼西亚宪法》中却没有对印尼的领海作出明确的规定,而只是在第33条第3款中模糊地

---

[1] Cornelis Vollenhoven, *Adat Law Circles and Native Local Communities* (Leiden: Brill Publishers, 1945), p. 56.

[2] Kusuma and Ananda B, *Lahirnya UUD 1945: Memuat Salinan Dokumen Otentik Badan Oentoek Menyelidiki Oesaha-Oesaha Persiapan Kemerdekaan* (Jakarta: Fakultas Hukum Universitas Indonesia, 2009), hal. 157-235.

宣布"土地、水域和其中的自然财富应由国家控制，并为人民的最大利益而开发"。而且接下来的四年，由于印尼精英们的精力被荷印战争所消耗，因此他们对印尼领海的问题也少有讨论。①

印尼精英们对印尼领海问题的重新关注发生在1951年底。当时，印尼内阁总理朱安达·卡塔维贾（Djuanda Kartawidjaja）率领一个代表团前往日本，讨论战争赔偿和其他与印日关系有关的问题。在东京的讨论中，印尼官员向日本表示，他们正在考虑"将领海定义为岛屿之间以60海里为界限的水域"，但这一主张受到日本政府的反对。1952年，印尼官员开始考虑宣布"群岛海岸周围"为大陆架的可能性，这一声明最直接的目的是防止日本渔民在当年4月麦克阿瑟线被解除后返回印尼岛屿之间的水域开采印尼东部丰富的牡蛎资源。1953年9月，印尼宣布大陆架的计划因澳大利亚的暗中鼓励而得到了推动。当时澳大利亚政府中断了与日本关于在澳大利亚北部海岸开采珍珠的监管问题的谈判，声称对182米深的大陆架拥有主权，并鼓励印度尼西亚采取同样的主张。到了10月中旬，澳大利亚媒体声称："印尼将宣布印尼的主权包括围绕印尼岛屿的所有大陆架。"

但比起大陆架宣言，印尼的精英们正在寻找一种更加广泛的管辖权。1953年11月，印尼外交部长在与澳大利亚代办谈话时表示："对于班达海和西里伯斯海，印尼可能需要采用除大陆架以外的一些原则，如采用一条从海岸到海岸的线使诸如班达海等地区成为封闭水域。"1956年9月，东南亚条约组织（Southeast Asia Treaty Organization）宣布将举行海空演习，这引起了印尼对演习是否在爪哇海进行的担心。印尼海军参谋长苏比亚克托（Subiyakto）上将表示，爪哇海"在我们的领土范围内，如果从国家主权的角度来看，我们对利用爪哇海进行战争演习的行为很难表示允许或保持沉默"。印尼的这一担心进一步引发了政府对是否应该放弃3海里的领海限制的公开讨论。苏比亚克托表示，3海里的界限并不适合"目前的情况"，

---

① Wal, S.L, P. J. Drooglever and M. J. B. Schouten, *Guide to the Archives on Relations between the Netherlands and Indonesia 1945-1963* (Amsterdam: Institute of Netherlands History, 1999), pp. 140-146.

并指出许多国家都声称拥有更广泛的领海。① 而作为国会议员的耶明则在1956年10月17日的讲话中表示，政府坚持3海里的领海是没有根据的，印尼也应该像美国一样扩大自己的领海。耶明的发言鼓励了印尼政府大胆宣示其对印度尼西亚群岛各岛屿之间海域的管辖权。当日，阿里（Ali）总理成立了一个跨部门委员会，其主要任务便是"起草一项关于印度尼西亚领海和海域的法律，并根据目前的情况修改《领海及海区条例》"。②

作为跨部门委员会的成员之一，穆赫塔尔（Mochtar）向委员会主张以"点对点"的方法划定印尼的领海，即在印度尼西亚群岛最外层岛屿的最外层点之间划一条直的基线。这些基线内的水域——爪哇海、弗洛勒斯海、班达海及其他许多海域——将成为印尼的内海，政府将对其行使完全的主权，而印尼的领海也将从这些基线开始测量。但是，除了穆赫塔尔以外，跨部门委员会的所有成员都认为这种划定领海的方法是不可能的。他们担心，将"点对点"的方法应用于一个大群岛的先例只有菲律宾这一个国家，因此无法保证印尼采用这种方法能够在国际上得到认可。另外，穆赫塔尔的主张也遭到了印尼海军的反对，海军认为印尼目前的力量不足以控制用"点对点"的方法划定的领海范围，尤其无法控制一些重要的战略水道。1957年9月，印尼安汶（Ambon）海区的海军指挥官向国会议员报告称，印尼可供海军支配的巡逻舰太少，以致海军对进入水域的外国船只无能为力。③

在拒绝了穆赫塔尔的提案后，跨部门委员会在1957年12月7日向总理提交了一份题为《印度尼西亚水域与领海法草案》的法律草案，建议印尼的领海从3海里扩大到12海里，同时否定了"点对点"的领海划定方法。④ 但由于12月3日至8日，印尼政府的注意力集中在一艘巡航于爪哇海的荷兰军舰身上，该法律草案被暂时搁置。趁着这个机会，穆赫塔尔在退伍军

---

① Butcher, John G. and Robert Edward Elson, *Sovereignty and the Sea: How Indonesia Became an Archipelagic State* (Singapore: Nus Press, 2017), p. 57.

② Danusaputro, *Tata Lautan Nusantara dalam Hukum dan Sejarahnya* (Bandung: Binacipta, 1980), hal. 131-132.

③ *Ibid.*, hal. 99-100.

④ *Ibid.*, hal. 56.

人事务部长萨利赫（Chairul Saleh）的支持下，继续阐发他对于印尼海洋空间的构想，并由萨利赫为代表向内阁提交自己的建议，以便内阁能够将自己的建议与跨部门委员会的建议一并审议。于是，1957年12月9日，穆赫塔尔起草了一份宣言草案。在草案中，穆赫塔尔认为印度尼西亚需要的是一种能够使印尼获得尽可能大的海域的法律安排，这一安排既要符合国际法，又不能过于复杂。要实现这一点，首先有必要在"印度尼西亚群岛构成一个整体"的信念基础上寻求一项解决办法。穆赫塔尔援引了菲律宾在1955年3月的普通照会和古巴围绕卡纳雷奥斯群岛和古巴主岛之间水域的法律以证明印度尼西亚的岛屿能够在法律上形成一个单一的群岛。其次，穆赫塔尔重申了"点对点"的领海划定方法，认为这种方法能够使印度尼西亚群岛不再被公海分割。更为重要的是，由于这种方法能够将印度尼西亚岛屿之间的所有水域都变为内海，因此印尼政府在这些水域的执法工作能够被简化。再次，穆赫塔尔认为印尼政府不应将领海宽度局限于3海里，而应将其扩大至12海里。而且，领海宽度应是从印度尼西亚群岛最外层岛屿的最外层点之间所划的直线基线开始测量，而不是如跨部门委员会那样从每个岛屿周围的低潮线开始测量。最后，穆赫塔尔担心这种领海划定方法可能遭到一些国家的反对，因此建议印尼政府宣布"只要外国船只不威胁到印尼国家的主权和安全，就保证外国船只在印尼内海的和平通行"。①

穆赫塔尔的这份宣言草案被提交到1957年12月13日召开的内阁会议上。会议中，大部分部长认为，宣言不仅满足了印尼政府在特定时期的需求，而且从长远来看也保护了印尼的利益。朱安达总理也表示，"群岛原则"的概念适用于印度尼西亚群岛。因此，内阁一致决定批准穆赫塔尔的宣言草案，并于12月14日凌晨发表了《关于印度尼西亚共和国水域的政府公告》（《朱安达宣言》）。

《朱安达宣言》首先申明了印度尼西亚是"一个由数千个岛屿组成的群岛国家"，"印度尼西亚群岛（Kepulauan Indonesia）自古以来就是一个

---

① Butcher, John G. and Robert Edward Elson, *Sovereignty and the Sea: How Indonesia Became an Archipelagic State* (Singapore: Nus Press, 2017), pp. 68-71.

实体",并宣布"为了领土完整和保护印度尼西亚共和国的资源,必须把整个群岛连同群岛内的海洋视为一个整体"。该宣言还指出:划定印度尼西亚领海的1939年《领海及海区条例》的第1条已经"不再符合以上考虑,因为它把印度尼西亚的陆地领土分割为各有领海的独立部分"。因此,《朱安达宣言》采用了穆赫塔尔在12月9日提交的草案中的措辞,指出"只要不侵犯或干涉印度尼西亚的主权和安全,印尼政府就保证外国船只在内水的和平通行"。在此基础上,宣言清晰地界定了印度尼西亚的领海,并含蓄地界定了其内水:"领海的界限(宽度为12海里)是从连接印度尼西亚岛屿最外层点的基线开始测量的。"最后,宣言指出,印尼政府计划尽快将以上声明制定为法律,并在定于1958年2月于日内瓦召开的联合国海洋法会议上"捍卫自己的立场"。①

(二)维护《朱安达宣言》的努力

《朱安达宣言》的发表引起了西方海洋国家的迅速反应。1957年12月18日,《泰晤士报》发表了一篇题为《新海盗》的社论,将《朱安达宣言》描述为"迄今为止的海洋圈地运动中最大胆的主张"。该报道认为:由于对国际航运的威胁,印尼的这一主张比近期其他国家对海洋领土的主张要严重得多。此外,从1957年12月底至1958年1月中旬,六个西方国家——美国、英国、澳大利亚、荷兰、法国和新西兰——向印尼提出了正式的抗议。所有这些外交照会都断言,《朱安达宣言》违反了国际法,这些国家并不认为它们的船只、飞机或国民应受该宣言的约束。其中,美国更是宣称《朱安达宣言》是"对公海错误和不可被接受的侵占"。②

为了使自己的抗议具有合法性,西方海上强国也积极寻求尽可能多的亚洲国家的支持。其中,日本政府紧随六个西方国家的行动,向印尼提出正式抗议;马来西亚驻印尼大使向印尼政府表示,马来西亚"不能接受印尼关于内水的声明",并认为12海里的主张是"荒谬的",但为了避免激怒印尼,马来西亚决定不提出正式抗议;泰国外交部长在与美国官员会晤

---

① Butcher, John G. and Robert Edward Elson, *Sovereignty and the Sea: How Indonesia Became an Archipelagic State* (Singapore: Nus Press, 2017), pp. 72-75.

② Hans Meijer, *Den Haag-Djakarta: De Nederlands-Indonesische Betrekkingen 1950-1962* (Dordrecht: Het Spectrum, 1994), hal. 80-86.

时也指出，泰国政府将很快通知印尼，要求它遵守3海里的界限，并保留对《朱安达宣言》采取行动的权利，但政府不会提出正式抗议。

随着抗议的国家不断增多，印尼政府多名发言人不得不做出回应。1957年12月18日，印尼驻英国大使苏纳里奥（Sunario）对媒体表示："印尼政府必须控制岛屿和沿海水域之间所有的海上交通，3海里的界限已经过时。"第二天，印尼新闻部播报了一篇为印尼立场进行辩护的长文，其中强调了"印度尼西亚的海洋"对印尼人民福祉的重要性。1958年1月8日，印尼代理外长在回应英国的抗议照会时表示："印度尼西亚将保持坚定立场。"2月24日，印尼外交部发表了一份简短的声明，表示印尼政府无法同意几个外国政府针对宣言提交的照会，"因为印尼的立场并没有违反任何国际法原则"。虽然在这份声明发表前不久，联邦德国（西德）、瑞典、挪威等国家也开始向印尼表示抗议，但在2月10日，印尼得到了苏联的支持。苏联驻印尼大使在当日通知苏班德里奥（Subandrio），苏联将"充分尊重"印尼政府的决定，即把印尼的主权扩大到岛屿之间的水域，并要求拥有12海里的领海。

1958年2月24日，联合国海洋法会议于日内瓦举行。该会议共分为五个委员会，其中印尼的领海问题被提交至第一委员会进行讨论。在第一委员会的头几次会议上，印尼代表苏班德里奥指出，国际法应该考虑到新独立国家的利益。在他看来，3海里的领海限制是站不住脚的。但他并没有主张一个适用于所有国家的更广泛的限制，而是主张根据各国的具体情况，领海限制"应该允许偏离一般规则"。他表示，近年来主张"更广阔海域"的趋势仅仅是技术变革和对鱼类等资源日益增长的需求所造成的自然结果，这并不是对"神圣的海洋自由的侵犯"。苏班德里奥的主张遭到美国代表团团长迪恩（Dean）的反对："现在，如果你们把岛屿合并成一个群岛，用一条直线把这些岛屿的最外面的点连接起来，然后在整个群岛周围划出一个12海里的区域，你们就企图单方面地把过去几百年来所有国家的船只自由使用的大片公海变成领海，甚至可能变成内水。而且不幸的是，你还鼓励其他国家去做同样的事情。"迪恩认为，把印尼的主张伪装为"进步"是没有意义的，因为这种主张实际上是在"所有人无论大小的共同财产"中"束缚所有人的自由"。迪恩向印尼和其他考虑此类主张的国家表示，沿海国家有责任在其领海内执行其法律，并提供导航设备以确保海上安全，但拥有更广阔领海的国家会发现履行这一职责非常困难，而且一旦发生战争，他们将更难保持中立。①

针对迪恩的反对，苏班德里奥告诉第一委员会，印尼政府所做的不是"将一些岛屿合并为一个整体"，而是基于"最重要的考虑"迈出的一步。从低潮线开始测量领海的方法对于大陆国家而言很有效，但对于印尼这样一个由数千个岛屿组成的国家来说，由此来确定巡逻海岸线并对其保持有效控制将变得非常困难。相反，若用直线划定领海边界，巡逻和控制的任务便容易得多，因为这在缩短需要巡逻的海岸线的同时还简化了印尼"受监管领土的结构"。此外，在发言中，苏班德里奥还采用了莫赫塔尔在其12月9日提交的文件中所阐述的论点，概述了国际法委员会早先为处理群岛问题所作的努力。他指出，国际法委员会未能就领海问题达成协商一致的意见，但这并不意味着会议不能讨论该问题。而且，在提到迪恩捍卫航行自由的论点时，他向第一委员会的代表们建议："'世界各国人民的共同利益'包括而不是排除为群岛制定特殊制度的可能性。"② 但是，第一委员会在审议各代表团的主张后，放弃为群岛国家提供制度的任何可能性。因此，印尼代表团的主张被提交至全体会议裁决。

在全体会议中，印尼代表团希望达成两项成果：支持允许各国将其领海宽度定为12海里的努力；争取推翻第一委员会在海洋法第5条中规定的直线基线长度不得超过15海里的限制。③ 而这两点都未能成功列入有关领海宽度的条款之中，但大会通过了一个替代性的方案，即同意将毗连区的概念纳入公约，并同意该区域"从测量领海宽度的基线起不得超过12海里"。这一替代性方案在两方面意义重大。首先，它意味着世界各国普遍承认：至少在海关、财政、移民和卫生法规方面，沿海国家的管辖权延伸至12海里；其次，它证实了几乎所有代表团以及国际法委员会所持有的观

---

① Butcher, John G. and Robert Edward Elson, *Sovereignty and the Sea: How Indonesia Became an Archipelagic State* (Singapore: Nus Press, 2017), pp. 72-75.

② "Volume III: First Committee (Territorial Sea and Contiguous Zone) ," United Nations, accessed June 25, 2023, https://legal.un.org/diplomaticconferences/1958_los/vol3.shtml.

③ *Ibid.*

点，即领海的宽度不能超过12海里。这一点在此前一直没有达成共识。此外，印尼在全体会议上还收获了一项重大胜利，即关于第一委员会规定的直线基线长度不得超过15海里的判决被多数国家要求单独表决。如加拿大代表团团长所言，这一判决在一项条款中强加了一个武断的数学限制。[1] 由此，大会出台的《领海和毗连区公约》将不包括承认由岛屿组成的国家有权按照《朱安达宣言》所规定的方式划定直线基线的条款，但也不包括使这种基线违反国际法的条款。这便为印尼争取扩大领海宽度、维护海权的努力提供了空间。关于领海的问题也因得到包括印尼在内的大多数国家的支持而决定由联合国召开第二次大会来专门解决。

（三）1960年第4号条例的出台

联合国海洋法会议以后，西方国家的军舰继续在"构成印尼领土"的岛屿间水域内活动，并时常进行军演，这引起了印尼的警惕。于是，自1959年9月开始，印尼政府便着手起草一项法律，以将1957年12月的《朱安达宣言》付诸实施。1959年11月13日，马尔塔迪纳塔（Martadinata）向内阁提交了关于领海的法律草案，并得到内阁原则上的批准，跨部门委员会则将该法律草案定名为"印度尼西亚水域法"。1960年1月1日，莫赫塔尔建议将"印度尼西亚水域法"更名为"印度尼西亚领海法"，认为自海洋法会议召开以来，"领海"一词的含义既包括领海，也包括内水。2月18日，苏加诺签署了该法案，使《朱安达宣言》正式成为法律。3月8日，《印度尼西亚领海法》（1960年第4号条例）正式公布。该条例将"印度尼西亚水域"界定为由印度尼西亚领海和内水组成的区域，并将印尼的领海宽度定为12海里，"其外部界限与基线垂直，基线则由连接最外层岛屿低潮标记上的最外层点的直线组成"。同时，条例还规定1939年《领海及海区条例》中界定的印尼领海和内水的条款不再有效，这便加剧了西方国家对印尼的负面态度。

（四）领海问题的第二次争论

1960年3月17日，第二次联合国海洋法会议在日内瓦召开，该会议讨

---

[1] "Volume III: First Committee (Territorial Sea and Contiguous Zone) ," United Nations, accessed June 25, 2023, https://legal.un.org/diplomaticconferences/1958_los/vol3.shtml.

论的主要问题是领海的宽度和毗连区的设置。①围绕该问题，会议形成了两派观点：一派以美国和加拿大为代表，它们希望对"6海里宽的领海和毗连区"的主张作出一些更改，同时反对承认12海里的领海宽度。为支持后一项观点，美国代表团领导人迪恩提出了大量论据，包括海洋航行自由的惯例以及12海里界限可能引发的实际问题，如大多数商船和渔船都无法携带足够长的锚链，这使它们无法在离海岸很远的深水中抛锚。另一派以印尼为代表，它们主张领海的宽度可以在3海里至12海里之间，同时主张领海宽度小于12海里的国家有权主张12海里范围内的专属捕鱼权。另外，自1960年第4号条例颁布以后，印尼代表团的领导人苏班德里奥所代表的是一个拥有12海里宽领海的国家，所以他在会议中呼吁海洋法会议应寻求"建立一个与群岛国家的领海有关的特殊制度"，并支持菲律宾代表团领导人阿图罗·托伦蒂诺（Arturo Tolentino）的主张，即菲律宾群岛是一个紧密相连的岛屿群，自古以来便被视为一个整体。②

第二次会议再次未能就领海的宽度范围达成协定。于是印尼和菲律宾连同来自非洲、中东和拉丁美洲的16个新独立国家共同提出一项建议，即允许领海的宽度达12海里，并在同样的范围内享有专属捕鱼权。该提案声称，有关领海宽度的规定不适用于"历史性水域"。这项提案同样未能在全体会议中获得多数通过。与之相反，美国和加拿大联合提出的关于"6海里领海和6海里毗连区"的主张则获得了多数国家的支持。但在印尼与其他新独立国家的团结一致下，美国与加拿大的联合提案最终因一票之差未获三分之二最低票数要求。包括印尼在内的10个提案国随即要求联合国大会就领海宽度问题举行另一次会议，呼吁1945年10月以前成立的任何国家在大会审议领海问题时不要扩大其目前的领海宽度，并允许所有国家在12海里范围内行使专属捕鱼权，而这项动议也在全体大会中被否决。③

---

① "Volume II: Plenary Meetings, Summary Records of Meetings and Annexes," United Nations, accessed June 25, 2023, https://legal.un.org/diplomaticconferences/1958_los/vol2.shtml.

② Ibid.

③ Butcher, John G. and Robert Edward Elson, *Sovereignty and the Sea: How Indonesia Became an Archipelagic State* (Singapore: Nus Press, 2017), pp. 85-92.

可见，在苏加诺政府时期，印尼在国内和国际两方面都为维护海权作出了诸多努力，尤其是在联合国海洋法会议上据理力争，以争取12海里的领海主张能够在国际上得到承认。但出于各国，主要是西方国家的利益考量，印尼的海洋权益得不到承认。《朱安达宣言》和1960年第4号条例的真正落实仍有待下一届印尼政府的努力。

二、苏哈托政府时期印尼维护海权的实践

（一）12海里领海宽度的实现

苏加诺政府时期遗留下来的印尼领海宽度问题在苏哈托政府时期得到了解决。作为一个军政府，苏哈托政权希望加强武装部队的统一，于是印尼发展出一种适用于陆军、空军和海军的新学说，这一学说被称为"群岛愿景"（Wawasan Nusantara）。"群岛愿景"的基本理念是：在领土、政治、经济、文化、国防和安全等各个方面，印尼都是一个统一的整体。这种一体化的领土隐含着1960年第4号法令所体现的原则，即印尼领土包括该国所有岛屿和这些岛屿之间的水域。1967年11月，印尼军官举行了一场研讨会，会议发布的文件宣称，"我们必须克服自然的物理隔离……利用海洋和海峡，把各岛屿、各地区、各民族和各有经济潜力的单位联结起来"。而印尼的这一愿景在1968年的联合国海床委员会会议上得到了实现。①

联合国海床委员会会议的召开反映了世界各国处理海权问题的诉求。自20世纪60年代开始，世界几乎所有国家都强烈希望处理两次日内瓦海洋法会议未完成的工作，并重新讨论第一次海洋法会议所通过的四项公约。这一诉求背后主要有三个推动力。第一是亚洲、非洲和加勒比地区新独立国家的大幅增加。从第二次海洋法会议结束至1968年底，共有44个新独立国家加入了联合国，使联合国成员的数量增加了一半以上，这让发展中国家在国际上具有更大的影响力。对于新独立国家而言，国家安全、国家统一和经济发展是它们最关心的问题，一些拥有海岸的新独立国家希

---

① "Wawasan Nusantara," Universitas Esa Unggul, 15 Maret 2019, diakses 25 Juni 2023, https://lms-paralel.esaunggul.ac.id/pluginfile.php?file=/253315/mod_resource/content/2/MODUL%20KWN%2006%20WAWASAN%20NUSANTARA.pdf.

望能从海岸附近的海域获取财富。于是，许多新独立的国家宣称拥有12海里宽度的领海，而几内亚甚至在1964年声称自己拥有130海里的领海，次年又声称拥有200海里的领海。由此，在修改现行海洋法的愿望背后已经聚集了一股强大的政治力量。第二，扩大领海主权的要求对美苏两个超级大国的利益产生威胁。双方均认为对领海主权的主张在数量上和规模上的大幅增长会损害两国的航行自由，进而对两国的战略地位造成不利影响。因而两国开始合作，以应对新独立国家对海洋空间的主权要求。第三，海底经济和深海军事力量迅速发展。至1967年，海上钻井平台能够从水深100米处开采石油和天然气，未来这一深度可能还会突破200米。这意味着，根据当时的"大陆架公约"，一个国家对海底主权的要求没有限制，它可以对任意深度的海底资源要求主权。另外，美苏两个大国已经将当时开发的水听器网络安放至海底以探测潜艇的行动。这些事态导致当时的海洋法的基本原则受到挑战，也向世界各国提出了"对海洋的管辖权应该延伸到什么程度"的问题。①

在这三个推动力的作用下，1968年海床委员会会议召开。在会议召开期间，美国和苏联就海洋法的三项条款达成了协定。首先，各国将被允许将其领海扩展至12海里，这是美国的一个重大让步；其次，各国需保证"国际海峡"的自由通行权；最后，沿海国家将被允许对其领海以外区域的资源拥有一定的权利。另外，美苏两国还主张在1970年召开联合国大会，将以上三项条款纳入海洋法。这意味着，印尼12海里的领海主张得到了正式的承认。在此基础上，1969年2月11日，印尼政府成立一个解决大陆架边界问题的技术小组。经过研究，印尼苏哈托总统在2月17日宣布："在1960年第4号法令所界定的印度尼西亚水域以外的海床和大陆架底土中发现的所有矿物和其他自然资源，在允许勘探和开采的限度内，都是印度尼西亚的财产，这些财产处于印度尼西亚政府的管辖之下。"由此，印尼海权的基本框架在法律层面得到确立。②

---

① Butcher, John G. and Robert Edward Elson, *Sovereignty and the Sea: How Indonesia Became an Archipelagic State* (Singapore: Nus Press, 2017), pp. 139-141.

② Kusumaatmadja, Mochtar, *Bunga Rampai Hukum Laut* (Jakarta: BinaCipta, 1978), hal. 305-306.

（二）印尼与邻国海域边界的确定

苏哈托总统在1969年2月17日的宣言只是确定了印尼大陆架的基本范围，其中仍存在许多模糊空间。为了确定大陆架的具体边界，印尼政府不得不与邻国进行边界谈判。穆赫塔尔表示，这些边界将"在承认共同利益的友好气氛中，根据现行法律和正义原则，通过与邻国的谈判来确定"。[①]自1969年开始，印尼与澳大利亚、印度、马来西亚、新加坡、泰国和巴布亚新几内亚等国对海域划界问题进行谈判，签订了一系列海域划界协定、条约（详见表2.1），以实现"好篱笆造就好邻居"（Good fences make good neighbors）的愿景。

表2.1　苏加诺和苏哈托政府时期印尼关于海域划界问题的国际协定、条约汇总

国家	年度	国际协定、条约
澳大利亚	1971	《印度尼西亚共和国政府和澳大利亚联邦政府确定特定海底边界的协定》
	1972	《印度尼西亚共和国政府和澳大利亚联邦政府在帝汶海和阿拉弗拉海区域确立特定海底边界的协定》
	1973	《印度尼西亚和澳大利亚关于巴布亚新几内亚和印度尼西亚之间几条边界的协定（附图）》
	1974	《关于印度尼西亚传统渔民在澳大利亚专属捕捞区和大陆架区域捕鱼作业的谅解备忘录》
	1977	《印度尼西亚和澳大利亚关于划定专属经济区和部分海床边界的协定》
	1981	《印度尼西亚和澳大利亚关于实施临时渔业监管与执行安排的谅解备忘录》
	1989	《帝汶缺口条约》
	1997	《印度尼西亚共和国政府与澳大利亚政府确立一条专属经济区边界和特定海底边界的条约》

[①] Kusumaatmadja, Mochtar, *Bunga Rampai Hukum Laut* (Jakarta: Bina Cipta, 1978), hal. 312.

续表

国家	年度	国际协定、条约
印度	1974	《印度尼西亚共和国政府与印度共和国政府关于两国大陆架的划界协定》
	1977	《印度尼西亚共和国政府与印度共和国政府关于延长两国1974年就安达曼海和印度洋的大陆架达成的边界的协定》
	1978	《印度尼西亚共和国政府、印度共和国政府和泰王国政府关于在安达曼海域三国交界点划定相关边界的协定》
马来西亚	1969	《印度尼西亚和马来西亚关于划分两国间大陆架的协定》
	1970	《印度尼西亚和马来西亚关于两国在马六甲海峡领海的划界条约》
	1971	《印度尼西亚共和国政府、马来西亚政府和泰王国政府关于三国在马六甲海峡北部大陆架的划界协定》
	1982	《印度尼西亚和马来西亚关于群岛国法律制度和马来西亚在位于东、西马来西亚之间的印度尼西亚领海、群岛水域以及印度尼西亚领海、群岛水域和领土上空的权利的条约》
新加坡	1971	《印度尼西亚共和国与新加坡共和国关于两国在新加坡海峡领海的划界协定》
	1973	《印度尼西亚与新加坡在新加坡海峡的领海划界协定》
	1977	《关于马六甲海峡、新加坡海峡安全航行的三国协定》
泰国	1971	《印度尼西亚共和国政府和泰王国政府关于划定两国在马六甲海峡北部及安达曼海大陆架边界的协定（附图）》
	1975	《印度尼西亚共和国政府和泰王国政府关于划定两国在安达曼海域海底边界的协定（附图）》
巴布亚新几内亚	1980	《印度尼西亚共和国政府和巴布亚新几内亚政府关于两国在海上边界和有关事项上的合作协定》

1. 印尼—澳大利亚关系及海域划界协定的签署。在苏哈托政府时期，印尼与澳大利亚两国关系虽不时出现一些问题和风波，但总体发展相对稳定。苏哈托总统施行的"新秩序"政策得到了西方国家的认可，也使澳大利亚与印尼之间的关系得到了改善。1968年7月，印尼与澳大利亚两国政府达成了进行有限的文化艺术交流的协定，8月，印尼宣布放弃其"对抗政策"，同年，两国外长进行了相互访问，双方关系获得缓和。[①] 尽管在

---

① 杨洋、吴秋华：《冷战时期的澳印（尼）关系初探》，《商业文化》2010年第4期，第79页。

1974—1975年两国因东帝汶事件双边关系出现不和，但是澳大利亚还是承认了印尼对东帝汶的主权。20世纪80年代以来，伴随着亚太国家经济的崛起以及国际形势的逐渐缓和，从经济因素出发，澳大利亚不断地加强与亚洲国家的交往，与印尼的关系更是有了很大的改善。两国政府之间的访问和交流十分频繁，1988年《澳大利亚印尼关系新框架》联合公报的发表，标志着两国关系发展到了一个新的阶段，1995年两国秘密签订《共同安全合作协定》，使印尼与澳大利亚之间的关系达到了高峰。

此外，在苏哈托政府时期，针对大陆架和专属经济区划界协定，印尼与澳大利亚进行了众多谈判协商，签署了多个协定，同时，两国在渔业、石油资源开发和管理上的合作也比较突出。1971年5月18日，印尼和澳大利亚签署了《印度尼西亚共和国政府和澳大利亚联邦政府确定特定海底边界的协定》（以下简称《协定》），在等距的基础上划定了两条海底边界。1972年10月9日，作为对《协定》的补充，两国政府签署了《印度尼西亚共和国政府和澳大利亚联邦政府在帝汶海和阿拉弗拉海区域确立特定海底边界的协定》，以上两份协定都是在1973年11月8日生效。根据1972年的协定，双方在帝汶海划定了一条位于帝汶海槽轴线和中间线之间的长达188海里的大陆架界线，将印尼和澳大利亚的海底管辖区分开。在该协定中，澳大利亚充分利用了靠近印尼的帝汶海槽，使得大陆架界线的一部分更靠近印尼领土，因而对澳大利亚更为有利。[1] 1973年2月12日，印尼与澳大利亚政府签署了《印度尼西亚和澳大利亚关于巴布亚新几内亚和印度尼西亚之间某几条边界的协定（附图）》，对印尼与巴布亚新几内亚在伊里安（新几内亚）岛的边界进行更精确地划定，并明确了印尼、澳大利亚和巴布亚新几内亚在该海域的权益。[2]

1974年，两国政府达成的《关于印度尼西亚传统渔民在澳大利亚专属捕捞区和大陆架区域捕鱼作业的谅解备忘录》，允许印尼传统渔民（即不

---

[1] Kaye, Stuart B, "The Australia-Indonesia Maritime Boundary Treaty: A Review," *Maritime Studies* 1997, no. 94 (1997): 28-32.

[2] "Agreement Concerning Certain Boundaries between Papua New Guinea and Indonesia (with Chart)," United Nations, accessed July 27, 2023, http://www.un.org/Depts/los/LEGISLATIONANDTREATIES/index.htm.

使用装有引擎的捕鱼工具或装有马达的船只的渔民）在澳大利亚的阿什莫尔礁、斯科特礁、卡捷岛等岛礁12海里之内海域从事渔业活动，[①]但仍禁止他们在巴西尔岛（Pasir Island）附近水域或海岸上获取淡水、捕捞海龟和鸟类以及采集海龟卵与海鸟卵，这损害了印尼渔民的传统权利。[②]1977年3月14日，两国签署了涉及阿拉弗拉海和印度洋爪哇岛以南部分的《印度尼西亚和澳大利亚关于划定专属经济区和部分海床边界的协定》。1981年，澳大利亚和印尼签署的《印度尼西亚和澳大利亚关于实施临时渔业监管与执行安排的谅解备忘录》，明确了临时渔业执法线，重新规定了印尼东努沙登加拉（Nusa Tenggara Timur）渔民在阿尔什莫（Ashmore）以及周围岛屿开展传统捕鱼活动的传统权利，保护了印尼传统渔民的利益，有利于渔业开展的合理化和合法化。[③]1989年，印尼与澳大利亚两国不顾葡萄牙的反对签署《帝汶海缺口条约》，搁置了双方在划分澳大利亚与当时属于印尼的东帝汶省之间的海洋区域上的不可调和的分歧，在东帝汶外海的争议海域创建了一个合作区，并且分为三个独立的开发领域，[④]共同勘探开采石油天然气资源。[⑤]1997年，两国签署了《印度尼西亚共和国政府与澳大利亚政府确立一条专属经济区边界和特定海底边界的条约》（简称《珀斯条约》）。根据《珀斯条约》的规定，印尼将基于1982年《联合国海洋法公约》（LOSC）第7条和第8条关于"重叠管辖区域"和"合作区"的规定，在新边界以北享有沿海国家专属经济区主权权利，而澳大利亚将保留大陆架主权权利，在相同的限定条款下，澳大利亚保留大陆架主权权

[①] Stacey, Natasha, *Boats to Burn: Bajo Fishing Activity in the Australian Fishing Zone* (Canberra: ANU Press, 2007), p. 222.

[②] Widodo, Pujo, et al., "The Pasir Island Ownership Dispute between Indonesia and Australia Perspective from the Aspect of State Defense," *resmilitaris* 13, no. 2 (2023): 4179-4188.

[③] Widodo, Pujo, et al., "The Pasir Island Ownership Dispute between Indonesia and Australia Perspective from the Aspect of State Defense," *resmilitaris* 13, no. 2 (2023): 4180.

[④] Charney, Jonathan I. and Lewis M. Alexander (eds.), *International Maritime Boundaries* (Leiden: Martinus Nijhoff Publishers, 1993), pp. 328-1245.

[⑤] Hanlon, Margaret, "Australia-Indonesia Maritime Boundaries," paper presented at the annual meeting for Australasian Political Studies Association, Melbourne, Australia, September 25-27, 2017.

利的范围将远至旧海底边界以北。如此一来,《珀斯条约》就在帝汶海建立了一个管辖权重叠的区域,其中印尼的专属经济区覆盖了澳大利亚的大陆架。在《珀斯条约》的规定下,印尼实际上享有不受约束的主权权利,可以在重叠管辖区内开展勘探、开发、养护和管理海洋生物资源的活动,但是澳大利亚在行使勘探和开发海底的权利时也无法避免出现损害印尼利益的可能性,[①] 所以出于各种因素的考虑,该条约尚未得到印尼立法机关的批准。

2. 印尼—印度海上合作。在冷战的大部分时间里,尽管印尼与印度之间在一段时间里有过摩擦,两国却拥有相似的战略立场,即都奉行不结盟政策。

除了在20世纪60年代对马来西亚进行过外交支持,在冷战的大部分时间里,印度对东南亚地区海域并没有表现出太多的兴趣。在20世纪70年代,印尼和印度签署了三份海域边界协定。1974年8月8日,印尼和印度两国政府签署了有关苏门答腊岛和安达曼海之间的格雷特海峡大陆架划界的协定,在大尼科巴岛和苏门答腊岛之间建立了一条短边界。[②] 1974年12月,印尼第31号总统令批准了该协定。1977年1月14日,两国政府又签署了《印度尼西亚共和国政府与印度共和国政府关于延长两国1974年就安达曼海和印度洋的大陆架达成的边界的协定》,该协定由两部分组成:其一,划定了印尼和印度在安达曼海的海底分界线;其二,划定了印尼在印度洋方向的海底边界。这两部分条款将印尼和印度在1974年划定的海上边界向东北延伸至安达曼海与泰国的交汇点,并向西南延伸至印度洋。而且根据该协定,两国同意使用等距的方法建立海上边界,并商定两国的海

[①] Herriman, Max and Martin Tsamenyi, "The 1997 Australia-Indonesia Maritime Boundary Treaty: A Secure Legal Regime for Offshore Resource Development?" *Ocean Development & International Law* 29, no. 4 (1998): 361-397.

[②] "Agreement between the Government of the Republic of India and the Government of the Republic of Indonesia Relating to the Delimitation of the Continental Shelf Boundary between the Two Countries," United Nations, accessed June 24, 2023, http://www.un.org/Depts/los/LEGISLATIONANDTREATIES/PDFFILES/TREATIES/IND-IDN1974CS.PDF.

上边界长约293英里。① 第三个协定涉及印尼、印度和泰国三方，1978年6月22日，三国政府签署了关于确定三国交界点及三国间在安达曼海有关边界的《关于在安达曼海域三国交界点划定相关边界的协定》，该协定再次明确了印尼和印度大陆架的边界应由1977年1月14日在新德里签署的《印度尼西亚共和国政府与印度共和国政府关于延长两国1974年就安达曼海和印度洋的大陆架达成的边界的协定》中第1条所述的从西南方向的交界点到0点所画的一条直线构成。② 这些协定的签署有效解决了印尼与印度的海域边界争议问题。

3. 印尼—马来西亚的海上争端与合作。印尼与马来西亚的海权纠纷是一个历史遗留问题，最早可追溯至19世纪20年代。1824年，英国和荷兰签署了《英荷条约》，该条约主要划定了两块领土，即英国控制下的英属马来亚和荷兰统治下的荷属东印度群岛。1882年，英国政府成立北婆罗洲公司（BNBC），其管辖范围包括苏禄苏丹国在1978年所割让的婆罗洲岛及其沿岸9海里内的岛屿。1891年6月20日，英国和荷兰签订了《划分荷属婆罗洲和处于英国保护下的国家之间的边界条约》，划定了两国在婆罗洲岛所占据的领土之间的边界。该条约的第1条规定，荷兰和英国领土之间的边界始于婆罗洲岛东海岸的北纬4°10′线。而第4条规定，从北纬4°10′线与婆罗洲东海岸相交的那一点开始，边界线继续沿该纬线向东延伸，穿过石巴迪岛。该岛位于北纬4°10′线以北的部分属于英属北婆罗洲公司，以南的部分属于荷属东印度群岛。双方由于对这第4条规定的理解

---

① "Agreement between the Government of the Republic of India and the Government of the Republic of Indonesia on the Extension of the 1974 Continental Shelf Boundary between the Two Countries in the Andaman Sea and the Indian Ocean, New Delhi," United Nations, accessed June 24, 2023, http://www.un.org/Depts/los/LEGISLATIONANDTREATIES/PDFFILES/TREATIES/IND-IDN1977CS.PDF.

② "Agreement between the Government of the Republic of India, the Government of the Republic of Indonesia and the Government of the Kingdom of Thailand Concerning the Determination of the Trijunction Point and the Delimitation of the Related Boundaries of the Three Countries in the Andaman Sea, New Delhi," United Nations, accessed June 24, 2023, http://www.un.org/Depts/los/LEGISLATIONANDTREATIES/PDFFILES/TREATIES/THA-IND-IDN1978TP.PDF.

存在分歧，独立后的印尼和马来西亚在婆罗洲（即加里曼丹岛）附近海域的岛屿的归属权问题上产生了纠纷。

其中，印尼认为，根据1891年条约的第4条规定，北纬4°10′线不仅是陆地和岛屿的分界线，同时也划定了石巴迪岛以东的海域边界。换言之，在石巴迪岛以东的海域上，北纬4°10′线以南的陆地和岛屿属于荷属东印度群岛，且应该由独立后的印度尼西亚共和国来继承。而马来西亚则认为，1891年条约第4条对北纬4°10′线的规定并不能支持印尼的主权诉求。因为根据该条约，北纬4°10′线仅划定了婆罗洲岛和石巴迪岛上的领土边界。其划定边界的功能终止于石巴迪岛的最东端，而不能延伸至石巴迪岛以东的海域上。于是，围绕着对1891年条约第4条规定的不同理解，双方在利吉丹岛和西巴丹岛的主权归属问题上产生矛盾。

利吉丹岛和西巴丹岛位于婆罗洲岛（即加里曼丹岛）东北海岸的西里伯斯海，两个岛屿在20世纪80年代以前并没有人常住。1969年10月27日，印尼和马来西亚以谈判的方式划定了两国在西伯里斯海域的大陆架边界，并签署了《印度尼西亚和马来西亚关于划分两国间大陆架的协定》。在谈判过程中，印尼和马来西亚明确了双方在利吉丹岛和西巴丹岛的主权争端，并开始了解决争端的历程。1991年，两国成立了联合工作组，对利吉丹岛和西巴丹岛的主权归属问题进行了研究。1997年5月31日，印尼和马来西亚在吉隆坡缔结了特别协议，正式决定将利吉丹岛和西巴丹岛的主权争议提交给海牙国际法庭解决，并于1998年启动了诉讼程序。2002年，海牙国际法庭作出判决，判定利吉丹岛和西巴丹岛的领土主权归属于马来西亚。对此判决结果，印尼并未提出上诉，从此也不再宣称主权，印尼和马来西亚的岛屿主权之争由此尘埃落定。[1]

除了海上争端，印尼和马来西亚也进行过多次合作以解决两国的海域划界问题。如1970年3月17日，印尼和马来西亚签署了《印度尼西亚和马来西亚关于两国在马六甲海峡领海的划界条约》，推动了双方在马六甲海峡的划界问题的解决；1971年12月21日，印尼、马来西亚和泰国在吉隆坡签署了《印度尼西亚共和国政府、马来西亚政府和泰王国政府关于三国

---

[1] 孔令杰：《领土争端成案研究》，社会科学文献出版社，2016，第263页。

在马六甲海峡北部大陆架的划界协定》，进一步明确了三方在马六甲海峡的边界线。

4. 印尼—新加坡海上争端与合作。新加坡和印尼之间的关系经常在紧张对立和亲密合作之间转变，表现出强烈的波动。两国之间的传统关系开始于1963—1966年印尼与马来西亚的敌对时期，这一时期新加坡曾加入马来西亚，因此新加坡也是印尼的攻击对象。1965年，新加坡脱离马来西亚独立，1966年，苏哈托上台，印尼与新加坡之间的外交关系开始有所改善。1968年，新加坡处决了两名印尼海军士兵，使印尼与新加坡之间的关系急剧恶化。从1973年开始，两国之间的关系逐渐升温并日益紧密，这种友好而密切的双边关系一直持续到1998年苏哈托"新秩序"的结束。[①]

围绕着马六甲海峡的划界问题，印尼、马来西亚和新加坡三国自20世纪60年代起便开始进行谈判。20世纪60年代末至70年代初，就西马来西亚两侧的海域，印尼和马来西亚完成了划界。1971年11月16日，印尼、马来西亚和新加坡三国发布《有关马六甲海峡和新加坡海峡的联合声明》，宣布共同管理马六甲海峡和新加坡海峡，并宣称这两个海峡不是国际海峡，而是各沿海国家的内部海域。三国政府承认两个海峡作为国际性航道应依从航行自由原则，充分尊重国际航行的无害通过权，并同意就马六甲海峡和新加坡海峡的安全航行问题达成合作协定。[②] 1973年5月25日，印尼和新加坡签署协定，完成了在新加坡海峡的领海划界。1977年，印尼、马来西亚和新加坡三国签署了旨在共同捍卫领海主权的《关于马六甲海峡、新加坡海峡安全航行的三国协议》。[③] 至此，在新加坡海峡的西段和东段，出现了两个缺口，被称为两个"灰色地带"。[④] 基于两大因素的影响，两个"灰色地带"始终难以解决。一方面新加坡和马来西亚之间长期存在白礁、

---

① 娜塔莎·汉密尔顿·哈特、许丽丽：《印尼和新加坡——结构、政策和利益》，《南洋资料译丛》2010年第2期，第57—65页。

② Leifer, Michael and Dolliver Nelso, "Conflict of Interest in the Straits of Malacca," *International Affairs (Royal Institute of International Affairs)* 49, no. 2 (1973): 190-203.

③ 《我军舰护航编队通过新加坡海峡驶入马六甲海峡》，新华网，2008年12月29日，http://www.gov.cn/jrzg/2008-12/29/content_1190969.htm，访问日期：2023年6月24日。

④ Vivian Louis Forbes, *Indonesia's Delimited Maritime Boundaries* (New York: Springer, 2014), p. 62.

中岩礁和南礁的岛礁归属争议，进而使印尼和新加坡的海域划界谈判迟迟无法开展；另一方面，马来西亚于1979年出版的《马来西亚领海与大陆架界限图》单方面进行了海域划界，而这一划界并没有得到印尼和新加坡的认可，进而阻碍了印尼、新加坡和马来西亚三国协商的开展。

此外，在苏加诺和苏哈托政府时期，印尼与其海洋邻国泰国和巴布亚新几内亚也签署了海域边界协定。1971年12月17日，印泰两国签署《印度尼西亚共和国政府和泰王国政府关于划定两国在马六甲海峡北部及安达曼海大陆架边界的协定（附图）》，该协定于1973年4月7日生效。1975年12月11日，泰国政府和印尼政府签署了《印度尼西亚共和国政府和泰王国政府关于划定两国在安达曼海域海底边界的协定（附图）》，该协定于1978年2月18日生效。1980年12月13日，印尼又与巴布亚新几内亚签署了《关于两国在海上边界和有关事项上的合作协定》。

总的来说，海域划界问题的解决是动态的且有其自身的发展规律，纵观苏加诺和苏哈托政府时期印尼海域划界问题的解决，可以发现，自印尼独立以来，这两届政府都较为重视海域划界问题，尤其是在20世纪70年代，这一时期可谓是印尼同周边国家解决海域划界问题的活跃期和积极期。在海域划界问题解决的过程中，印尼十分重视通过双边或者三边谈判、国际仲裁等方式，先后与马来西亚、澳大利亚、新加坡、泰国、印度、巴布亚新几内亚和平地达成了关于大陆架或专属经济区的划界协定。同时，从印尼的海域划界谈判过程中可以发现印尼拥有相当强的谈判定力，尤其是在面对一些非常困难的海域划界争议时，印尼与澳大利亚签订的《帝汶缺口条约》便经历了十年之久的谈判。另外，在保持谈判定力的同时，印尼也积极寻求开展双边的海洋合作以参与国际海洋合作。

第四节 "新秩序"时期的海权发展

自印尼独立以来，印尼政府对本国广阔的涉海领土十分关注。《印尼共和国宪法》第25条中写到，印尼是一个群岛国家。群岛国家的特点是该地区的一系列岛屿、海域边界和主权权利是通过印尼国内法律赋予的。1957年12月13日《朱安达宣言》的发布确认了印尼的"群岛国家原则"，宣言指出所有围绕印尼所属各岛的、各岛之间的和连接各岛的水域都是印尼领土不可分割的一部分，是印尼国家的内陆水域或印尼主权范围管辖的水域。①1959年7月5日，印尼政府颁发了一个法令，使《朱安达宣言》的相关主张得以进一步法律化。1963年9月23日，印尼政府召开国家海洋会议，讨论进一步巩固印尼涉海主权。同年11月，印尼国会讨论了《朱安达宣言》相关的涉海主权问题，包括同邻国如马来西亚的海域争端问题，主张通过进一步维护印尼海权，加强印尼的海洋政治生态。②鉴于印尼庞大的群岛遗产，带给印尼的除了重要的战略地位，更带给印尼无穷的财富。自苏哈托1967年上台至1998年下台，苏哈托建立起了高度中央集权的政府，印尼处于威权统治的"新秩序"时期，苏哈托对于印尼的海洋资产十分重视。

苏哈托（Haji Mohammad Suharto），印尼共和国的第二任总统，也是印尼迄今为止任期最长的总统。20世纪60年代初期，印尼还处在苏加诺统治下的动荡时代。印尼政府认为自身当前并不存在外部威胁，这种认识来源于印尼特殊的地理位置及周边国家脆弱的经济。所以印尼奉行防守型的防务政策。由于印尼社会的意识形态分裂，冷战时期加入任何一方的联盟对于印尼都是没有好处的。③因此，苏哈托政府追求"独立和积极"的外交政策。④

印尼拥有广阔的海洋利益，如何管理庞大的海洋领土是苏哈托政府面临的巨大挑战之一。苏哈托时期的海权战略大致分为三个部分：海洋立法、海洋开发、海域边界划定。苏哈托任内首先通过颁布海洋法律条例，对海洋实施监管和管理；其次对海洋进行大力开发，不仅鼓励本国企业进行开发，更积极吸引外资进行合作开发；最后是通过谈判协商的方式与周边数个国家签署了海域划界协定，与周边邻国就大陆架边界和领海界线进行了

---

① 拉姆利·多拉、万·沙瓦鲁丁·万·哈桑、文一：《印度尼西亚海洋边界管理中的挑战：对马来西亚的启示》，《南洋资料译丛》2015年第1期，第27页。
② Ade Supandi, *Fondasi Negara Maritim* (Jakarta: Pustaka Nasution, 2018), hal. 190-193.
③ Glassman, Jim, "On the Borders of Southeast Asia: Cold War Geography and the Construction of the Other," *Political Geography* 24, no. 7 (2005): 784-807.
④ 袁喜清：《印尼外交战略初探》，《现代国际关系》1994年第10期，第15页。

划分。

一、印尼海洋管理条例的推出

印尼海洋管理的法律框架包括：国内法和国际法。[①] 印尼海洋资源的开发和管理是由一个非常广泛的、复杂的政策和决策框架来实施运行的。这一体系的形成可以追溯到在1945年宪法第33条的第3节中提出的："土地、水和自然资源归国家所有，并将回馈给印尼国民以最大的利益或福利。"[②] 自1945年独立以来，印尼的等级制度非常复杂，印尼拥有"世界上最庞大的立法框架"。由于这种复杂性，它的沿海和海洋自然资源被大规模地非法开采和掠夺，导致本国潜在的海洋财富急剧下降。

（一）出台海洋管理条例

印尼水域蕴含着丰富的渔业资源，包括海虾、金枪鱼、鲣鱼、巨型鲈鱼、东方小鲔鱼、鲭鱼、鱿鱼、珊瑚鱼等。其中，石斑鱼、带刺龙虾、观赏鱼、贝类和海草等，都是重要的经济物种。丰富的海洋自然资源需要合理的管理和完善的法律体系，才能保持资源的可持续性发展。苏哈托上台后建立了"新秩序"的统治秩序，以区别前总统苏加诺的"旧秩序"。"新秩序"下的政府政策的特点是中央集权。[③] 在中央集权制度下，海洋管理和渔业开发由中央政府掌控。这是由于法律的规定，法律中强调地方政府对海洋和渔业资源没有管辖权。

在苏哈托执政后期，印尼中央政府将权力下放到地方，赋予地方政府进行海洋管理开发的权力。然而实际上地方的权力还是比较小。导致这种情况主要有以下几个重要的因素。首先，虽然中央政府与省级政府共享权力，但这种共享并没有被写进宪法等法律文件当中，中央政府仍然有权撤销这些权力，实际上地方政府的手脚并没有完全放开。这从侧面反映出了

[①] Dirhamsyah. D, "Indonesian Legislative Framework for Coastal Resources Management: A critical Review and Recommendation," *Ocean & Coastal Management* 49, no. 1-2 (2006): 68-92.

[②] *Ibid.*, p.70.

[③] 德里·阿普里安塔卢李倩倩:《印尼在南海争端中的反应：苏哈托与后苏哈托时代的比较分析》,《南洋资料丛译》2005年第4期，第16页。

苏哈托统治下中央政府的绝对权力。在严肃的政治氛围下，省级政府被迫服从中央政府的决定，即使是在省政府的职权范围之内。这意味着中央政府的地位高于地方政府，而自上而下的管理方式在苏哈托时期的渔业管理中占据了主导地位，最终结果就是地方政府在海洋管理开发中处于被动地位。虽然中央政府也出台了一些关于地方分权管理海洋生物的法律条例，比如1992年《第24号空间规划法》，该法对于实现沿海渔业的分权化管理是很重要的，但不幸的是，该法律并没有马上得到民政部门海洋管理文件的详细解释。结果，分权化的沿海管理模式效果不佳。

其次，在渔业管理中，印尼中央对于海洋领土主权范围的界定比较模糊。这种情况导致难以制定必要的渔业管理措施，沿海渔民对于本国的海洋领土边界了解甚少，甚至连执法团队有时也并不清楚在某一海域的执法是否具有法律效力。再次，即使每个地区都有渔业服务办公室，但它们也不能有效地发挥资源管理者的作用，向渔民提供建议，让他们获得上级政府的批准再进行海洋作业。这意味着地方政府在渔业管理中的作用取决于中央政府的意愿。最后，由于1979年颁布的《第5号农村治理法》没有承认传统的海洋保有权或传统的渔业管理办法，这部"乡村治理法"旨在统一乡村治理体系，并使行政和资源治理不受传统习惯的影响。因此，地方民众没有责任参与管理并保护海洋资源不受破坏性活动。在这些因素的作用下，海洋资源管理不善，最终导致了印尼自然资源的减少。

1969年，苏哈托政府出台了《印尼大陆架宣言》。此外，苏哈托政府还出台了多项海洋和海岸相关法令，包括1973年第1号《印尼大陆架法令》；1983年第5号《印尼专属经济区法》；1985年第17号《印尼对海洋法公约的批准法令》；1996年第6号《印尼领海法》，这一法令废止了1960年《印尼领海法》，将领海基线改为群岛基线、群岛水域为其领土的相关规定；[①] 1998年第61号《关于印尼纳土纳海群岛基线基点地理坐标表的政府条例》，该条例减少了22个基点，并将纳土纳海域封闭为印尼的群岛水域。所有这些法令对于印尼管辖其海域都发挥了十分重要的作用，但仅依

[①] 刘新山、郑吉辉：《群岛水域制度与印度尼西亚的国家实践》，《中国海商法年刊》2011年第1期，第104页。

靠这些法令，印尼仍不能成功地管理其领海。

关于保护中小规模捕鱼活动的问题，1976年印尼中央政府颁布了《第607号农业法》，[1] 规定海洋捕鱼的作业分区。尽管印尼拥有巨大的海洋领土，但历史上没有独立的渔业管理部门。1998年以前，渔业是由农业部下属的一个部门管理。印尼的渔业开发划分了9个资源管理区。对于每个地区，每年都有一项允许设定捕捞总量的规定。如表2.2所示，在农业部《第607号法令》中，1976年印尼海域进行了区块化管理，对手工捕鱼和小吨位渔船的作业区进行保护。根据该法，小吨位渔船可以随意进入近海渔场。而超过5吨的船只不得在离岸3海里范围内捕鱼；超过25吨的船只必须在离岸7—12海里内的海域作业；超过100吨的船只必须在离岸12—200海里范围内的海域作业。[2]

表2.2 印尼法律规定的捕捞渔业分区分布汇总

区域	范围	规定
区域I	0—3海里	仅限5吨或者10马力小渔船作业
区域II	3—7海里	仅限25吨或者50马力小渔船作业
区域III	7—12海里	仅限100吨或者200马力中型渔船作业
区域IV	12—200海里	仅限能够在印度洋作业的拖网渔船

资料来源："Decree No. 607/Kpts/Um/9/1976 on Fishing Lanes," United Nations Environment Programme, accessed June 24, 2023, https://leap.unep.org/en/countries/id/national-legislation/decree-no-607kptsum91976-fishing-lanes.

由于拖网捕鱼的盛行，传统手工捕鱼与拖网捕鱼之间的冲突日渐加深，印尼政府设法保护手工渔民的传统作业区。1972年的《海岸渔业法》建立了四条海岸渔业带，[3] 其中三个内带分别为三、四、五海里宽，主要

---

[1] Dirhamsyah D., "Indonesian Legislative Framework for Coastal Resources Management: A Critical Review and Recommendation," *Ocean & Coastal Management* 49, no. 1 (2006): 72.

[2] Satria, Arif and Yoshiaki Matsuda, "Decentralization of Fisheries Management in Indonesia," *Marine Policy* 28, no. 5 (2004): 437-450.

[3] Kusuma-Atmadja, Mochtar and Tommy H. Purwaka, "Legal and Institutional Aspects of Coastal Zone Management in Indonesia," *Marine Policy* 20, no. 1 (1996): 63-86.

用于近海捕鱼或手工捕鱼。此外，如前所述，自20世纪80年代以来，拖网捕鱼在印尼海域也基本上被禁止。只允许在印度洋和印尼东部的一些地区作业。这是由于拖网渔船的盛行打破了传统捕鱼业和现代捕鱼业之间的平衡，拖网渔船对小吨位渔船作业的渔民展开竞争。在这种竞争中，小吨位渔船常常处于明显的劣势。大型拖网渔船通常在夜间没有灯光的情况下可以正常作业，而且捕鱼设备、动力设备都优于小吨位渔船。它们可以昼夜工作，并且可以航行到离陆地很远的地方去，当然捕鱼量也远远大于小吨位渔船。这种情况使得沿海渔民叫苦不迭，拖网渔船的流行使得沿海渔民的生计难以维系。在小吨位渔船和大吨位拖网渔船的竞争中甚至出现了暴力事件，邻国马来西亚从1970年到1973年，60多艘渔船被击沉，23名渔民死亡。当渔获连年变少时，印尼也出现了一系列的暴力事件。印尼政府对此作出了回应，全面禁止拖网渔船，沿海区域被限定仅允许小吨位渔船和手工捕鱼的渔民作业。

相关法律文件对渔网的尺寸也进行了详细说明，所有的网格都必须大于25毫米，而金枪鱼和鲣鱼的围网要大于60毫米。[①] 这些规定是为了缓解传统渔民和现代渔民之间由于拖网渔船的流行而带来的社会冲突。尽管这项规定看起来似乎是一项理想的政策，但实际效果并不理想。其主要原因是中央政府很难实施此项措施，特别是由于财政和人员问题，使得顺利开展勘测和监测活动变得举步维艰。另外，这种中央集权的强制措施实施起来成本也很高。由于执法无法展开，海洋资源开发实际上又回归到了原来的轨道上，这种状况当然导致了海洋资源的枯竭和渔民生存之间新的社会冲突。

印尼的国家渔业和海岸管理体系主要由20多个相关部门组成。在国家层面上，中央集权式管理结构使得管理效果极差，存在的问题主要是管理混乱、各部门之间缺乏信息协调。中央集权式的管理，也造成地方渔业部门管理的低效率，对海洋法律的执行力较差。此外，1985年通过的《第9

---

① Farhan, A. R. and S. Lim, "Integrated Coastal Zone Management towards Indonesia Global Ocean Observing System (INA-GOOS): Review and Recommendation," *Ocean & Coastal Management* 53, no. 8 (2010): 421-427.

号渔业法》并没有明确规定地方政府可以管理开发海洋渔业资源。虽然中央集权制成为印尼经济发展和渔业管理的主导方式，但印尼在海洋和渔业事务上也有一些分权管理的政策。其中一项是1992年字第24号《印度尼西亚空间使用管理法》，[①]该法规定地方政府可以进行海洋空间规划。

解决这些问题的关键在于建立一个负责协调海洋发展和保护的国家层面和多部门共同协调的机构。印尼政府于1987年第一次执行了综合的沿海区域管理项目（ICZM），[②]该项目强调社区的发展和海洋环境的保护。该项目主要集中在两个地区：西爪哇和北苏拉威西。该计划主要侧重于增强沿海民众在农业、渔业和海洋养殖方面的技能。结果表明，一方面，他们的技能，特别是农业和海水养殖方面的技术有了很大的提高。但从另一方面看，渔民没有得到政府的充分支持，他们仍然在使用传统的渔船和钓鱼方法捕鱼。而且由于在管理和资金方面出现的问题以及沿海地区渔民对该项目的抵制，最终的结果并不令人满意。此外，印尼政府并没有为支持沿海区域管理而出台相关的法律规定和作出必要解释，因此该项目难以为继，只依靠国际捐助来运行。

同时，印尼中央政府鼓励各省制定更详细和因地制宜的地方法令来支持国家法律。1997—1998年，印尼中央政府试图厘清领土的陆地边界是否可以延伸到海中，使省级政府有能力为不同的目的的人员，诸如商业开发和环境保护团体划定海域范围。根据《印度尼西亚空间使用管理法》，在空间规划方面，省政府被赋予管理区域沿海地区的责任，并需要与村镇级政府协商制定管理计划。然而直到1998年，印尼省级政府与地方政府对沿海地带的协商规划才刚刚开始。此外，各省的法规文件仍然缺乏与海岸管理有关的大多数国家法律的支持。

（二）注重运用国际法

为了能够有效地管理广阔的涉海领土，印尼积极参与国际法的制定与

---

① Satria, Arif and Yoshiaki Matsuda, "Decentralization of Fisheries Management in Indonesia," *Marine Policy* 28, no. 5 (2004): 440.

② Farhan, A. R. and S. Lim, "Integrated Coastal Zone Management towards Indonesia Global Ocean Observing System (INA-GOOS): Review and Recommendation," *Ocean & Coastal Management* 53, no. 8 (2010): 422.

缔结，印尼已经签署和批准的国际海洋和沿海环境机构的公约和协定主要包括1982年的《联合国海洋法公约》《联合国环境与发展会议和国际海事组织文书》等。如表2.3所示，除了在海洋管辖权、海洋资源和海洋活动以及海洋环境监测等三个领域制定了国内法，印尼还根据国际法的内容和原则，特别是《联合国海洋法公约》的内容原则，划定了本国的专属经济区，管理本国广阔的领土主权和海洋权益。[①] 而根据《联合国海洋法公约》，印尼明确了其200海里的专属经济区，这使印尼拥有的海域面积增加了3倍。同时，由于横穿群岛之间的主要海上通道严重影响印尼的经济安全，印尼超过90%的对外贸易经过马六甲海峡和其他三条海上航线——巽他海峡、龙目海峡和威塔海峡，再加上印尼的2亿人口正越来越依赖海洋资源，印尼政府决心捍卫其海洋权益和领土。

表2.3 苏哈托时期印尼关于海洋开发管理的法律汇总

法律效力范围	法律分类	法律条文（简称）	主题
国内法	海洋管辖权	第1/1973号法案	印尼的大陆架界定
		1980年《印度尼西亚政府关于本国专属经济区的声明》	印尼政府关于本国专属经济区的声明
		第5/1983号法案	印尼的专属经济区界定
		第6/1996号法案	印尼的领水界定
		第61/1998号政府条例	印尼纳土纳群岛基线基点地理坐标清单说明
	海洋资源和海洋活动	第21/1992号法案	海洋作业船只的规定
	海洋环境监测	第5/1990号法案	海洋生态系统保护
		第23/1997号法案	海洋环境监管
国际法	国际海洋法	第17/1985号法案	批准《联合国海洋法公约》
		第5/1994号法案	批准《联合国生物多样性公约》

资料来源：Dirhamsyah, D, "Indonesian Legislative Framework for Coastal Resources

---

① Kusuma-Atmadja Mochtar and Tommy H. Purwaka, "Legal and Institutional Aspects of Coastal Zone Management in Indonesia," *Marine Policy* 20, no. 1 (1996): 63-86.

Management: A Critical Review and Recommendation," *Ocean & Coastal Management* 49, no.1 (2006): 72.

1980年3月21日印尼发布了《印度尼西亚政府关于本国专属经济区的声明》，该声明的目的是能够使印尼所辖海域的海床及底土和上层海水的自然资源得到适当、有目的和合理的保护和管理。声明的第1、2、4、5款表明，200海里专属经济区的划定已成为新国际海洋法内容的一部分。[①]声明共有六点，包括：

1. 印尼的专属经济区是印尼领海以外的区域，这是1960年颁布的关于印尼水域的法律所明确规定的，其宽度从印尼领海基线向外延伸至200海里。

2. 在专属经济区，印尼有以下权力：探索和开发、管理和保护海床和底土土壤的生物和非生物资源，以及与地质勘探和经济开发有关的表层海域，或进行宣示主权的相关活动，如利用水能、洋流和风能发电；建造和使用人工岛屿、设施和建筑；进行海洋科学研究；保护海洋环境；基于国际法的其他权利。

3. 印尼对海洋大陆架、海床和底土自然资源的开发管理，将继续依照印尼国内法律、法规、国际协议和国际法的规定进行。

4. 在印尼的专属经济区，将继续承认航行和飞越自由以及铺设海底电缆和管道的自由。

5. 就印尼专属经济区的划界问题，当相邻或相对的国家提出划界解决方案时，印尼政府会在适当的时候，与有关国家进行谈判，以期达成一致协议。

6. 上述规定将进一步受法律法规的约束。本政府声明将于公告之日起生效。

《联合国海洋法公约》赋予印尼作为一个沿海国的权利，法律规定印尼拥有探索和开发专属经济区内的自然资源的主权权利与行使管辖权的权

[①] "Declaration by the Government of Indonesia concerning the Exclusive Economic Zone of Indonesia," Food and Agriculture Organization of the United Nations, accessed June 24, 2023, https://faolex.fao.org/docs/pdf/ins1657.pdf.

利。另一方面，印尼有义务尊重其专属经济区内其他国家的权利，如航行自由和飞越自由，以及在专属经济区内铺设海底电缆和管道的自由。① 另外，该公约特别提及印尼专属经济区内的生物资源的利用问题，规定只要印尼尚未充分利用所有这些生物资源，任何其他国家可根据《联合国海洋法公约》参与共同开发。

在1982年通过《联合国海洋法公约》之后，群岛制度被写进印尼法律。② 依照《联合国海洋法公约》的有关规定，印尼领海水域应包括群岛水域和内陆水域。印尼领海范围是从印尼群岛基线（第2款）向外垂直延伸12海里。《联合国海洋法公约》规定，群岛国家可采用连接其群岛最外缘岛屿、干礁的最外缘各点的方法划定其群岛基线，但应遵守五点基本要求：一是所划定的基线系统不应明显偏离群岛的轮廓；二是基线所包围的水域面积和陆地面积之比应限于1∶1至9∶1；三是基线线段的长度以125海里为限，且最多只有3%的基线线段超过100海里；四是低潮高地不可作为起讫点，除非筑有永久高于海平面的灯塔或类似设施，或者与最近岛屿间的距离不超过领海宽度；五是划定的基线不应使另一国的领海同公海或专属经济区隔断。

1983年10月18日，印尼颁布了《印度尼西亚专属经济区法》（1983年第5号法令），③ 该法案共9章21款。该法案赋予印尼在其专属经济区（第4款）中探索、开发、保存和管理自然资源的权利。其中，自然资源包括：鱼类、海洋哺乳动物和珊瑚礁等海洋生物资源，以及石油、矿物和天然气等非海洋生物资源。然而，依据1982年的《联合国海洋法公约》的第61—68条，外国法人或政府在印尼政府同意的情况下，可以开发印尼管辖下的自然资源。虽然大多数海洋生物都在领海内，但在专属经济区海域内勘探和开发海洋生物和非海洋生物资源的活动对海洋生态系统的使用和管理都

---

① 刘新山、郑吉辉：《群岛水域制度与印度尼西亚的国家实践》，《中国海商法年刊》2011年第1期，第104页。

② 同上，第105页。

③ "Act No. 5 of October 18, 1983 on the Indonesian Exclusive Economic Zone," United Nations, accessed June 24, 2023, http://www.un.org/Depts/los/LEGISLATIONANDTREATIES/PDFFILES/IDN_1983_Act.pdf.

会产生影响。

二、印尼的海洋资源的开发与保护

（一）印尼的海洋资源开发

1. 海洋渔业资源的开发。印尼拥有586万平方公里的海域面积，包括316万平方公里的领海和270万平方公里的专属经济区，海洋渔业对经济发展具有重大贡献。印尼渔业的潜在价值估计为每年820亿美元，其中来自海洋捕捞业的有151亿美元。金枪鱼占最大的比例，占海洋捕捞总量的五分之一，包括大眼鲷、黄鳍金枪鱼、长鳍金枪鱼、蓝鳍金枪鱼、鲣鱼和鲔鱼等。[①] 1990年之前，印尼有世界第六或第七的金枪鱼产量。印尼的海洋渔场主要有爪哇、苏门答腊和苏拉威西南部海域，其中，苏门答腊周围海域是印尼渔业产量最高的海域，七成左右的印尼渔船都在此进行捕鱼作业。

除了深海鱼类，海虾也是印尼海洋捕捞的重点。印尼海虾捕捞区主要集中于加里曼丹岛、马六甲海峡、阿拉弗拉海和爪哇岛北岸海域，出产的海虾包括墨吉对虾、东方对虾、斑节对虾、印度对虾等十多种经济类海虾。[②] 近海捕虾船只通常为30吨以下的小型拖网渔船，作业海域水深一般不超过4米，载重更大，而设备更加先进的大型捕虾船往往可以出海半个月以上，捕到的虾品种更丰富，在市场上也更受欢迎。

印尼对捕鱼的禁止事项具有专门的立法和规范。根据有关法律规定，渔民禁止使用诸如炸药和毒药之类的破坏性手段进行捕鱼作业。执法部门对携带炸药和毒药，比如氰化物的非法捕鱼船可以进行制裁。根据印尼《渔业法》[③]的相关规定，对船只携带有毒有害捕鱼用品和装备设备的嫌疑

---

① Sunoko, Rahmadi and Hsiang-Wen Huang, "Indonesia Tuna Fisheries Development and Future Strategy," *Marine Policy* 43 (2014): 174-183.

② Kusumastanto, Tridoyo, Curtis M. Jolly and Conner Bailey, "A multiperiod Programming Evaluation of Brackishwater Shrimp Aquaculture Development in Indonesia 1989/1990–1998/1999," *Aquaculture* 159, no. 3 (1998): 317-331.

③ Kusuma-Atmadja, Mochtar and Tommy H. Purwaka, "Legal and Institutional Aspects of Coastal Zone Management in Indonesia," *Marine Policy* 20, no. 1 (1996): 70.

人可判处最高6年监禁，并处以最高可达12亿卢比的罚款（约13.3万美元）。印尼《渔业法案》和《环境保护法》规定凡使用任何毒药、爆炸品或其他有毒物品，或以这种方式进行捕捞，或以其他非法捕鱼方式进行捕捞，均可对渔船进行强制执法。[①] 对于此类违法案件，1997年第23号《环境管理条例》也有类似的处罚，罚款高达3亿盾（约合36,000美元）。除了使用有毒有害品捕鱼，非法捕鱼也会受到法律惩处。1981年8月8日出台的《刑事法案》规定，在未经允许的情况下进行非法捕鱼，会被处以最高10天的监禁或最高750盾的罚款。

对于印尼的海上执法人员来说，管辖浩瀚的海洋领土主权无疑是一件头疼的事。许多违法犯罪活动根本不会被发现，更不用说受到法律制裁。另外，印尼的海上执法力量在人员素质、数量、设备质量等方面都远远无法满足海上执法的现实需要，如对非法捕捞者的司法问责程序过于冗长，这就导致了海上执法机构的能力和效率低下。印尼海军、警察、移民局、海关、交通部在海上都有相应的执法管辖权和执法小组，理论上这些机构都在地区防卫指挥官的指挥下活动，但在实际的海上执法过程中各部门之间很难协调。这导致印尼打击海上非法捕鱼的执行力较低，执法人员对于破坏海洋环境的行为和非法捕鱼者的识别或抓捕都很困难，除非执法人员在现场抓捕这些违法者，否则几乎不可能有证据证明嫌疑人和嫌疑船只的违法行为。

由于印尼政府是其管辖海域范围内自然资源的所有者，因此这些资源的开发和管理是由印尼国家职能机构和部门来决定的，而印尼政府对这些资源的最主要的利用目的就是创收。其中，海洋鱼类以金枪鱼在国外市场最受欢迎，出口量巨大。印尼开发金枪鱼资源的目标如下：印尼的金枪鱼产量越高，销往国际市场的就越多，赚取的外汇就越多。捕获的大金枪鱼主要销往日本、美国和西欧等发达国家和地区。[②] 印尼发展海洋渔业的目的是提高公民的收入水平和促进就业，特别是帮助那些处于偏远地区的低

[①] Kusuma-Atmadja, Mochtar and Tommy H. Purwaka, "Legal and Institutional Aspects of Coastal Zone Management in Indonesia," *Marine Policy* 20, no. 1 (1996): 68.

[②] Sunoko, Rahmadi and Hsiang-Wen Huang, "Indonesia tuna Fisheries Development and Future Strategy," *Marine Policy* 43 (2014): 175.

收入民众创收。印尼的东部海域也蕴藏着丰富的金枪鱼资源。

发展金枪鱼捕捞业可以通过两种方式增加收入和促进就业：一是将小吨位渔船的渔民从收入较低的手工捕捞业转移到收入较高的中大型金枪鱼捕捞业，因为金枪鱼的商业价值远远高于其他鱼类；二是发展鱼类加工业带动更多偏远地区的民众就业。[1] 政府还希望通过与外国企业的合作，实现技术转让，提高印尼国民的捕鱼技术和技能。在印尼与外国企业开发金枪鱼资源的合作中，外国企业可以为印尼渔业公司员工和渔业管理人员提供技能培训。训练有素的渔民可以采用现代化捕捞技术捕获更多的金枪鱼，当然这种捕捞技术也同样适用于捕捞其他海洋鱼类。

苏哈托政府的一个国家目标是将本国的人均鱼类消费水平从每年人均10公斤左右提高到每年人均30公斤左右，这不仅仅是为了促进消费，开拓国内市场，更是为了提升本国民众的营养水平。然而，这些目标不能通过直接开发金枪鱼资源来实现，因为金枪鱼在印尼的市场并不大。金枪鱼外销带来的外汇收入使印尼有钱购买外国先进的捕鱼设备，可间接地提高本国民众的生活水平。最后，苏哈托时期的印尼政府渴望建立本国的金枪鱼冷藏仓库，以便更好地发展本国的加工业。

印尼的目标是建立并实行健全的渔业管理制度。1968年印尼政府制订了渔业发展五年计划。[2] 第一个五年计划致力于提高商业性渔业的产量，增加金枪鱼、鲣鱼、虾等水产品的出口，挖掘出口潜力，扩大外汇收入。同时，政府还吸引外资，建立了一些捕虾业和金枪鱼捕捞业的国营渔业公司和涉外合资的联合企业。为了保护个体渔民的利益，印尼政府规定商业性渔业捕捞的种类必须是出口的水产品，且作业范围不可与个体渔民作业范围重叠。

第一个五年计划实施后，印尼海产品的年出口额激增，但国内市场的份额却逐年下降。在此基础上，政府又制订了第二个五年计划，计划的重点旨在提高沿海个体渔民的经济状况。为了提高产量，印尼政府规定扩大

---

[1] Marten, Gerald G., et al., "A goal Analysis of Alternative Tuna Fishery Arrangements between Indonesia and Japan," *Ocean Management* 8, no. 2 (1982): 129.

[2] 春晖：《印尼海洋开发状况》，《海洋信息》1997年第7期，第29页。

渔船的作业范围，更新了渔具，提升了渔船的动力系统，政府规定凡新建的渔船吃水量不得小于25吨。[①]印尼传统捕鱼方式十分简单，技术含量不高。因而，苏哈托政府对中央和地方的渔业局进行改组，改进对渔业的管理，培养渔业人才，加强水产教育和对渔业存在问题的研究。

同时，印尼还接受日本的援助，对金枪鱼和鲣等重要的经济鱼类进行开发和利用，还与韩国、菲律宾、挪威等国家和地区保持协作的关系。1962年印尼从日本引进多钩长线钓法，1974年又引进金枪鱼延绳钓，1975—1979年印尼金枪鱼产量达到了顶峰，仅次于韩国和中国台湾地区，[②]20世纪80年代初的印尼全国渔获量甚至跃居世界渔获量的第十位，在东南亚各国中居首位。[③]1981年，印尼金枪鱼的产量为12.2万吨，居世界第五位。到1990年多达1247艘多钩长线渔船在印尼海域进行捕鱼作业。1992年印尼捕捞了超过250万吨的鱼，其中十分之一的产量来自印尼最大的海洋渔场——东爪哇省。1977—1986年，东爪哇省凭借其广阔的海洋渔场，每年的渔获产量为十四五万吨。从1987年起，由于捕鱼设备的更新以及大量外国渔船的进入，年产量增加至24.3万吨。1982—1990年，活跃在东爪哇渔场的渔民数量稳定在16万人左右，1993年增加到20万人，这是当年印尼渔民总人数的12%。东爪哇的渔船数量从1976年的2.9万艘增加至1993年的4.2万艘。东爪哇的海洋捕鱼业，就像印尼其他地区的捕鱼业一样，渔获品种多样，而小型渔船贡献了渔获总量的一半以上。然而，自1987年以来，在东爪哇渔场，沙丁鱼的价值增加了20%~25%，沙丁鱼成为这个省渔民最重要的经济来源。印尼几乎20%的沙丁鱼渔获都来自东爪哇，那里的总渔获量为56,000吨，1993年的产值约为1000万美元。[④]

为了振兴海洋渔业的发展，印尼建立了多个以经济鱼类为捕捞对象的

[①] Persoon, Gerard, Hans de Iongh and Bob Wenno, "Exploitation, Management and Conservation of Marine Resources: The Context of the Aru Tenggara Marine Reserve (Moluccas, Indonesia)," *Ocean & coastal management* 32, no. 2 (1996): 106.

[②] Marten, Gerald G., et al., "A Goal Analysis of Alternative Tuna Fishery Arrangements between Indonesia and Japan," *Ocean Management* 8, no. 2 (1982): 126.

[③] 陈思行:《印度尼西亚的海洋渔业》,《海洋渔业》1984年第2期, 第92页。

[④] Pet, J. S., et al., "Catch, Effort and Sampling Strategies in the Highly Variable Sardine Fisheries around East Java, Indonesia," *Fisheries Research* 31, no. 1 (1997): 122.

国营渔业公司。印尼成立的三家国有渔业企业[①]总投资额为5142万美元，资金来自世界银行的国际贷款（590万美元）、亚洲开发银行（1040万美元）和日本海外经济合作基金（990万美元），以及国内贷款（1051万美元）和政府股本（1471万美元）。印尼在1969年成立了国营渔业公司，旗下有多达204艘捕鱼船。国营企业班达亚齐公司名下的渔船专门运用多线钓进行捕捞，而东印尼渔业公司的渔船专门从事围网捕捞。

除此之外，印尼政府广泛开展相关研究和培训活动，其中有与联合国开发计划署合作开展的渔业发展和培训项目。在1969年建造了两艘用于海洋科考和技能培训的渔船，分别命名为"金枪鱼I"和"金枪鱼II"。[②] 1972年，班达亚齐公司的三艘远洋捕捞船投入使用。1980年，东印尼渔业公司开始装备印尼国内第一艘大型的围网渔船，东印尼渔业公司19世纪80年代使用的是日本制造的围网渔船（重达600吨）。在日本专家的帮助下，1984年印尼国营渔业公司将48.8吨新鲜的金枪鱼以大约22万美元的价格销往国外市场。除了成立渔业公司和建造大型捕鱼船以外，印尼还修建了渔港、冷库等配套设施以完善本国渔业生产体系。在日本的援助下，1972年印尼在贝诺瓦（巴厘岛）和沙邦（苏门答腊岛以北的一个小岛）成立了用于捕捞大金枪鱼的延绳钓渔船队。船队拥有18台现代化的90吨级的金枪鱼延绳钓机器设备以及1800吨的冷藏能力。[③]印尼政府于1987年修建了扎克曼渔港，为金枪鱼延绳钓渔船提供服务，使新鲜金枪鱼出口迅速增长。

此外，印尼还改组中央渔业局和地方渔业局，改进渔业的管理，加强水产教育，培养渔业人才，加强对相关渔业问题的研究。1974年印尼在日

[①] Stacey, Natasha, *Boats to Burn: Bajo Fishing Activity in the Australian Fishing Zone* (Canberra: ANU Press, 2007), p. 184.

[②] Comitini, Salvatore and Sutanto Hardjolukito, "Economic Benefits and Costs of Alternative Arrangements for Tuna Fisheries Development in the Exclusive Economic Zone: The Case of Indonesia," *Ocean management* 10, no. 1 (1986): 42.

[③] Marten, Gerald G., et al., "A Goal Analysis of Alternative Tuna Fishery Arrangements between Indonesia and Japan," *Ocean Management* 8, no. 2 (1982): 127.

本的协助下建立了雅加达渔业学院（Jakarta Fisheries Academy），[①]同年日本向雅加达渔业学院提供了培训船费资助。雅加达渔业学院为学生提供正规教育，教育内容包括培训海洋管理技能和传授渔业开发方面的知识，顺利毕业的学生都能获得学院颁发的正规文凭。1993年印尼设立了渔业大学（Fisheries University），进一步培养相关人才，加大对海洋的开发研究。

鉴于拥有丰富的海洋自然资源，印尼不仅大力发展国内的渔业，还积极与国外企业展开合作生产，大力开发其200海里专属经济区的海洋资源，仅1982年就批准了30个国内外渔业公司投入开发。[②]其中，印尼国内企业占比较多，达到了18家，外国企业仅有12家。在这些外企中，包括多家与印尼有合资关系的企业，如日本、法国、韩国等。

以日本为例，在1957年印尼单方面宣布群岛水域制度为其领海主张的基础之前，日本的金枪鱼捕捞船一直不受限制地在印尼水域进行捕鱼作业。印尼宣示其领土主张的决心导致印尼和日本渔业利益之间的摩擦加剧，尤其是在班达海。两国解决这一问题的最终结果就是促使印尼政府和日本政府（日本国家渔业合作社联合会和日本金枪鱼渔业合作社联合会）于1968年签订了渔业协定。[③]日本每年缴纳一笔费用给印尼政府，以付年费的方式允许日本渔民在印尼海域捕鱼作业。在支付了这笔费用后，日本渔民就能像过去一样在该地区正常作业。由于这一安排有效期仅为一年，因此必须每年重新签订，而续约谈判往往陷入僵局。因为印尼政府不满意日本每年缴纳的费用价格，印尼一直坚持提高准入费用。由于不甘退出该地区的资源争夺战，更重要的是在该地区的海洋捕捞业是大量日本人的生计来源，日本最终妥协。这一安排在1968年至1975年进行了5次续签，日本缴纳的许可费逐年增加。日本的金枪鱼捕捞船在班达海、弗洛勒斯海、

[①] Sunoko, Rahmadi and Hsiang-Wen Huang, "Indonesia Tuna Fisheries Development and Future Strategy," *Marine Policy* 43 (2014): 178.

[②] Comitini, Salvatore and Sutanto Hardjolukito, "Economic Benefits and Costs of Alternative Arrangements for Tuna Fisheries Development in the Exclusive Economic Zone: The Case of Indonesia," *Ocean Management* 10, no. 1 (1986): 44.

[③] *Ibid.*, p. 41.

帝汶群岛和巽他群岛南部进行作业活动，最远可达苏门答腊岛和尼科巴群岛的沿海地区。

与此同时，在日本的援助下，1972年印尼在贝诺瓦（巴厘岛）和沙邦（苏门答腊岛以北的一个小岛）成立了用于捕捞大金枪鱼的延绳钓渔船队。通常情况下，日本渔船在班达海延绳钓捕捞的金枪鱼不会进行现场加工处理，而是经渔船冷冻后，直接运往就近的市场。但如果是销售到除日本以外更远的国际市场，就需要对新鲜的金枪鱼进行加工处理。当捕捞与加工相结合时，价值也更高，所以印尼海域产金枪鱼往往会被制成罐头食品远销到欧美市场。

此外，如表2.4所示，印尼与日本为解决日籍渔船在印尼海域捕鱼作业的问题，双方自1968年至1979年陆续签订了三份《班达海协定》。其中，《班达海协定Ⅰ》（1968—1975）是第一个规定了外国渔船可以在印尼海域捕捞海洋资源的协定。[1] 根据该协定，日本的金枪鱼渔船可以在南纬2°　东经124°、南纬2°　东经129°、南纬3°　东经132°和南纬8°　东经132°四个坐标点连线构成的海域内进行捕鱼作业。[2] 1975年修订的《班达海协定Ⅱ》内容包括日本对印尼的经济援助承诺和两国海洋捕鱼业的利润分享机制。[3] 根据该协定，印尼可以获得最低额度的保证费用或班达海日本捕鱼船利润的40%，二者间以较大者为准。虽然印尼每年给日本的配额为8000吨，但1976年和1978年的平均年捕捞量仅为3048吨。根据协定，印尼允许运营的日本渔船达到100艘，然而事实是1975—1976年只有23艘日本捕捞船只，1977—1978年为35艘。在修订协定的三年期间，除了利润分享之外，印尼还获得了一艘价值180万美元的训练船及价值20万美元的维修设备。日本还通过日本渔业合作社协会的海外渔业合作基金会

---

[1] Sunoko, Rahmadi and Hsiang-Wen Huang, "Indonesia Tuna Fisheries Development and Future Strategy," *Marine Policy* 43 (2014): 178.

[2] Bateman, Sam, "Economic Growth, Marine Resources and Naval Arms in East Asia-A Deadly Triangle?" *Marine Policy* 22 (1998): 298.

[3] Comitini, Salvatore and Sutanto Hardjolukito, "Economic Benefits and Costs of Alternative Arrangements for Tuna Fisheries Development in the Exclusive Economic Zone: The Case of Indonesia," *Ocean Management* 10, no. 1 (1986): 42.

向印尼渔民提供使用冷库和船上设备的技能培训，每艘船只的准入费用为300~390美元不等，这项协定于1975年结束。

总的来说，印尼政府1968—1975年获得了大约15万美元的准入费、193万美元的外国赠款和785.6万美元的经济援助。《班达海协定Ⅰ》于1975年修订为《班达海协定Ⅱ》，1979年修订为《班达海协定Ⅲ》。这些协定规定，除了每年固定的捕捞限额外，对日本捕捞船只的大小和捕捞次数也有限制，日本还需要承担对印尼海员进行技能培训的义务，此外，这些协定还要求日本报告在安汶地区的渔船捕获量并准许上船检查。印尼的目的十分明显，即不希望日本使用冷冻载货船直接将渔获带离印尼海域，而是希望日本建立岸上加工和冷冻设施。日本则希望将渔获直接从渔船转移到冷冻母船，但印尼冷冻运输船（600吨）只能在班达海和东南亚的中转港之间航行，而合资或日本冷冻运输船（1200吨）却可以在班达海和日本之间往返并回到日本直接销售鲜鱼。[①] 尽管《班达海协定Ⅲ》是印尼的一个重大胜利。但该协定在1980年没能续签，显然是因为印尼希望发展合资企业，而日本认为这种合作是不可接受的。1968—1990年，印尼政府继续通过双多边协定就海洋渔业资源开发与多个国家开展合作，[②] 除与日本合作开发几种重要的经济鱼类，如鲣鱼和金枪鱼资源，印尼还与挪威、菲律宾、韩国等保持协作关系。

表2.4　苏哈托时期印尼海洋合作协定汇总

双边合作协定			多边合作协定		
时间	协定	主题	时间	协定	主题
1968	《班达海协定Ⅰ》	日籍渔船准入	1983	《印度尼西亚专属经济区法》	外商投资合资说明
1975	《班达海协定Ⅱ》	日籍渔船准入			
1979	《班达海协定Ⅲ》	日籍渔船准入				

[①] Sunoko, Rahmadi and Hsiang-Wen Huang, "Indonesia Tuna Fisheries Development and Future Strategy," *Marine Policy* 43 (2014): 177.

[②] Novaczek, Irene, Juliaty Sopacua and Ingvild Harkes, "Fisheries Management in Central Maluku, Indonesia, 1997-98," *Marine Policy* 25, no. 3 (2001): 244.

续表

双边合作协定			多边合作协定		
时间	协定	主题	时间	协定	主题
1985	《关于外国私人企业在印度尼西亚专属经济区捕鱼的许可》	外国渔船捕鱼许可证	1985	《关于批准〈联合国海洋法公约〉的法令》	批准《联合国海洋法公约》
1990	《政府渔业经营管理条例》	合资和租赁说明			

资料来源：联合国粮食及农业组织（Food and Agriculture Organization of the United Nations），https://www.fao.org/home/en。

2. 海洋油气资源的开发。印尼作为欧佩克成员国，也是东南亚地区最大的石油输出国，石油和天然气行业对印尼经济发展来说非常重要，[1]石油天然气价格的波动会时刻影响印尼的经济发展。印尼的石油属于高品质原油，其含硫量低，出油率高，因而得以大量出口到美日等国。

印尼大力开发本国的油气资源，1968年成立印尼国营石油公司。印尼国营石油公司在全国勘探石油，为了适应产油量的增长，印尼增购了多达50艘的油轮以提高运载能力，总吨位达到了150万吨。在产油区铺设了10多条管道线路，总长度达到了730英里。外国石油公司的进驻，也带来了先进的开采技术。由于印尼国内的石油工人文化水平普遍不高，对一些先进的石油开采设备的操作比较生疏，因此印尼国营石油公司便将旗下员工安排到欧洲进行技术培训学习，为印尼培养了本民族技术人才。石油勘探活动频率的加快促使印尼开辟了更多的油田，产油量急剧增加，从1975年7月每天产油4万桶发展到1976年12月每天产油13.5万桶。伊里安查雅（西伊里安）萨拉瓦提岛的新油井于1977年12月开始喷油，每天产油5.3万桶。随着新油井的不断开辟，印尼的产油量日益增多。

为了满足巨量石油的储藏需求，1977年1月，印尼政府在西爪哇的巴隆岸建成了储油量为9430万公升的储油中心。[2] 1977年3月，东加里曼丹省萨尼帕的汉迪尔油田出油，一个相应配套的储油中心随之建成。20世

---

[1] 黄书海：《印尼的石油》，《世界知识》1981年第19期，第18页。
[2] 马汝骏：《印尼第二个五年计划时期的石油和天然气》，《世界经济评论》1978年第3期，第79页。

纪70年代印尼不仅石油开采呈现一片红火的景象,天然气的产量也不断攀升,如1977年印尼的天然气产量达5428亿立方英尺。邦唐的天然气液化厂、蒙杜的石油气液化厂和亚齐的天然气液化厂相继建成投入使用。

印尼试图吸引外资来开发本国油气资源。苏哈托上台后,为了吸引外资振兴经济,即刻出台了相关法案给予外资许多所谓"优惠权"和各种"减免税",以及"对盈利与分红的汇出也不加限制"等优惠条件,①这些举措大大吸引了以美日为首的西方国家。从1967年开始,外国石油公司对印尼的石油开采表现出强烈兴趣,纷纷开始投身钻探印尼领海内的大陆架,外国资本在短时间内大量涌入印尼。有些外国公司还相互合作,例如美国联合石油公司和日本印尼石油公司合作在东加里曼丹东部海域开发阿塔卡油田。

据统计,1967—1976年,外国在印尼石油工业投资额达到40亿美元,其中美国资本就占到了28亿美元。到1975年,在印尼共有45家外国石油公司,分属美、日、荷、澳、巴拿马、英、意、法等国,其中美资31家,日资4家。1976年印尼石油产量的九成由外国石油公司贡献,其中美国公司占了8.26%。②德士古(Texaco)石油公司是在印尼资金力量最为雄厚的外国石油公司,其名下的钻井平台产油量最多。该公司和另一石油巨头美孚石油公司在印尼拥有多达200多万公顷租借地。在租借区内,德士古石油公司建立了一整套石油开采系统,包括机场、港口、完善的石油管道、石油工人生活区等,甚至还设有一套完整的行政机构,俨然成了"国中之国",以至于当时的《华尔街日报》这样写道:"今天印尼近海(油田)的租借图,看起来就像是在美国自己的领海进行开采。环绕印尼主要岛屿如苏门答腊岛、爪哇岛、加里曼丹岛、苏拉威西岛,以及西伊里安省勘探地区的每平方英里都被钉上了钉子,钉着钉子的地区产的石油都将是美国的。"③这个比喻十分夸张,但确实反映出了印尼的石油资源开采被外国石油公司牢牢攥在手中的现状。

---

① 第二组:《美、日对印尼石油资源的掠夺和争夺:二、美国对印尼石油资源的掠夺》,《南洋问题》1974年第4期,第4页。

② 同上。

③ 同上书,第1页。

印尼的石油产量从20世纪60年代中期到80年代初，经过十多年的发掘开发，产量翻了几番。据统计，1980年印尼石油产量达到了7713万吨，约占该年世界总产量的2.75%。[①] 自印尼1977年首次出口液化天然气以来，液化天然气出口数量稳步增长（见图2.1）。然而，自20世纪80年代初以来，印尼油气资源出口收入节节攀升的神话不再。从1981年开始，世界石油价格一路下跌，而印尼的油气资源出口额也出现下跌。

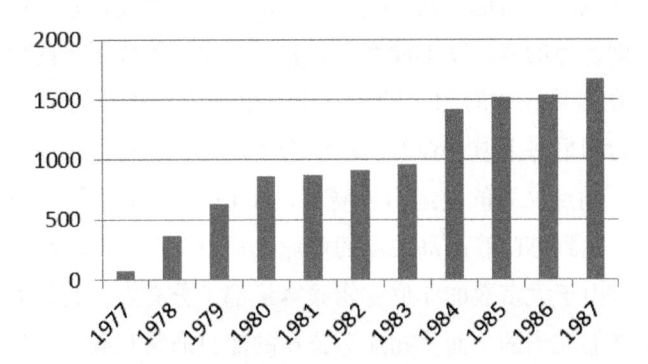

图2.1　1977—1987年印度尼西亚液化天然气出口量（单位：万吨）

资料来源：《印度尼西亚的液化天然气》，《中国海上油气（地质）》1996年第1期，第53页。

3. 其他海洋资源的开发。从地图上不难看出，印尼是一个地理跨度很大的国家，从东到西，从苏门答腊岛的最西端到西伊里安查亚省的印尼–巴新边界，两端距离超过5000公里；从南到北，苏拉威群岛以北的塔劳德岛距离帝汶岛西南的罗地岛将近2000公里。[②] 星罗棋布的岛屿分布造就了印尼国土上宽阔的海湾和海峡。长期以来，印尼的海上交通极其不便，岛与岛之间的联系很少。苏哈托政府认识到为了经济发展的需要，这种老死不相往来的隔绝局面必须予以打破。因此，苏哈托认为发展海上航

[①] 第二组：《美、日对印尼石油资源的掠夺和争夺：二、美国对印尼石油资源的掠夺》，《南洋问题》1974年第4期，第1页。

[②] Rutz, Werner OA and James R. Coull, "Inter-island Passenger Shipping in Indonesia: Development of the System: Present Characteristics and Future Requirements," *Journal of Transport Geography* 4, no. 4 (1996): 276.

运等基础设施很有必要。独立之初，印尼的航运船只只能在苏门答腊岛和爪哇岛之间的主要岛屿间穿梭，沿着这条线路，渡船连接了苏门答腊岛和帝汶岛之间的所有主要岛屿。

政府投资修建港口码头，运营海上航运项目，不仅是为了打破长期以来存在的地理隔绝，更是通过连接这些岛屿，特别是开辟海上交通线路，来加速各个岛屿之间的经济互动。[1]苏哈托政府的目标同任何现代化国家一样，旨在为该国所有地区提供必需的生活条件。因此这些与国民生计息息相关的基础设施的修建就如同春日的甘霖，及时解决了一些地区的交通出行难题。在苏哈托政府的主持下，印尼第一个五年计划于1969年正式颁布，这就为印尼海上航运业的发展创造了前提。主持国家航运的巨头佩尔尼公司为了满足巨大的航运市场需求，在1969年购买了一艘荷兰商船，并在首都雅加达到苏门答腊岛北部的商业大都市棉兰之间的海上航线投入运营。然而，由于大多数的印尼客船载客量都十分有限，其他岛屿间的航运大都是由货船充当的，而货物航运公司的船只通常只载运货物，仅有部分货船设有客舱，这种船既可以装载货物亦可载客，但实际上，这些船只的货物被装在客舱里，而乘客只能站在甲板上，这就凸显出印尼航运的窘境。

印尼中央政府于1981年通过了一项计划，该计划的目标是建立一套全新的客运系统，[2]以惠及全国民众。该计划决定建立一套主干线系统，主干线路以支线航运服务作补充。两种客船都配备了先进的通信设备，能够实现相互协调运行。新的常规客轮共有两个吨位级别，吨位较大的客轮排水量达14,000吨，可运载2000人左右，时速为20节；另一种吨位近6000吨，运载量约1000人，时速可达15节。[3]1957年以后，印尼政府首次通过民用船只将群岛的主要港口与爪哇岛连接起来。在这种情况下，印尼政府

---

[1] Rutz, Werner, "Cities and Towns in Indonesia," *Urbanization of the Earth* 4 (1987): 286.

[2] Rutz, Werner OA and James R. Coul, "Inter-island Passenger Shipping in Indonesia: Development of the System: Present Characteristics and Future Requirements," *Journal of Transport Geography* 4, no. 4 (1996): 276.

[3] Dick, Howard W, The Indonesian Interisland Shipping Industry: A Case Study in Competition and Regulation (Canberra: The Australian National University, 1977), p. 243.

继续从国外购买客轮。自1988年起，印尼国家船运公司真正打通了各个岛屿之间的航线，运营网络覆盖了整个国家。自20世纪80年代以来，开发岛屿间的航运潜力仍然是印尼利国利民的头等大事。然而，现实的情况是，由于客轮速度慢、航程远，这项服务仍然不能满足日益增长的航运需求和国家发展要求。

（二）印尼的海洋环境保护

经济增长和环境保护问题似乎是一个悖论，印尼也同样面临着"经济的发展必然以牺牲环境为代价"的老课题，从欧美国家工业革命开始，这种先发展后保护的模式似乎就已经存在了。在印尼，海洋开发与海洋环境保护之间也同样存在这样的矛盾。在全球化的进程中，东南亚地区也快速地实现了工业化。但由于沿海发展迅速，日益增长的人口对物质资源的巨大需求导致海洋资源被过度开发，再加上繁忙的海上交通以及大量工业和生活废弃物因资金和处理技术的缺乏而被倾倒在海中，东南亚地区面临着严重的环境问题，沿海区域的海洋生态系统加速恶化。该地区的环境问题包括：破坏性的捕捞方法、栖息地被破坏、海洋物种濒危和海洋污染。[1]

印尼海洋资源潜力巨大，印尼领海及专属经济区内成片的珊瑚礁、红树林和海草床供养着丰富的海洋动植物。尤其在东印度尼西亚的大部分地区，包括苏门答腊岛西海岸、爪哇岛南海岸、小巽他群岛的沿海地区以及苏拉威西岛的大部分区域，由于生态环境还没有受到严重威胁，环境压力较小，当地仍拥有大片的红树林和珊瑚礁，其中大部分未受干扰且处于原始状态，所以这里可能拥有世界上最多样化的海洋动植物群。但是在人口密集的沿海地区，包括与马六甲海峡接壤的苏门答腊岛东海岸、爪哇岛整个北海岸、南加里曼丹省和东加里曼丹省的部分地区以及南苏拉威西省的沿海地区则承受着巨大的环境压力，当地海洋资源受到严重的破坏。这些资源主要包括渔业和其他生活资源及其栖息地、红树林和珊瑚礁。海洋的过度开发可能成为或已成为海洋水体污染或海洋环境退化的罪魁祸首。[2]

---

[1] Bateman, Sam, "Economic Growth, Marine Resources and Naval Arms in East Asia - A Deadly Triangle?" *Marine Policy* 22, no. 4 (1998): 297-306.

[2] Kusuma-Atmadja, Mochtar and Tommy H. Purwaka, "Legal and Institutional Aspects of Coastal Zone Management in Indonesia," *Marine Policy* 20, no. 1 (1996): 63-86.

珊瑚礁、红树林和海草自然栖息地显著退化。造成珊瑚礁、红树林和海草自然栖息地破坏的主要原因包括：海上运输、密集的海上航线和巨型货轮会伤害海底的珊瑚礁，巨型货轮在最广泛的意义上，除了运载一般货物的船舶外，还包括运载危险和危害物质的船舶；海上油气生产平台，如石油钻井平台严重破坏了珊瑚礁和海草的栖息地；电缆、管道铺设等人为活动大大加剧了海底生态系统的破坏；造成污染的陆上活动（例如河流带来的城市和工业废物）；沿海城市将大量的城市垃圾和工业废水排入大海，对沿海的动植物的生存产生很大的威胁。

印尼领海和专属经济区被沉积盆地所覆盖，这些盆地上竖立着一个个的钻井平台。每天都有大量石油和天然气被开采。漂浮在海面上的油污对海洋环境造成了很大的污染，这极大加剧了海底生态系统的破坏。一项针对珊瑚礁生态状况的调查显示，这些宝贵的生态系统正在不断退化。世界上60%的珊瑚礁面临着人类活动带来的各种威胁，这种破坏在东南亚尤为严重，那里有80%的珊瑚礁因沿海开发和与渔业有关的活动而受到威胁。① 有充分证据证明，过度捕捞和海洋作业是造成珊瑚礁生态系统退化的主要原因。其实，保护珊瑚礁生态系统是维系海洋渔业可持续发展的必要步骤，杜绝在珊瑚礁生存的海域滥捕，可以使当地生态系统恢复，并且让当地被过度捕捞的海洋自然资源得以恢复生机，重新焕发活力。竭泽而渔造成的后果往往是很难还原的，甚至是不可逆的。在一片最大开发潜力只有数万吨鱼类资源的海域，过量船只日夜捕捞，不仅会将鱼类开采殆尽，更会严重破坏当地的生态，造成"海洋生态沙漠"。

《联合国海洋法公约》规定，沿海国家可以直接通过与国际组织合作来保护和维护海洋环境。国际自然及自然资源保护联盟（International Union for Conservation of Nature, IUCN）制定了东盟地区自然保护行动计划。② 该计划确定的优先事项是：在东盟地区建立自然保护区网络；执行保护濒危物种的措施；建立研究和管理信息交流机制；建立一个关于养护

---

① Clifton, Julian, "Prospects for Co-Management in Indonesia's Marine Protected Areas," *Marine Policy* 27, no. 5 (2003): 391.

② Novaczek, Irene, Juliaty Sopacua and Ingvild Harkes, "Fisheries Management in Central Maluku, Indonesia, 1997-98," *Marine Policy* 25, no. 3 (2001): 239-249.

管理的区域培训方案。公约强调沿海国家必须维持基本的自然生态过程和生命支持系统,其中,关于沿海国家合作进行海洋保护的内容是以保护生物遗传的多样性,维护物种和生态系统的可持续发展为目的。诸如海洋公园、生物圈保护区和野生保护区等自然保护区网络被认为是保护生态系统及其覆盖资源的最有效途径之一。幸运的是,印尼政府已经作出了一些努力来改变经济开发导致的环境破坏。印尼建立了9个国家海洋公园,总面积为41,129平方公里,占全国保护区总面积的11.5%。[①] 1991年,印尼东部的阿鲁·登加拉海洋保护区(ATMR)被列入国家海洋公园的名单中,它覆盖了阿鲁群岛东南部大约114,000公顷的岛屿生态系统。[②]

该保护区包括了附近几个岛屿的海龟栖息地,但广阔的保护区却几乎没有适合海马的栖息地,因为附近的水域被严重破坏,适合海马生存的珊瑚礁很难在短时间内自然修复。该海岸公园位于包恩的自然保护区附近,它覆盖了55,000公顷的原始森林和次生林区(低地雨林、淡水沼泽林和红树林)。这两种保护区都是保护区系统中一个重要的环节,该系统涵盖了各种脆弱的生态系统。保护该地区的海洋生态不仅是当地政府的责任,也是印尼政府的责任。如果管理得当,阿鲁·登加拉海洋保护区将成为世界上最重要的海龟保护区。海洋保护区的建立意义非凡,在阿鲁群岛东部具有较高保护价值但非商业物种如儒艮(儒艮俗称海牛)亟须保护,以及商业物种虾、对虾、珍珠牡蛎、海参等,这些物种所处的生态系统极易遭受人类活动的侵害。目前它们都处于保护区的庇佑之下。

1990年第5号《生物资源保护法》[③]的颁布,还特别规定了保护包括珊瑚礁、红树林和海草床在内的鱼类栖息地。印尼共有48个海洋哺乳动物、鸟类、螃蟹、贝类和珊瑚品种被列为受保护物种,其中包括一些在马鲁古

---

① Clifton, Julian, "Prospects for Co-management in Indonesia's Marine Protected Areas," *Marine Policy* 27, no. 5 (2003): 392.

② Persoon, Gerard, Hans de Iongh and Bob Wenno, "Exploitation, Management and Conservation of Marine Resources: The Context of the Aru Tenggara Marine Reserve (Moluccas, Indonesia)," *Ocean & Coastal Management* 32, no. 2 (1996): 104.

③ Dirhamsyah, D., "Indonesian Legislative Framework for Coastal Resources Management: A Critical Review and Recommendation," *Ocean & Coastal Management* 49, no. 1 (2006): 69.

海（Laut Maluku）常见的物种，如龟、海马、椰子蟹、甲壳、巨蛤和其他一些可食用贝类也列入受保护物种。海洋保护区也建立起来了，包括位于马鲁古中部的哈努库海峡的破拨岛。然而，现实情况是大多数保护区成为"纸面公园"，印尼政府很少或根本没有努力去管理或保护它们。

海底生态系统的破坏很重要的原因来自人类的滥捕和其他海洋活动，人类活动频繁的海域容易造成另外一个显而易见的生态危机——海洋垃圾。这些海洋垃圾包含聚苯乙烯袋子、皮包、瓶子、渔网等，能对海洋环境造成很大的污染。[1] 关于海洋污染，《联合国海洋法公约》第12部分"海洋环境的保护和保全"规定了海洋执法问题，第223—233条规定了执行强制措施时必须遵守的各项保障措施。执法人员在处理有毒、有害或放射性物质污染海洋的问题时，应注意做到两个事项：首先是要追踪移动污染源即涉案船舶；其次是确定污染源的固定来源，如区域内油井或沿海地区等，一定要在确定了污染源之后再进行相关处罚。[2]

据统计，1985年漂浮在印尼海域的海洋垃圾大致有五种（见图2.2），其中聚乙烯材料垃圾最多，约占四成。其次是生活废弃物和白色聚丙乙烯，这两种垃圾合计占了约五成。由于垃圾重量很轻，所以在海浪的拍打之下，它们经常被吹到岸上，成千上万的塑料垃圾堆满沙滩，[3] 有时甚至在海滩出现长达数十米的"垃圾带"。在某些海洋渔业发达的渔场，常常有多达万艘的渔船同时作业，对于一些中小渔船来说，处理生活垃圾比较困难，海洋理所当然地成了"垃圾场"。渔船上的生活垃圾被随意丢弃，这些垃圾积少成多最后汇集在一起，经过海浪的作用，漂到岸边，污染环境。[4]

---

[1] Kusuma-Atmadja, Mochtar and Tommy H. Purwaka, "Legal and Institutional Aspects of Coastal Zone Management in Indonesia," *Marine Policy* 20, no. 1 (1996): 73.

[2] Clifton, Julian, "Prospects for Co-management in Indonesia's Marine Protected Areas," *Marine Policy* 27, no. 5 (2003): 392.

[3] Willoughby, N. G., Hendro Sangkoyo and Boyke O. Lakaseru, "Beach Litter: An Increasing and Changing Problem for Indonesia," *Marine Pollution Bulletin* 34, no. 6 (1997): 470.

[4] *Ibid.*, 472.

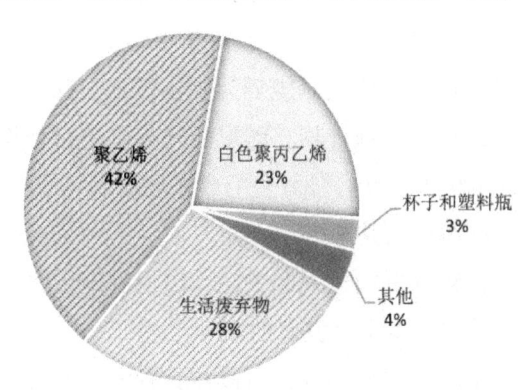

图2.2　1985年印尼海域海洋垃圾分类

资料来源：N.G.Willoughby, Hendro Sangkoyo and Boyke O. Lakaseru, "Beach Litter: An Increasing and Changing Problem for Indonesia," *Marine Policy* 34 (1997): 470.

更令人担忧的是，这些海洋垃圾时刻危害着海洋哺乳动物的安全。曾经有鲸鱼搁浅海滩，当地渔民在鲸鱼胃里发现了数公斤完好无损的塑料袋，这些不能被消化的聚乙烯材料可能是在鲸鱼涌上水面捕食或者呼吸的时候被吸到了身体里。特别是塑料瓶，很有可能会被其他海洋鱼类作为食物吞掉，其后果可想而知。

随着印尼国家工业，尤其是海洋油气业、捕鱼业的发展，印尼海岸浅水区的环境日益恶化。自20世纪70年代以来，印尼便经常召开国家海洋环境监测以及污染治理会议，也会参加一些国际性海洋环境会议。同时，印尼国内还成立了许多从事海洋污染研究的研究机构，包括印尼国家海洋研究所、印尼石油和天然气技术开发中心、印尼农业部海洋渔业研究所、印尼国家原子能研究所和印尼海洋地质研究所等。

此外，印尼的环境管理部以及国内的高等院校中还设有十多个环境研究中心承接中央和地方政府委托的研究任务。印尼国家海洋研究所不仅在东爪哇岛、西爪哇岛和中爪哇岛海域进行底栖生物现场调查，还开展包括重金属污染、沉积物、水中病原菌等在内的多项课题。①而1984年3月成立的印尼海洋地质研究所，主要从事印尼海域海洋地质和地球物理、海岸开发和管理等方面的工作和研究，作为辖属于印尼矿业能源部的政府机构，印尼海洋地质研究所以完成政府规划为主要任务，开展了海底资源评价和环境评估、油气勘探等多项计划。印尼还同外国进行合作共同开展研究工作。1984年6月至9月，印尼与荷兰组成了联合科考队对梭罗河和卡利班塔斯河输入海洋的污染物共同进行研究。

通过对海洋污染问题的重视和关注，印尼制定了海洋环境保护的具体措施，海域水质状况基本上是良好的。

印尼因承认了群岛水域制度，所以在其领海和专属经济区内的自然资源，特别是石油和天然气资源被大力开发，自1960年代中期以来，印尼的勘探和生产活动主要在近海区域进行。据估计，印尼超过30%的石油和天然气收入来自海洋油气田。印尼还在不断开发本国水域内的渔业资源的同时，努力保护海洋环境，以实现海洋资源的可持续发展。1975年在马六甲海峡发生的紫云丸事故（Shiun Maru Disaster），进一步使得东南亚各国对海洋环境的保护有了一个新的认识。②作为群岛国家，印尼深知保护海洋环境的重要性。虽然印尼通过多种措施来保护本国的海洋环境，但实际效果甚微。

为了进一步保护海洋环境，防止海洋污染，印尼出台了一系列法律法规：1982年印尼政府第一次颁布旨在促进可持续发展的国家环境法——《印度尼西亚人类环境基本法》。作为基本法，该法是评价和调整关于自然环境管理和资源管理的所有立法的基础，即有关水资源、林业、采矿和能源、自然保护、工业、空间利用管理、渔业等方面的立法都要以该法为基础，并需汇编至印尼环境法的整个体系中。③《印度尼西亚人类环境基本法》规定了印尼国家的总体政策，强调印尼要可持续地利用自然资源及

---

① 王水田：《东南亚国家的海洋污染研究》，《环境科学动态》1987年第2期，第21—27页。

② Bateman, Sam, "Economic Growth, Marine Resources and Naval Arms in East Asia - A Deadly Triangle?" *Marine Policy* 22, no. 4 (1998): 297.

③ Nurjaya, I. Nyoman, "Indonesian Environmental Law: Environmental Justice System and Enforcement," *Risalah Hukum* 3, no. 1 (2007): 1-12.

其环境，并授权国家环境部长协调对印尼的生存、自然、社会、经济和人文环境的保护、发展和管理，以促进相关部门在防治环境污染的行动上实现协调和一体化。该法的基本规定有三点：（1）每个人都有权享有良好和健康的生存环境，同时每个人都有义务维护生存环境，并防止和减少对环境的破坏和污染。（2）强调污染者付费原则。该法第20条规定：任何破坏和（或）污染生存环境的人都有责任向享有良好和健康环境的权利受到侵犯的受害者支付赔偿；损害和（或）污染生存环境的人，应当依法向国家支付恢复生活环境的费用。另外，该法第22条还规定：根据本法案和其他法案的规定，任何故意作出导致生存环境损害或污染的行为的人，应判处最高10年的监禁和（或）最高100亿卢比的罚款。（3）强调严格责任原则，该法第21条规定：在与特定种类资源有关的某些活动中，造成损害和（或）污染的人应承担严格责任，有关立法应对此作出规定，[1] 即在立法确定的情况下，将有选择地赋予严格责任，立法可以规定具体的活动类型。[2]

1990年，印尼政府在1982年《印度尼西亚人类环境基本法》的基础上，制定了第5号《印度尼西亚生物自然资源及其生态系统保护法》，该法案认识到保护所有多样化的且相互关联的生态系统的必要性，并将资源的可持续利用与生态系统的完整性紧密地联系起来。具体而言，该法案颁布了第一个关于自然保护区的国家条例，使得印尼海洋保护区的建立有法可依。该法的第12条规定：动植物多样性及其生态系统的保护是通过保持自然保护区的原始状态的完整性来进行的。对于自然保护区的管理，该法第16条规定，自然保护区的管理由政府进行，以保护动植物的多样性及其生态系统。关于确定和利用一个区域作为自然保护区以及确定与其相邻的区域作为缓冲区所需的进一步的条款，由政府法规规定。另外，第35条规定，在

---

[1] "Act No.4 of 1982 on the Basic Provisions for the Management of the Living Environment," United Nations Environment Programme, accessed June 25, 2023, https://leap.unep.org/en/countries/id/national-legislation/act-no-4-1982-basic-provisions-management-living-environment.

[2] Romsan, H. Achmad, Abunawar Basyeban and Moh Idris, *The Use of the Strict Liability Principle by the Indonesian Courts in Solving Environmental Conflicts* (Amsterdam: Atlantis Press, 2019), pp.1-3.

一定情况下，为维护或者恢复生物自然资源及其生态系统的永续性，政府可以停止自然保护区的利用活动，并对国家公园、原始森林公园、自然旅游公园实行一定期限的部分关闭或全部关闭。如果有人进行可能改变自然保护区完整性的活动，那么该法第40条规定，该人应判处最高10年监禁和最高2亿卢比的罚款。[1] 从这时起，印尼海洋保护区的数量和总面积快速增加，海洋资源的保护工作取得重要进展。[2]

1992年，印尼政府出台了《印度尼西亚空间使用管理法》（1992年字第24号法令），该法整合了空间范围内有关空中、陆地和海洋管理的所有立法，规定各省（区）对与本省陆地相邻的海域空间承担管理责任，这使得印尼高地和沿海地区的管理在省级层面得到了整合，提高了海洋管理的效率。[3] 同年，印尼政府还出台了第5号关于海洋文化资源保护的法令。[4]

1996年，印尼政府出台了《印度尼西亚水域法》（1996年字第6号法令），该法案的内容主要集中在领水的航运方面，但也对海洋环境的管理和保护作出了相应的规定。该法第23条第1款规定：印尼海域应根据现行国家法律法规和国际法进行利用、管理和保护，其中适用的国家法律法规包括《印度尼西亚人类环境基本法》（1982年字第4号法令）和《印度尼西亚生物自然资源及其生态系统保护法》（1990年字第5号法令）；同为第23条的第3款还规定：如果有必要改善第1款中提到的对印尼海域环境的利用、管理和保护，可以通过总统令设立协调机构。另外，该法也注意到核物质或其他有毒物质在运输过程中存在污染海洋环境的风险，所以第16条规定："外国核动力船舶和运输核物质或其他物质的船舶，由于其危险或有

---

[1] "Law of The Republic of Indonesia No.5/1990 Concerning Conservation of the Living Natural Resources and Its Ecosystem," Food and Agriculture Organization of the United Nations, accessed June 25, 2023, https://faolex.fao.org/docs/pdf/ins3867.pdf.

[2] Wiadnya, D. G. R., et al., "Recent Development of Marine Protected Areas (MPAs) in Indonesia: Policies and Governance," *Journal of Applied Environmental and Biological Sciences* 1, no. 12 (2011): 608-613.

[3] Sloan, N. A. and A. S. Ugandhy, "An Overview of Indonesian Coastal Environmental Management," *Coastal Management* 22 (1994): 220.

[4] Dirhamsyah, "Maritime Law Enforcement and Compliance in Indonesia: Problems and Recommendations," *Maritime Studies* 2005, no. 144 (2005): 1-16.

毒的性质，在使用无害通过权时，必须携带文件并遵守国际条约规定的特别注意事项。"①

1997年，印尼政府根据1992年联合国发布的《里约环境与发展宣言》对《印度尼西亚人类环境基本法》的原则和内容进行了调整，并在此基础上制定了《印度尼西亚人类环境管理法》，以更好地管理自然环境，维护印尼领土主权内的自然资源。②相较于《印度尼西亚人类环境基本法》中原则性的条款，1997年的《印度尼西亚人类环境管理法》由公法、行政法、私法和刑法四部分组成，对环境管理的原则、主管部门的责任、个人和企业的权利与义务、环境纠纷的诉讼机制、环境犯罪的种类和制裁手段等内容都有详细的规定。而且该法更加强调环境保护主体的多元性和协调性，创新了环境保护的体制机制，如该法第9条规定："环境管理是由政府机构按照各自的任务和责任领域，在考虑到环境管理政策的规划和实施的整体性上，协同公众和其他发展机构，以综合的方式进行的。"第10条则明确了社区在环境管理和保护中的功能："在环境管理计划中，政府必须建立、促进、发展和加强社区、工商界和政府之间的伙伴关系，以维持环境的支持能力和承载能力。"这表明印尼在环境问题的立法上趋于科学与成熟。③

除了国内法以外，印尼为保护国内海洋环境还批准了一系列国际法，如1966年批准了《国际海上人命安全公约》（SOLAS，1960）；1978年批准了《国际油污损害民事责任公约》（1969）和《设立国际油污损害赔偿基金公约》（1971）；1979年批准了《国际海上避碰规则公约》（1972）；1985年批准了《联合国海洋法公约》；1986年批准了《国际防止船舶造成污染公约》（1973）及其1978年议定书；1994年批准了《联合国生物多样性公约》（1992）等。由此，在"新秩序"时期，印尼政府构建了一套较

---

① "Act of the Republic Relating to the Indonesian Waters (Act No.6 of 1996)," United Nations Environment Programme, accessed June 25, 2023, https://leap.unep.org/en/countries/id/national-legislation/act-republic-relating-indonesian-waters-act-no-6-1996.

② Sloan, N. A. and A. S. Ugandhy, "An Overview of Indonesian Coastal Environmental Management," *Coastal Management* 22 (1994): 223.

③ "Law Concerning Environmental Management Law No. 23 of 1997," Food and Agriculture Organization of the United Nations, accessed June 25, 2023, https://faolex.fao.org/docs/html/ins13056.htm.

为完善的法律体系（见表2.5），这套法律体系由国内法和国际法组成，其中国内法包括基本法和专门法，国际法包括国际公法和国际私法，这为印尼海洋环境的管理和保护提供了有力支撑。

表2.5 苏哈托时期印尼关于海洋环境保护的法律汇总

法律效力范围	法律分类	批准/颁布年份	法律法规名称
国内法	基本法	1982	《人类环境基本法》
		1997	《人类环境管理法》
	专门法	1990	《生物多样性及其生态系统保护法》
		1992	《空间使用管理法》
			《文化遗产法》
		1996	《水域法》
国际法	国际公法	1966	《国际海上人命安全公约》
		1976	《国际载重线公约》
		1978	《设立国际油污损害赔偿基金公约》
		1979	《年国际海上避碰规则公约》
		1980	《国际海上人命安全公约》
		1985	《联合国海洋法公约》
		1986	《〈国际防止船舶造成污染公约〉1978年议定书》
			《海员培训、发证和值班标准国际公约》
		1988	《〈国际海上人命安全公约〉1978年议定书》
		1989	《国际集装箱安全公约》
		1994	《联合国生物多样性公约》
	国际私法	1978	《国际油污损害民事责任公约》

资料来源：Kusuma-Atmadja, Mochtar and Tommy H. Purwaka, "Legal and Institutional Aspects of Coastal Zone Management in Indonesia," *Marine Policy* 20, no.1 (1996): 63-86.

三、印尼与周边国家的海域划界

随着东南亚地区经济的快速增长，国家财富的集聚，海洋的开发力度不断增大。①印尼的专属经济区面积在东南亚地区是最大的（见图2.3），达533.2157万平方公里，比专属经济区面积第二大的菲律宾多347.2157万平方公里。为了满足经济发展的需要，印尼对渔业资源、石油和天然气的依赖越来越大，东南亚地区几乎所有的沿海国家都在一定程度上专注于海洋资源开发，尤其是勘探石油与天然气。

长期以来，东南亚地区的海洋资源开发和管理都比较混乱，由于海洋领土归属权益的重叠，以及大多数相邻沿海国家都存在着海域划界纷争和缺乏有效的协商机制，东南亚区域海上安全和环境资源管理一直是东南亚的老大难问题。②一些海域出现了环境污染、过度捕捞、非法捕捞、海盗和毒品走私问题。归根结底，海域划界悬而未决是导致这些海上安全问题产生的根源。印尼与周边多个国家存在海域划界争端。海域划界直接关系印尼对于领海以及专属经济区的开发管理。自苏哈托上台以后，印尼政府先后与马来西亚、新加坡、泰国、越南、巴布亚新几内亚、印度、澳大利亚等邻国签署了双边或多边海域划界协定，对大陆架和专属经济区的领土主权进行了明确的界定。

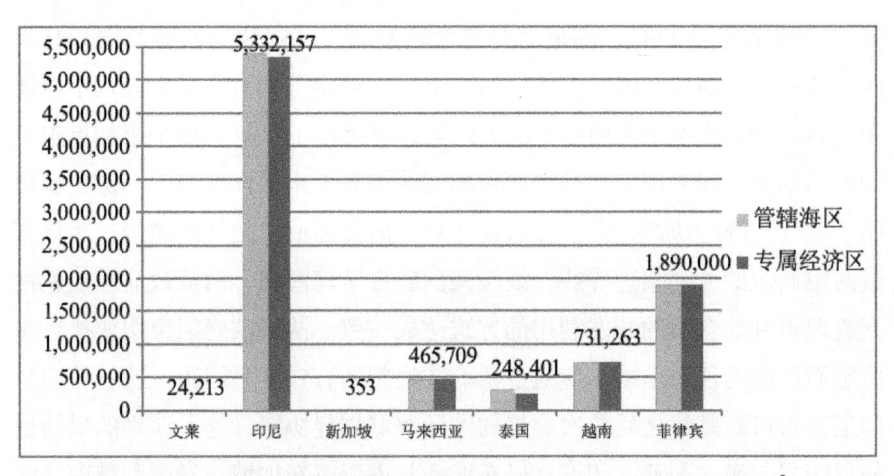

图2.3 东南亚七国管辖海区及专属经济区大小汇总（单位：km²）

---

① Ooi, Giok-Ling, "The Indonesia-Malaysia-Singapore Growth Triangle: Sub-Regional Economic Cooperation and Integration," *GeoJournal* 36 (1995): 339.

② Bateman, Sam, "Economic Growth, Marine Resources and Naval Arms in East Asia - A Deadly Triangle?" *Marine Policy* 22, no. 4 (1998): 298.

资料来源：Hanns Jürgen Buchholz, *Law of the Sea Zones in the Pacific Ocean* (Singapore: Inst of Southeast Asian Studies, 1987), p. 23.

（一）印尼与马来西亚的海域划界问题

印尼和马来西亚领土相连，有着共同的边界以及相互联系的文化和宗教。在苏加诺政府时期和苏哈托政府前期，两国之间也时有摩擦，尤其是20世纪60年代的"印马冲突"以及两国对利吉丹岛（Ligitan）和西巴丹岛（Sipadan）的归属权纠纷，长期干扰两国关系的正常发展。

20世纪60年代，苏加诺政府对马来西亚联邦采取对抗政策。1963年9月16日，马来西亚联邦正式成立，印尼随即宣布拒绝承认新联邦国家的合法地位，发表声明断绝了与马来西亚的外交关系，并制造了焚烧英国驻印尼大使馆的事件，而后苏加诺提出"粉碎马来西亚"的计划更是使事态急剧恶化，两国对抗全面展开。印尼与马来西亚之间的对抗看似是由两国因加里曼丹岛北部地区的领土纠纷而引起，实质上也有冷战时期两大阵营之间进行较量的因素，印尼与马来西亚之间的对抗加深了对彼此的怨恨。

印尼和马来西亚通过谈判协商的方式对两国大陆架和领海进行了划界。1969年10月27日，印尼和马来西亚签署了《印度尼西亚政府和马来西亚政府关于划分两国间大陆架的协定》，[①] 协定分别对两国在马六甲海峡和南海（马来西亚东西两岸）的大陆架边界进行了界定。25个坐标点连成的大陆架分界线对印尼和马来西亚的海域边界作出了详细说明。协定还说明了油气资源的协商开发，如果任何单一的石油或天然气地质构造延伸穿过两国商定的大陆架边界线，处于两国各自所辖海域，两国政府须能就油气资源得到最合理的开发利用的方式达成一致。两国政府因声明或执行本协定而产生的任何争端，应通过协商或谈判的方式和平解决。这一协定是印尼宣布群岛基线之后首次签署的国际海域划界协定，这一谈判的成功也使得印尼与澳大利亚、印度、巴布亚新几内亚、新加坡、泰国和越南之间

---

① "Agreement between the Government of Malaysia and the Government of Indonesia on the Delimitation of the Continental Shelves between the Two Countries," United Nations, accessed June 25, 2023, https://www.un.org/Depts/los/LEGISLATIONANDTREATIES/STATEFILES/IDN.htm.

的领土领海争端谈判看到了光明前景。[①]

1970年3月，印尼和马来西亚进一步就两国在马六甲海域的领海重叠问题进行了磋商，并签署了《印度尼西亚和马来西亚关于两国在马六甲海峡领海的划界条约》，[②] 该条约的主要内容有三点：(1)条约规定了印尼和马来西亚按照双方直线基线的中间线（北纬2°51.6′ 东经101°00.2′到北纬1°15.0′ 东经103°22.8′）来确定两国在马六甲海峡内的领海边界。不过，条约的具体条款考虑了印尼和马来西亚在争议海域的特殊情况，明显不适合使用中间线原则对两国的海域边界作出界定。边界的地理坐标应当由双方代表共同确定。(2)两国承诺采取必要的措施，以遵守本协定的相关条款。(3)两国政府因声明或执行本协定而产生的任何争端，应通过协商或谈判的方式和平解决。

1970年3月17日，印尼和马来西亚签署了有关马六甲海峡划界问题的第二份协定。而1971年12月21日在吉隆坡签署的有关马六甲海峡北部海域的大陆架划界协定则是印尼、马来西亚和泰国之间的三方协定。对于印尼提出的群岛基线，马来西亚一直持支持的态度，1974年两国就签署了有关谅解备忘录，为在双边基础上和国际论坛上广泛讨论群岛学说提供了基础。[③] 1976年，两国再次签署谅解备忘录，马来西亚支持印尼的群岛水域理论，而印尼则给予马来西亚足够的保障措施来保护其现有的权利和其他合法权益，同时商定在《联合国海洋法公约》通过前缔结双边条约。

1982年7月25日，印尼和马来西亚在雅加达签署了《印度尼西亚和马来西亚关于群岛国法律制度和马来西亚在位于东、西马来西亚之间的印度

---

① Hamzah, B. A., et al., "The Maritime Boundaries of Malaysia and Indonesia in the Malacca Strait: An Appraisal," *Australian Journal of Maritime & Ocean Affairs* 6, no. 4 (2014): 207-226.

② "Treaty between the Republic of Indonesia and Malaysia Relating to the Delimitation of the Territorial Seas of the Two Countries in the Strait of Malacca, Kuala Lumpur," United Nations, accessed June 25, 2023, https://www.un.org/Depts/los/LEGISLATIONANDTREATIES/STATEFILES/IDN.htm.

③ Hamzah, B. A., et al., "The Maritime Boundaries of Malaysia and Indonesia in the Malacca Strait: An Appraisal," *Australian Journal of Maritime & Ocean Affairs* 6, no. 4 (2014): 208.

尼西亚领海、群岛水域以及印度尼西亚领海、群岛水域和领土上空的权利的条约》，基于该条约，马来西亚要承认并尊重印尼依据国际法实施的群岛水域制度，承认印尼对其群岛水域拥有主权，而印尼则要继续尊重马来西亚包括捕鱼权、船舶和飞机的航行飞越权，实施搜救，与印尼合作进行科学研究等在内的权利和合法权益。①

（二）印尼和澳大利亚的海域划界问题

苏哈托上台后，印尼与澳大利亚的关系一度出现了紧张。1968年7月，印尼和澳大利亚两国政府达成了进行有限的文化艺术交流的协定。8月，印尼宣布放弃其"对抗政策"，同年，两国外长也进行了相互访问，双边关系出现缓和。② 1971年5月18日，印尼与澳大利亚签署了《印度尼西亚共和国政府和澳大利亚联邦政府确定特定海底边界的协定》，③ 1973年11月8日起正式生效。协定载明，在阿拉弗拉海东经133°23′处，印尼与澳大利亚的大陆架之间的边界由12个坐标点连成一条直线。两国政府没有在本协定中划定东经133°23′以西相邻大陆架的边界线，这个问题将留待后续恰当的时候进一步谈判讨论。协定也对两国大陆架之下的自然资源开发进行了说明，如果液态碳氢化合物或天然气的任何单一地质构造或大陆架下面的任何其他矿床在本协定里规定的任何线上延伸，位于边界线的一侧，可全部或部分从边界线的另一侧以流动形式活动，两国政府应设法运用最有效和公平的方式分享资源所产生的效益。该协定对海域的划界如表2.6所示：A1—A12为各具体的坐标点，澳大利亚与印尼的海床边界线便由这些坐标点依顺序连接而成。

---

① 刘新山、郑吉辉：《群岛水域制度与印度尼西亚的国家实践》，《中国海商法年刊》2011年第1期，第106页。

② 杨洋、吴秋华：《冷战时期的澳印（尼）关系初探》，《商业文化》2010年第4期，第79页。

③ "Agreement between the Government of the Commonwealth of Australia and the Government of the Republic of Indonesia Establishing Certain Seabed Boundaries," United Nations, accessed June 25, 2023, https://www.un.org/Depts/los/LEGISLATIONANDTREATIES/STATEFILES/IDN.htm.

表2.6 澳大利亚与印尼海床边界线界点

界点	界点坐标
A1.	9°52′N 140°29′E
A2.	10°24′N 139°46′E
A3.	10°50′N 139°12′E
A4.	10°24′N 138°38′E
A5.	10°22′N 138°35′E
A6.	10°09′S 138°13′E
A7.	9°57′S 137°45′E
A8.	9°08′S 135°29′E
A9.	9°17′S 135°13′E
A10.	9°22′S 135°03′E
A11.	9°25′S 134°50′E
A12.	8°53′S 133°23′E

资料来源："Agreement between the Government of the Commonwealth of Australia and the Government of the Republic of Indonesia Establishing Certain Sea-bed Boundaries, May 18, 1971," (entry into force: 8 November 1973; registration #: 14122; registration date: 7 August 1975; link to UNTS), accessed November 23, https://www.un.org/Depts/los/LEGISLATIONANDTREATIES/PDFFILES/TREATIES/AUS-IDN1971SB.pdf.

1972年10月9日，印尼与澳大利亚两国签署了《印度尼西亚共和国政府和澳大利亚联邦政府在帝汶海和阿拉弗拉海区域确立特定海底边界的协定》，[①] 协定载明在塔米巴群岛南部地区，澳大利亚与印尼的大陆架边界应为直线，从两国于1971年签订的协定中规定的A12点（南纬8°53′ 东经133°23′）开始，然后按照指定的顺序与表2.6所示的坐标A1点相连接。而在罗地岛和帝汶岛以南地区，澳大利亚与印尼的大陆架区域之间的边界应为直线，从A17点（南纬10°28′ 东经126°00′）开始，然后按规定的顺序

[①] "Agreement between the Government of the Commonwealth of Australia and the Government of the Republic of Indonesia Establishing Certain Seabed Boundaries in the Area of the Timor and Arafura Seas," United Nations, accessed June 25, 2023, http://www.un.org/Depts/los/LEGISLATIONANDTREATIES/PDFFILES/TREATIES/AUS-IDN1972TA.pdf.

连接表2.7.0和表2.7.1所示的各界点坐标：

表2.7.0　澳大利亚与印尼海床补充边界线界点（塔宁巴尔群岛以南）

界点	界点坐标
A12	8°53′S　133°23′E
A13	8°54′S　133°14′E
A14	9°25′S　130°10′E
A15	9°25′S　128°00′E
A16	9°28′S　127°56′E

表2.7.1　澳大利亚与印尼海床补充边界线界点（罗地岛和帝汶岛以南）

界点	界点坐标
A17	10°28′S　126°00′E
A18	10°37′S　125°41′E
A19	11°01′S　125°19′E
A20	11°07′S　124°34′E
A21	11°25′S　124°10′E
A22	11°26′S　124°00′E
A23	11°28′S　123°40′E
A24	11°23′S　123°26′E
A25	11°35′S　123°14′E

数据来源："Agreement between the Government of the Commonwealth of Australia and the Government of the Republic of Indonesia Establishing Certain Sea-Bed Boundaries in the Area of the Timor and Arafura Seas, Supplementary to the Agreement of May 18, 1971, October 9, 1972(entry into force: November 8, 1973; registration #: 14123; registration date: August 7, 1975; link to UNTS)," accessed November 23, https://www.un.org/Depts/los/LEGISLATIONANDTREATIES/PDFFILES/TREATIES/AUS-IDN1972TA.pdf.

1971年和1972年的协定主要是根据自然延伸原则，以简化了的帝汶海槽最深处的1500米等深线为界，划定了两国自东向西由印尼、澳大利亚、巴布亚新几内亚三国交界点至阿什莫尔礁附近的大陆架边界（不包括帝汶海缺口），结果是该界线特别靠近印尼一侧，澳方大陆架一直延伸至帝汶海槽的观点得到了双方认可。这两个协定已于1973年正式生效。

1973年2月13日，印尼与澳大利亚签署了《印度尼西亚和澳大利亚关于巴布亚新几内亚和印度尼西亚之间某几条边界的协定》。[①]该协定于1973年11月26日正式生效。协定规定了新几内亚岛的南部海岸、巴布亚新几内亚与印尼的大陆架边界应从坐标点南纬9°24′30″ 东经140°49′30″开始，并由此按规定的顺序连接下列各点：南纬9°23′ 东经140°52′和南纬9°08′08″ 东经141°01′10″。在新几内亚岛的北部和南部沿海地区，各国领海和专属渔区的横向边界与上述的海底边界线相符。

1974年印尼和澳大利亚两国政府签署了《印度尼西亚共和国政府和澳大利亚政府关于执行临时渔业监督和执法安排的谅解备忘录》[②]。1988年《印度尼西亚和澳大利亚关系新框架》联合公报的发表，标志着两国关系发展到了一个新的阶段，双方海洋合作进一步加强。1989年，印尼与澳大利亚两国不顾葡萄牙的反对签署了《帝汶海缺口条约》，将东帝汶外海的争议海域划定为合作区，勘探开采石油天然气资源。[③]1995年两国秘密签订《共同安全合作协定》，使印尼与澳大利亚之间的海洋合作关系更进一步。

到了20世纪90年代，印尼和澳大利亚在关于海域边界的划分上继续展开合作，1997年3月14日两国签署了《印度尼西亚共和国政府与澳大利亚政府确立一条专属经济区边界和特定海底边界的条约》。[④]签署条约之

---

① "Agreement between Australia and Indonesia concerning Certain Boundaries between Papua New Guinea and Indonesia," United Nations, February 13, 1973, accessed June 25, 2023, http://www.un.org/Depts/los/LEGISLATIONANDTREATIES/PDFFILES/TREATIES/AUS-IDN1973PNG.pdf.

② 刘新山、郑吉辉：《群岛水域制度与印度尼西亚的国家实践》，《中国海商法年刊》2011年第1期，第105页。

③ Hanlon, Margaret, "Australia-Indonesia Maritime Boundaries," paper presented at the annual meeting for Australasian Political Studies Association, Melbourne, Australia, September 25-27, 2017.

④ "Treaty between the Government of Australia and the Government of the Republic of Indonesia Establishing an Exclusive Economic Zone Boundary and Certain Seabed Boundaries," Food and Agriculture Organization of the United Nations, March 14, 1997, accessed June 25, 2023, https://www.fao.org/faolex/results/details/en/c/LEX-FAOC062911/.

前，双方回顾了《联合国海洋法公约》的相关原则，其中第83款规定，隔海相对的国家之间的专属经济区和大陆架的划界应根据国际法达成协定，两国作为《联合国海洋法公约》缔约方，也将积极以对话谈判的方式解决两国的海域划界问题。双方回顾了在20世纪70年代初签署的相关协定的原则，以及1989年4月29日在雅加达签署的印尼和澳大利亚渔业官员会议的纪要，遂决定进一步通过磋商的方式来维护现有的条约、协定，并通过达成新的协定进一步促进两国在海洋的开发管理上的协调，加强缔约方之间的友谊与联系。双方承诺本着合作、友谊和善意的精神尊重各方作为近邻的共同利益，并深信该条约将有助于加强两国之间的关系。

与之前的协定不同的是，条约第7款对两国可以行使的权利进行了说明。在与缔约方（第一方）毗邻并属于专属经济区的区域与毗邻并属于另一方（第二方）的海床区域重叠的地区可行使的权利如下：

（a）第一方可行使1982年《联合国海洋法公约》规定的专属经济区主权权利和管辖权；

（b）第二方可行使1982年《联合国海洋法公约》规定的与海床有关的大陆架主权权利和管辖权；

（c）建造人造岛须经双方同意。就本条而言，"人造岛"是一个被水包围的土地区域，由于人为干预而在涨潮时位于水面之上；

（d）第二方应提前三个月向第一方发出拟议授予勘探或开采权的通知；

（e）设施和构筑物的构筑应作为适当通知的对象，并且必须树立警告的标志；

（f）任何废弃或废弃的装置或结构，应由经授权建造的缔约方将其拆除，以确保航行安全，同时考虑到这方面制定的任何普遍接受的国际组织标准，搬迁或拆除也应适当考虑到海洋环境保护，应对未完全拆除的设施或构筑物的高度、位置和尺寸给予适当的公开；

（g）建造吸引鱼群装置应为适当通知的对象；

（h）建造人工岛、装置、构筑物或鱼集合装置的缔约一方对其有专属管辖权；

(i) 海洋科学研究应由缔约方根据1982年《联合国海洋法公约》进行或授权,并将此种研究通知另一方;

(j) 双方应采取有效措施,防止、减少和控制海洋环境污染;

(k) 各缔约方应根据国际法对其管辖范围内活动造成的海洋环境污染负责;

(l) 本条约生效前出现的1982年《联合国海洋法公约》第121条所指的任何岛屿应成为双方磋商的主题,以确定其地位和归属;

(m) 任何一方均不得过度阻碍另一方行使其权利和管辖权;

(n) 双方在行使各自的权利和管辖权方面应相互合作。

(三)印尼和印度的海域划界问题

在冷战时期的大部分时间里,尽管印尼与印度之间在一段时间里有过摩擦,两国却拥有相似的战略立场,即都奉行不结盟政策。印尼和印度两国都不太支持对方各自在区域内的野心,两国之间的竞争在20世纪60年代初期有所加剧,因为印尼当时倾向于支持实行社会主义制度的中国,而且印度已明显感知到中国、印尼、巴基斯坦关系走近,有对抗之意。在20世纪60年代后半期,印尼与印度之间的关系得到了修复。20世纪60年代末期和整个70年代,印尼和印度共同合作来限制区域外力量,尤其是美国在东南亚地区和印度洋的影响力,然而在20世纪70年代,印尼军队开始担心印度在协助苏联海军增强在印度洋的势力,尽管担心印度同苏联之间的关系,但印尼并没有视印度为一个威胁,而更多的是将其视为地区中的不稳定因素。[①]

除了在20世纪60年代对马来西亚进行过外交支持外,在冷战时期的大部分时间里,印度对东南亚地区的海域并没有表现出太多的兴趣。然而,冷战的结束使印度对如何处理与东南亚国家的关系进行了重新评估。1992年,印度推出"向东看"政策,以促进与快速发展的东南亚经济体的关系,印度这一针对东南亚的战略路径,也意在平衡中国日益增长的经济

---

① Brewster, David, "The relationship between India and Indonesia: An Evolving Security Partnership?" *Asian Survey* 51, no. 2 (2011): 221-244.

和政治影响力。自20世纪90年代初以来，印尼海军发挥积极的作用，将其政治和战略影响力扩展至东南亚地区，促使自身成为海上安全的净提供者，马六甲海峡也已经成为印度区域海权战略的主要关注点。印度积极参与东南亚地区的安全事务，优先改善同东盟的多边关系，发展与越南、新加坡、印尼等国的双边关系。

在印度的地区战略中印尼的重要性不断增加，主要基于以下原因：第一，印尼是东南亚最大的国家，而且被认为是东盟的领导者，发展同印尼的关系有利于印度发展与东盟的关系以及其在该地区的双边关系。第二，印尼对中国的担忧使印度成为印尼平衡中国在东亚影响力的重要合作伙伴，特别是能够推动影响地区政治和经济的机制朝有利于印度的方向发展。第三，印尼处于印度洋和太平洋之间的关键地理位置，这一点对印度来说十分重要。第四，印尼同美国的安全合作关系与印度自身的战略态势相符，对印度来说，同印尼的政治伙伴关系可能有助于增加其在与美国和其地区盟友合作中的行动自由，同时有利于促进地区多极化发展。第五，作为世界上最大的穆斯林人口国家和世俗的民主国家，印尼因其持续的稳定和活力而与印度保有重要的利害关系，而且现代印度和印尼也共享世俗传统，印尼相对宽容的伊斯兰传统、神秘的苏菲信仰，与印度的伊斯兰苏菲传统有许多联系。

1974年8月8日，印尼和印度签署了《印度尼西亚共和国政府与印度共和国政府关于两国大陆架的划界协定》。[①] 同年12月17日，双方在新德里交换批准书后协定生效。印度尼西亚和印度大陆架的边界是由四个坐标点连接成的一条直线。（如表2.8所示）

[①] "Agreement between the Government of the Republic of India and the Government of the Republic of Indonesia Relating to the Delimitation of the Continental Shelf Boundary between the Two Countries, Jakarta," U.S. Department of State, accessed June 25, 2023, https://www.state.gov/wp-content/uploads/2019/11/LIS-62.pdf.

表2.8　1974年印度尼西亚和印度划定的大陆架边界线界点

（精确度：1974年美式坐标系）

界点	界点坐标
Point 1	6°38′.5 N　94°38′.0 E
Point 2	6°30′.0 N　94°32′.4 E
Point 3	6°16′.2 N　94°24′.2 E
Point 4	6°00′.0 N　94°10′.3 E

数据来源："Agreement between the Government of the Republic of India and the Government of the Republic of Indonesia relating to the Delimitation of the Continental Shelf Boundary between the Two Countries 8 August 1974," August 8, 1974 (entry into force: 17 December 1974; registration #: 19474; registration date: 22 December 1980; link to UNTS), accessed November 23, 2023, https://www.un.org/Depts/los/LEGISLATIONANDTREATIES/PDFFILES/TREATIES/IND-IDN1974CS.PDF.

1977年1月14日，印尼和印度签署了《印度尼西亚共和国政府和印度共和国政府关于延长两国1974年就安达曼海和印度洋的大陆架达成的边界的协定》，[①] 协定划定了两国处于安达曼海和印度洋上，在1974年的协定未涵盖的海域边界。在安达曼海地区，该协定延长的印度和印尼两国的大陆架边界线同样是由一系列的地理坐标连接而成的直线构成的。（如表2.9所示）

[①] "Agreement between the Government of the Republic of India and the Government of the Republic of Indonesia on the Extension of the 1974 Continental Shelf Boundary between the Two Countries in the Andaman Sea and the Indian Ocean," Food and Agriculture Organization of the United Nations, accessed June 25, 2023, https://www.fao.org/faolex/results/details/en/c/LEX-FAOC039601/.

表2.9　1977年印度尼西亚和印度划定的安达曼海大陆架边界线界点

（精确度：1974年美式坐标系）

界点	界点坐标
Point1	06°38′.5 N　94°38′.0 E
Point K	07°02′24″ N　94°55′37″ E
Point N	07°40′06″ N　95°25′45″ E
Point O	07°46′06″ N　95°31′12″ E

数据来源："Agreement between the Government of the Republic of India and the Government of the Republic of Indonesia on the Extension of the 1974 Continental Shelf Boundary between the Two Countries in the Andaman Sea and the Indian Ocean," January 14, 1977 (entry into force: 22 December 1980; registration #: 19475; registration date: 22 December 1980; link to UNTS), accessed November 23, 2023, https://www.un.org/Depts/los/LEGISLATIONANDTREATIES/PDFFILES/TREATIES/IND-IDN1977CS.PDF.

在印度洋，印度和印尼在印度洋的大陆架边界亦是由一系列的地理坐标连接而成的直线构成的。（如表2.10所示）

表2.10　1977年印度尼西亚和印度划定的印度洋大陆架边界线界点

（精确度：1974年美式坐标系）

界点	界点坐标
Point 4	06°00′.0 N　94°10′.3 E
Point R	05°25′20″ N　93°41′12″ E
Point S	04°27′34″ N　92°51′17″ E
Point T	04°18′31″ N　92°43′31″ E
Point U	04°01′40″ N　92°23′55″ E

数据来源："Agreement between the Government of the Republic of India and the Government of the Republic of Indonesia on the Extension of the 1974 Continental Shelf Boundary between the Two Countries in the Andaman Sea and the Indian Ocean," January 14, 1977 (entry into force: 22 December 1980; registration #: 19475; registration date: 22 December 1980; link to UNTS), accessed November 23, 2023, https://www.un.org/Depts/los/LEGISLATIONANDTREATIES/PDFFILES/

TREATIES/IND-IDN1977CS.PDF.

（四）印尼与新加坡的海域划界问题

印尼和新加坡之间的关系经常在紧张对立和亲密合作之间转变，波动性很大。新加坡在1963年至1965年归属于马来西亚，而当年马来西亚与印尼关系处于对立状态，因此在这一时期新加坡和印尼关系紧张。随着印尼政权的更替，苏哈托"新秩序"政府的上台，印尼与新加坡之间的外交关系开始有所改善。1968年，新加坡处决了两名印尼海军士兵，使印尼与新加坡之间的关系急剧恶化。从1973年开始，两国之间的关系逐渐升温并日益紧密，这种友好而密切的双边关系一直持续到1998年苏哈托"新秩序"时期的结束。[1]

围绕着马六甲海峡的划界问题，印尼、马来西亚和新加坡三国自20世纪60年代便开始进行谈判。20世纪60年代末70年代初，就西马来西亚两侧的海域，印尼和马来西亚完成了划界。印尼和新加坡于1973年5月25日签署了《印度尼西亚与新加坡在新加坡海峡的领海划界条约》，[2] 该协定于1974年8月29日生效。协定规定了印尼和新加坡两国的领海边界线是由一系列的地理坐标连接而成的直线构成的。（如表2.11所示）

---

[1] 娜塔莎·汉密尔顿·哈特、许丽丽：《印尼和新加坡——结构、政策和利益》，《南洋资料译丛》2010年第2期，第57—65页。

[2] "Agreement Stipulating the Territorial Sea Boundary Lines between Indonesia and the Republic of Singapore in the Strait of Singapore," U.S. Department of State, accessed June 25, 2023, https://www.state.gov/wp-content/uploads/2019/11/LIS-60.pdf.

表2.11 1973年印度尼西亚与新加坡划定的新加坡海峡领海边界线界点

（精确度：1974年美式坐标系）

界点	界点坐标
1	1°10′46″.0 N 103°40′14″.6 E
2	1°07′49″.3 N 103°44′26″.5 E
3	1°10′17″.2 N 103°48′18″.0 E
4	1°11′45″.5 N 103°51′35″.4 E
5	1°12′26″.1 N 103°52′50″.7 E
6	1°16′10″.2 N 103°02′00″.0 E

数据来源："Indonesia and Singapore Delimitation of the Territorial Seas of Singapore and Indonesia in the Strait of Singapore, 25 May 1973," (entry into force: 29 August 1974; registration #: 45144; registration date: 5 August 2008; link to UNTS) (see Law of the Sea Bulletin No.68), accessed November 23, 2023, https://www.un.org/Depts/los/doalos_publications/LOSBulletins/bulletinpdf/bulletin68e.pdf.

而该协定仍然存在两条"灰色地带"。[①] 一方面，新加坡和马来西亚之间长期存在白礁、中岩礁和南礁的岛礁归属争议，进而使印尼和新加坡的海域划界谈判迟迟无法展开；另一方面，马来西亚于1979年出版的《马来西亚领海与大陆架界限图》单方面进行了海域划界，而这一划界并没有得到印尼和新加坡的认可，进而阻碍了印尼、新加坡和马来西亚三国协商的开展。

（五）印尼和泰国的海域划界问题

印尼和泰国于1971年10月17日签署了《印度尼西亚共和国政府和泰王国政府关于划定两国在马六甲海峡北部及安达曼海大陆架边界的协

[①] Vivian Louis Forbes, *Indonesia's delimited maritime boundaries* (New York: Springer, 2014), p. 62.

定（附图）》，①马六甲海峡北部和安达曼海的泰国和印尼大陆架之间的边界是坐标点北纬6°21.8′ 东经97°54.0′与另一坐标点北纬7°05.8′ 东经96°36.5′相连成的直线。1975年12月11日，两国政府签署了《印度尼西亚共和国政府和泰王国政府关于划定两国在安达曼海域海底边界的协定（附图）》，②该协定于1978年2月18日生效。泰国和印尼在安达曼海的大陆架的边界是从坐标点北纬7°05.8′ 东经96°36.5′，沿西北方向延伸至坐标点北纬7°46.1′ 东经95°33.1′的直线。

（六）印尼与巴布亚新几内亚的海域划界问题

印尼与巴布亚新几内亚于1980年12月13日签署了《印度尼西亚共和国政府和巴布亚新几内亚政府关于两国在海上边界和有关事项上的合作协定》。①协定对两国的大陆架边界和领海边界进行了界定。

（七）印尼和印度、泰国的海域划界问题

1978年6月22日，印尼和印度、泰国签署了《印度尼西亚共和国政府、印度共和国政府和泰王国政府关于在安达曼海域三国交界点划定相关边界

---

① "Agreement between the Government of the Kingdom of Thailand and the Government of the Republic of Indonesia Relating to the Delimitation of a Continental Shelf Boundary between the two Countries in the Northern Part of the Strait of Malacca and in the Andaman Sea," Food and Agriculture Organization of the United Nations, accessed June 25, 2023, https://www.fao.org/faolex/results/details/en/c/LEX-FAOC020856/.

② "Agreement between the Government of the Republic of Indonesia and the Government of the Kingdom of Thailand Relating to the Delimitation of the Sea-Bed Boundary between the Two Countries in the Andaman Sea," Food and Agriculture Organization of the United Nations, accessed June 25, 2023, https://www.fao.org/faolex/results/details/en/c/LEX-FAOC032249/.

① "Agreement between the Government of the Republic of Indonesia and the Government of Papua New Guinea Concerning the Maritime Boundary between the Republic of Indonesia and Papua New Guinea and Cooperation on Related Matters," United Nations, accessed June 25, 2023, https://www.un.org/Depts/los/LEGISLATIONANDTREATIES/STATEFILES/IDN.htm.

的协定》。①协定首先确立了三国交界点的地理坐标点为北纬7°47′00″ 东经95°31′48″。协定第二款规定了从该交界坐标点向西南方向连接至印尼和印度两国于1977年签署的《印度尼西亚共和国政府与印度共和国政府关于延长两国1974年就安达曼海和印度洋的大陆架达成的边界的协定》中边界线上的一点北纬7°46′06″ 东经95°31′12″绘出一条直线,构成印尼、泰国和印度在安达曼海的大陆架边界的一部分。协定第三款规定,从三国交界点向东北方向连接坐标点北纬7°48′00″ 东经95°32′48″绘成的直线构成印尼、泰国、印度三国在安达曼海大陆架边界的一部分。协定的第四款规定了从三国交界点向东南方向出发连接坐标点北纬7°46′01″ 东经95°33′01″绘成的直线构成三国在安达曼海大陆架边界的一部分。该协定于1979年3月2日正式生效。

(八)印尼和泰国、马来西亚的海域划界问题

1971年12月21日,印尼和泰国、马来西亚签署了《印度尼西亚共和国政府、马来西亚政府和泰王国政府关于三国在马六甲海峡北部大陆架的划界协定》。②该协定界定了三国在马六甲海峡北部的大陆架边界,具体内容主要有四点:(1)确定三国在马六甲北部海域的"三国交界点"的地理坐标为北纬5°57.0′ 东经98°01.5′,协定还明确界定了三国相互之间大陆架边界的地理坐标,这些坐标和三国交界点的连线就是各国在马六甲海峡北部的大陆架边界。(2)印尼、马来西亚和泰国三国承诺采取必要的措施,确保该协定得到遵守。(3)协定还规定了油气资源的协商开发,如果任何

---

① "Agreement between the Government of the Republic of India, the Government of the Republic of Indonesia and the Government of the Kingdom of Thailand Concerning the Determination of the Trijunction Point and the Delimitation of the Related Boundaries of the Three Countries in the Andaman Sea," United Nations, accessed June 25, 2023, http://www.un.org/Depts/los/LEGISLATIONANDTREATIES/PDFFILES/TREATIES/THA-IND-IDN1978TP.PDF.

② "Agreement between the Government of the Republic of Indonesia, the Government of Malaysia and the Government of the Kingdom of Thailand Relating to the Delimitation of the Continental Shelf Boundaries in the Northern Part of the Strait of Malacca," United Nations, accessed June 25, 2023, https://www.un.org/Depts/los/LEGISLATIONANDTREATIES/STATEFILES/IDN.htm.

单一的石油或天然气地质构造延伸穿过两国商定的大陆架边界线，处于两国各自所辖海域内，当事国政府须就油气资源得到最合理的开发利用的方式达成一致。(4)各国政府因声明或执行本协定而产生的任何争端，应通过协商或谈判的方式和平解决。

此外，20世纪80年代，印尼专属经济区的确认进一步促使印尼对其海军进行现代化改革，为了使印尼海军发展成为一支专业的、有效的和现代化的队伍，印尼发起了一个发展和管理计划，包括通过集成的舰队武装系统来维护部队。同时，为了保证拥有最低的海上阻拦能力，印尼还从荷兰、南斯拉夫、英国和德国收购船只来扩大其舰队，而印尼的国家造船厂也开始生产快速巡逻艇。[①]印尼海军总部位于雅加达，1985年成立了两支舰队，东部舰队位于泗水，西部舰队位于雅加达，同时还拥有一支海军陆战队、小的航空兵队伍和一个军事海运司令部。

小结

苏哈托政府上台以后对于海洋的开发体现在几个方面：第一，设立海洋法律法规，运用国际法的原则内容确立本国的涉海领土主权范围，对于本国的海洋权益进行法律保护。但值得注意的是，这些法律的实施和执行存在一定的问题，所以一些根本性的问题并没有被实际解决。第二，对海洋资源进行开发，包括海洋生物资源的开发和海洋非生物资源的开发，海洋生物资源包括海虾、金枪鱼等商业性鱼类的捕捞，通过自行开发和合作开发的形式，印尼的海产品出口量在1990年达到了世界第六。印尼的海洋非生物资源的开发，主要是石油天然气的开发，通过本国开发和与外资企业合作开发的形式，每年为印尼带来巨额的外汇收入。自然资源对国家经济的发展具有重要作用，但更重要的是要有长远的开放式经济发展战略，当前油气是印尼经济的支柱，石油收入占印尼外汇总收入的一半以上。但它不是国家未来经济发展的重点。从长远的角度来看，坐吃山空的经济发展模式并不可靠也难以维持。接下来是其他海洋资源开发，本部分介绍了

---

① "Indonesian Navy on the Threshold of Modernisation," SP's Naval Forces, May 6, 2014, accessed June 25, 2023, https://www.spsnavalforces.com/story/?id=343.

印尼海洋航运资源的开发，航运资源是基于印尼群岛国家的地理属性，巨大的航运资源能够促进印尼经济的发展，也能带来各岛屿间的互联互通。最后讲到了海洋保护，海洋环境污染问题是印尼面临的一个重要问题。海洋生态环境的破坏，主要是人为活动造成的，包括滥捕和其他海洋活动，最有效的方法就是建立海洋保护区。印尼目前已经意识到了这一点，并修建了一些保护区，对沿海的生态环境进行修复。印尼海洋环境遭到的破坏，主要是海洋垃圾的产生破坏了海洋环境。第三，海上争端的解决。印尼和周边邻国存在着边界争端，自苏哈托上台以后，印尼与周边的7个国家通过谈判协商的方式签订了多个双边或多边的海域划界协定。

总的来说，印尼海域划界问题的解决是动态的发展过程。纵观苏加诺和苏哈托政府时期印尼海域划界问题的解决，可以发现，自印尼独立以来，两届政府都较为重视海域划界问题，尤其是在20世纪70年代，这一时期可谓是印尼同周边国家解决海域划界问题的活跃期和积极期。在海域划界问题解决的过程中，印尼通过双方或者三边谈判、国际仲裁等方式，先后与马来西亚、澳大利亚、新加坡、泰国、印度、巴布亚新几内亚和平地达成了关于大陆架或专属经济区的划界协定。同时，从印尼的海域划界谈判过程中可以发现印尼拥有相当强的谈判定力，尤其是在面对一些非常困难的海域划界争端时，往往会经历多年的谈判。另外，在保持谈判定力的同时，印尼也积极寻求通过双边的海洋合作打开国际海洋合作的局面。

第三章　民主化改革以来印尼海权的巩固

印尼海洋政策在不同领导人时期呈现不同的特征。苏加诺和苏哈托对印尼都进行了相对较长时期的领导，在印尼海洋政策方面采取的法律措施和国际行动较多，而哈比比、瓦希德等的执政时期较短，两人的执政期限都不到两年，处在一个过渡时期，因此各自在制定国内外政策时更多地趋于稳定国内的政治、经济形势，而在海权战略上则着力较少，即使颁布了一些政策意见，但大多随着政府的垮台而被搁置。

第一节　哈比比时期的印尼海权战略
（1998年5月21日—1999年10月20日）

1998年印尼实行民主化改革后，其国家政治权力结构及决策方式发生了很大变化。"传统的高度集权的政治结构变得更加多元，外交政策不再由少数精英绝对主导，公众舆论和非政府行为体在外交政策的制定和实施过程中所起的作用日益关键。"[1] 印尼被誉为世界"第三大民主国家"。

苏哈托下台后，印尼政治改革的呼声高涨，哈比比领导的过渡政府将其内阁称为"印尼发展改革内阁"。公众反应冷淡，态度悲观，但哈比比政府作为印尼实行西方民主化改革的探路者尽到了启动改革之责，给印尼

---

[1] Sukma, Riza, "Domestic Politics and Indonesia's International Posture," East Asia Forum, October 18, 2011, accessed June 25, 2023, https://www.eastasiaforum.org/2011/10/18/domestic-politics-and-indonesia-s-international-posture/.

政治、社会和法律带来了变化。如在海洋管理上，印尼中央政府主动放权给地方政府，以期发挥地方政府的能动性。1999年第22号《地方政府法》第10条规定，地方政府在第3条所指的行政区水域内具有如下管理权利：对第3条所述的领水范围内的海洋财富进行勘探、开放、养护和管理；调节行政利益；调控空间布局；根据地方政府发布的法律法规或政府授权的法律法规进行执法；协助维护国家主权和安全。[1] 由此可见，印尼的面貌从中央集权的准独裁国家转变成极度开放和自由的国家，这在一定程度上又大幅提高了印尼人对改变的期望，期望值在1999年大选时达到顶点。

因此，哈比比上台之后便开始对印尼进行改革。他一改苏哈托军政府的作风，同社会各界代表人物广泛接触、征求意见，并雷厉风行地解决一些社会公众迫切要求解决的问题。哈比比的上述举措，顺应了各界的要求，受到了好评，暂时缓解了印尼政府与反对派之间的矛盾。毫无疑问，转变对印尼的影响是积极的。

作为苏哈托的继任者，哈比比同样继承了苏哈托时期内向式的外交政策，尤其是在海权战略方面。当改革风潮于1998年5月冲击印尼之时，印尼面临着包括金融危机、社会动荡在内的多重危机。哈比比领导下的过渡政府不得不将主要精力投向国内事务，由于形势瞬息万变，这些事务需要主动而直接的回应。除了类似于南海工作组这种已经建立的工作机制及其日常活动外，改革初期的印尼在国际交往中的活跃度急剧下降。这个国家试图把更多的资源和精力用在国家重建上，政府无法过多关注海权战略。[2] 因此，哈比比时期印尼并没有一个清晰、完整的海权战略体系，其海权战略也主要表现在对南海的政策上。

在南海问题上，印尼最初的身份定位是"中间人"的角色，并一直以东盟领导人的身份自居，因此，印尼尽管在南海与中国不存在主权争议，但却十分关注南海局势。在20世纪90年代，印尼越来越关注中国在南海

---

[1] "Act No. 22 of May 7, 1999 concerning Regional Administrations," Flevin, accessed June 25, 2023, http://www.flevin.com/id/lgso/translations/JICA%20Mirror/english/12.22.1999.eng.qc.html.

[2] 德里·阿普里安塔：《印尼在南海争端中的反应：苏哈托与后苏哈托时代的比较分析》，《南洋资料译丛》2015年第4期，第32页。

的行动。这在苏哈托执政后期表现得尤为明显，1992年2月，中国全国人民代表大会审议通过了《中华人民共和国领海及毗连区法》，①1996年5月15日，中国政府正式发布《中华人民共和国政府关于中华人民共和国领海基线的声明》，中国在涉海领土主权问题上逐渐自信的态度让雅加达感到担心。

自1990年开始，印尼在南海争端中积极充当"中立的调停者"角色。②印尼通过开展二轨外交，通过非官方渠道定期举办"管理南海潜在冲突研讨会"，邀请中国、东盟国家和地区的民间代表，讨论海洋保护、海上搜救和水文监测等议题。印尼通过组织这种非正式多边研讨会，努力提高其在地区热点问题中的话语权。近年来，随着亚太地区出现的军备竞赛，印尼认为这将影响地区安全和增加战争爆发的可能性，这也导致印尼对国家安全环境的整体判断变得更加谨慎。

20世纪90年代中期，印尼一方面依托东盟多边框架推动建立信任措施、预防冲突、事件管理，积极为《南海各方行为准则》的签署营造有利的周边环境；另一方面，印尼依托自身中等强国的实力采取积极防御措施，不断进行武器升级和军队现代化建设，试图凭一己之力，努力保障其周边海域的和平与稳定。

这个阶段，印尼采取经济、外交、军事等多种手段，全面维护国家海洋权益。外交方面，印尼积极加强与外国跨国能源公司的开发合作，1995年1月，印尼国家石油公司（Pertamina）与美国的埃克森公司签署了一项合同，联手开发纳土纳群岛气田。③在此之前的十年中，美国已在印尼该领域投资了200亿美元。

在军事领域，自20世纪90年代起，印尼先后向德国、俄罗斯、荷兰等国订购了新型护卫舰、潜艇、两栖舰艇等多种新型海军装备，并筹建了

---

① "Manila Rebuffs Territorial Claim by Beijing," *Financial Times*, May 18, 1996, accessed June 25, 2023, https://www.ft.com/content/Manila rebuffs territorial claim by Beijing.

② 常书：《印度尼西亚南海政策的演变》，《国际资料信息》2011年第10期，第26—28页。

③ "Pertamina, Exxon Seal Pact on Natuna Gas Project," *Business Times*, 10 Januari 1995, diakses 25 Juni 2023, https://eresources.nlb.gov.sg/newspapers/digitised/issue/biztimes19950110-1.

海军航空部队，以此增强国防能力。印尼武装部队（ABRI）开始加强其海军和空军部队。1992年底，印尼同意从德国购买39艘属于前东德海军的军舰。印尼武装部队总司令苏特里斯诺（Sutrisno）说，这些船只是为帮助印尼巡逻其领海而购买的。1993年6月，印尼空军从英国买下了24架Hawk地面战斗机。新引进的地面战斗机派驻在苏门答腊的北干巴鲁和西加里曼丹的坤甸，为纳土纳群岛提供防空掩护。1996年9月，印尼武装部队在纳土纳群岛地区进行了大规模的军事演习。这次演习是印尼武装部队最大规模的海陆空三军联合演习，涉及19,000多名军队、40架飞机和50艘军舰。印尼武装部队军事主管维兰托（Wiranto）将军否认他们的军演意图向"来自某国威胁"的"秀肌肉"。1997年8月，印尼宣布计划从俄罗斯购买12架苏-30喷气式战斗机，并将它们安置在南苏拉威西的乌戎潘当（Ujangpandang，印尼著名海港），为纳土纳群岛提供进一步的空中掩护。虽然由于亚洲金融危机的影响，导致印尼军费开支收紧，但是印尼武装部队并没有放弃向投资者保证，印尼军方已经在准备保护纳土纳气田。

此外，为了制衡域外大国，印尼在军事上开始加强同澳大利亚的合作。1995年12月18日，经过18个月的谈判，印尼和澳大利亚签署了《印度尼西亚共和国政府和澳大利亚联邦政府关于安全保障的协定》（AMS）。AMS代表了印尼苏哈托政府与澳大利亚基廷政府之间战略思维的融合。AMS的条款刻意模糊。协定序言部分指出，印尼和澳大利亚希望"加强它们之间现有的友谊"，承认"它们对该地区和平与稳定的共同利益"，并希望"促进区域安全与稳定"。[①] 两国将定期就影响其共同安全的事项进行协商。该协定的模糊引起了对雅加达和堪培拉的动机的大量猜测。1997年8月，澳大利亚国防部官员承认澳大利亚正在协助印尼为纳土纳群岛制定防御战略，包括在天然气生产平台上部署地对空导弹。1999年，AMS成了东帝汶危机的牺牲品。由于澳大利亚在东帝汶维和过程中的作用让印尼感觉愤怒和不满，哈比比政府于1999年9月取消了该安全协定。

---

① "Agreement between the Government of Australia and the Government of the Republic of Indonesia on Maintaining Security," Australasian Legal Information Institute, accessed June 25, 2023, http://www.austlii.edu.au/au/other/dfat/treaties/1996/13.html.

随着新型武器装备的投入使用，以及与周边国家海上巡防合作的推进，印尼推出了以海上战略通道及专属经济区安全为主要目标，具有群岛国家海上安全防御特色的"逐岛防御计划"。按照该计划，印尼将渐次筹建以本土大岛为中心，以群岛为基地，独立防守与机动作战相结合的本土防御体系。

在整个东南亚区域，渔业资源捕捞权利的争夺较为普遍。与国家之间发生的矿产资源争端不同，渔业纠纷不仅发生在国家之间，也发生在国家内部；不仅发生在领海重叠区，也发生在非法捕鱼或偷猎易发区。泰国在东盟地区拥有最大的捕鱼业，泰国拖网渔船经常侵入印尼水域与亚齐沿海的印尼渔民发生冲突。印尼海军曾一度扣押了40艘泰国拖网渔船和120名船员，1999年12月印尼政府对外国渔船实施了禁入。

总体上说，在哈比比时期，印尼的海权战略并没有发生重大的战略转变，一来因为哈比比作为苏哈托的指定继承人，在海权战略上自然也继承了他的前辈的政治遗产，二来印尼经过苏哈托长达30多年的统治，国家在政治、经济等方面积累了大量问题，加之亚洲金融危机的冲击，哈比比政府更是力不从心，只能将更多的精力放到国家重建上，印尼政府无法过多关注海权问题，印尼政府秉持了温和的海权战略。

第二节　瓦希德政府时期的印尼海权战略

由于哈比比不能摆脱苏哈托政权的阴影，不愿意进行彻底的改革，加之东帝汶问题和巴厘银行丑闻先后发生，哈比比声誉扫地，成了反对派攻击的对象。在述职报告遭到人民协商会议多数议员否决之后，哈比比彻底失去了竞选连任的机会。而在此时，作为温和穆斯林领导人的瓦希德，一个受人爱戴、威望颇高的穆斯林领袖，虽然在国会选举中，其领导的民族觉醒党（Partai Kebangkitan Bangsa, PKB）仅获得10%的议席，但他凭借雄厚的政治基础和丰富的政治经验，在最后的激烈角逐中，巧借专业集团和军方势力赢得了大选，成为印尼第四任总统。[1]

---

[1] 唐慧：《印尼瓦希德政府：挑战与机遇并存》，《东南亚研究》2000年第3期，第10—14页。

在外交政策上，瓦希德更倾向于将重点放在亚洲，一改其前任政府只重视美欧等西方国家的做法。瓦希德就任印尼总统后，先后出访美、日和东南亚国家，随后于1999年12月正式访问中国。瓦希德政府对海洋权益还是比较重视的，但是同其前任哈比比政府一样，由于执政时间较短，加之国内政局混乱，瓦希德的海权战略仍然没有一个总体的规划，仅在渔业、海军等方面采取了一些具体的政策措施。

在海洋渔业方面，瓦希德曾决心扭转印尼政府忽视海洋权益的做法，对印尼的海洋权益给予了苏哈托30年执政期间从未有过的重视。苏哈托执政时期，印尼的海洋渔业事务并没有一个专门机构进行管理，只是由印尼农业部分管。这导致印尼在海洋渔业事务上所遇到的一些专业性较强的问题往往得不到有效解决，如印尼无法遏制外国渔民的偷捕、偷猎行为，每年的渔业损失高达5亿~40亿美元。此外，印尼每年出口的海产品也面临品种较少的问题，每年的出口额仅有6.2亿美元。

为了化解印尼在海洋渔业事务上的困境，瓦希德于1999年成立了处理海洋渔业事务的专门机构——印尼海洋事务与渔业部（Kementerian Kelautan dan Perikanan, KKP）。该部门由10个工作机构组成：部长办公室，办公厅，监察司，捕捞渔业司，水产养殖司，海洋和渔业资源监察与管制司，水产品加工和市场营销司，海洋、沿岸与小岛司，海洋与渔业研究局和海洋与渔业人力资源开发局。此外，该部门还设有经济、社会和文化、公共政策、法律、生态与海洋人力资源等方面的部长专家组。此时，印尼海洋事务与渔业部的职能初步确定为：提高渔民收入；提升渔业在经济增长中的作用；维护渔业资源承载力和改进资源环境状况；提高水产品质量，从而满足人民消费和健康等方面的要求；培育以海洋为基础的国家传统和文化，同时重视海洋在维护国家团结统一方面的作用。[1]

2000年第177号总统令进一步明确了海洋事务与渔业部的职能，规定印尼海洋事务与渔业部的主要职责是协助总统完成海事和渔业领域的部分政府工作，并履行以下职能：制定和监督地方自治实施计划，其中包括在

---

[1] 纪炜炜、阮雯、方海等：《印度尼西亚渔业发展概况》，《渔业信息与战略》2013年第4期，第317—323页。

海事和渔业领域提供指导、咨询、培训、领导和监督；管理和执行海洋和渔场12海里范围内的海洋自然资源保护计划；制定本区域海事和渔业领域的授权或授予许可证的标准；解决各省间海事和渔业领域的争端；在海洋区域12海里以外具有管辖权；制定开发、保护和管理12海里以外海域的自然资源的国家政策，这一海域包括努桑塔拉（Nusantara，马来世界）水域和印尼专属经济区（EEZI）；制定政策和管理海域边界；使政府决策和对海岸、海滨和小岛屿的管理标准化；授权12海里以外海域的海事和渔业活动，这一海域包括努桑塔拉水域和专属经济区。[1]

同年5月，瓦希德政府颁布了《关于印度尼西亚中央政府和作为自治区的省级地方政府的政府条例》，详细说明了印尼中央和省级政府在海洋和渔业事务方面的权力。该条例第2章第2节第3条第2款规定，在海事领域，印尼中央政府具有以下权力：制定对12海里以外海域的自然资源进行勘探、养护、管理和利用的政策和管理办法，这里的海域包括群岛水域、海底、专属经济区和大陆架；制定管理和利用12海里以外海域的失事船只及其中的贵重货物的政策和规章；制定海域边界的政策和规章，包括海上自治区的边界和国际海事法规定的边界；制定海岸和小岛屿的管理标准；在12海里以外的海域中执行具体的与国际事项有关的法律。另外，该条例第2章第3节第5条第2款规定，在海事领域，省级政府具有以下权力：管理省辖海域；负责本省海域海洋资源的勘探、开发、利用和管理；对省辖海域中特有的生物多样性以及渔业保护区进行管理和保护；颁发在省辖海域中经营海水养殖和水产捕捞业的许可证；监测省辖海域内渔业资源的利用情况。[2] 由此，在海事领域，央地之间的事权得到划分，相互间的权责关系得到一定程度上的梳理，这为以后解决不同层级政府间的职能交叉、

---

[1] "Presidential Decree No. 177/2000 on Organizational Structures and Tasks of Ministries," Audit Board of Indonesia, accessed June 25, 2023, https://peraturan.bpk.go.id/Home/Details/58303/keppres-no-177-tahun-2000.

[2] "Government Regulation No. 25/2000 concerning Central and Provincial Government Authorities as an Autonomous Region," United Nations Environment Programme, accessed June 25, 2023, https://leap.unep.org/en/countries/id/national-legislation/government-regulation-no-252000-concerning-central-and-provincial.

重叠、职权不清、职责混乱等问题奠定了基础。

此外，为了推动本国渔业的发展，促进海洋资源的有效利用，瓦希德政府还加强了在渔业领域上的双边合作。如印尼海洋事务与渔业部长萨尔沃诺（Sarwono）筹划创建一个新的许可证制度，他希望借此吸引日本、韩国和泰国投资者与印尼渔业企业建立伙伴关系。他希望投资者不仅能够提供拖网渔船、传授海洋渔业方面的专业知识，还能够为海洋渔业的下游产业提供融资，使印尼能够充分地开发利用其海洋资源。另外，在2001年4月23日，印尼政府还和中华人民共和国政府在北京签订了《中华人民共和国农业部和印度尼西亚共和国海洋事务与渔业部关于渔业合作的谅解备忘录》。该谅解备忘录是印尼政府与中国政府开展渔业合作的纲领性文件，其中涉及七项内容：双方合作的目标是在渔业领域进行开发活动；联合培训项目，联合考察活动；在生产方面共同促进建立合资企业，以及水产加工品销售；双方的合作领域包括捕捞业、水产品行业、渔业教育、渔港发展及完善、船舶修造以及经双方协商确定的其他合作领域；双方的合作机制包括成立相当级别的渔业合作委员会并通过协商确定上述领域内的具体合作计划和实施方式；双方应在谅解备忘录生效后三个月内指定一名代表，并在确定该代表后三个月内，提出合作的具体意向和建议；谅解备忘录的修订须经双方协商一致并以书面形式予以确认后方可进行；双方的争端应通过友好协商予以解决；谅解备忘录自双方签署之日起生效，有效期为三年，双方可通过书面协议修改或延长有效期。①

在军事方面，瓦希德政府努力改变印尼海军在国家军事力量中长期处于次要地位的局面，努力提高印尼海防在国防体系中的地位。在苏哈托政府时期，受1945—1949年的革命战争以及"九三〇"事件的影响，印尼的军事战略长期忽视海上安全和海军力量的建设，优先发展陆军力量。最显著的例子是，截至1997年，印尼海军仅拥有17艘护卫舰和26艘两栖舰艇，其中四分之一的船龄已经接近五十年。换言之，印尼在革命战争时期

---

① 《中华人民共和国农业部和印度尼西亚共和国海洋事务与渔业部关于渔业合作的谅解备忘录》，中华人民共和国外交部网站，2001年4月23日，http://svideo.mfa.gov.cn/ziliao_674904/tytj_674911/tyfg_674913/200203/t20020326_7949484.shtml，访问日期：2023年6月27日。

遗留下的舰艇一直沿用至今,尚未更新换代。这将严重影响印尼对其海权的维护。①

因此,为了改变上述状况,瓦希德在当选为印尼总统后,决心推动印尼海军建设,计划在五年内将印尼海军的数量增加30%,即海军将从原来的52,000人增加到70,000人,仅印尼海军陆战队就将增员10,000人。另外,印尼的海军舰队也将增加14艘舰艇,其中包括4艘能够运载坦克的两栖舰艇。最后,印尼还将建设新的海军基地,并增加海上司令部的数量。②

瓦希德的内政外交措施让他在印尼国内获得了广泛的好评。然而,他并非无懈可击。瓦希德在任期间访问了90个国家,如此密集的出访被认为没有必要,亦招致忽视内政的批评。③此外,瓦希德不守常规的执政风格引发公众、政治联盟、竞争者和政敌的复杂反应。批评者指责其行为和政策怪诞荒唐,没有逻辑,莫名其妙,令公众难以理解。瓦希德不愿妥协和对抗性的姿态把盟友推向敌营,进而被弹劾下台。因此瓦希德时期的印尼海权战略仅仅只是给印尼海权战略留下一个美好的愿景,而这个美好愿景的实现则落到了瓦希德的继任者身上,直至佐科提出"全球海洋支点"构想。

同样作为一个"短命"的总统,上任之初瓦希德雄心勃勃,力求改变印尼政府之前对海洋资源不重视的态度,决心扭转印尼政府对海权战略的忽视。瓦希德的愿景是美好的,诸如重回爪哇盛世,建立一个海洋商业强国,但由于其执政时间较短,这些战略终成泡影。

哈比比、瓦希德同为印尼政治上的"短命总统",但对海洋的重视程度却有不同,哈比比更倾向于继承印尼以往政府的"南海中间人"的身份,而瓦希德则表现出对海洋资源更大的兴趣,并构想出更为宏伟和积极的海权战略,希望将印尼打造成一个海上商业强国,其对海洋资源和海军给予

---

① "Indonesia's Conceptualizations of Maritime Security," November 22, 2021, accessed June 25, 2023, https://amti.csis.org/indonesias-conceptualizations-of-maritime-security/.

② "Indonesia Beefs Up Navy," Strat for World View, February 11, 2000, accessed June 25, 2023, https://worldview.stratfor.com/article/indonesia-beefs-navy.

③ Mares Peter, "Tampa Scamper," *Meanjin* 61, no. 3 (2002): 114-120.

了充分的重视，组建了海洋事务与渔业部，制订了扩充印尼海军军力的计划。但是由于执政时间较短，这些宏伟的战略还没来得及成形就已经成为泡影。因此在哈比比和瓦希德时期，总的来说，印尼执行的是温和的海权战略。

第三节　梅加瓦蒂政府时期的印尼海权战略

梅加瓦蒂于2001年7月23日宣誓就任印尼的第五任总统。在就任之初她面临着严峻的国内形势，这迫使她将工作重心放在了国内经济复苏和政治稳定上。在这样一个关键的转型时期，一切国内外政策都是为维护国家稳定、恢复国家经济而制定的，海洋政策也不例外。渔业合作算得上是梅加瓦蒂时期印尼政府海权战略的一大特色，这样一种特色的形成与其转型阶段的国内状况密切相关。一个大国的海权战略是放眼整个地区或者是放眼全球的，虽然梅加瓦蒂也十分重视海权战略，但印尼这一时期的海权战略与大国全球性的海权战略相比还存在着巨大的差距。当然，印尼当时特殊的国情，也不允许梅加瓦蒂制定出"空中楼阁"般的海权战略。本部分主要介绍的是梅加瓦蒂时期的印尼海洋资源及其管理、渔业合作以及海上安全问题。

一、印尼海洋资源及其管理

在梅加瓦蒂政府时期，印尼的海洋资源受到很大程度的破坏，并以惊人的速度继续恶化。例如，印尼超过67%的珊瑚礁被部分或全部破坏，其中40%的红树林已被破坏。对沿海海洋资源管理不当是造成这种情况的主要原因。从根本上说，这一时期印尼海洋资源的退化主要是由于社会、经济、法律和政治的原因引起的。梅加瓦蒂政府也意识到了印尼海洋资源遭受破坏的严重性，并为此推出了一系列管理措施。

（一）搭建中央、地方、基层相互支撑的"三层次"海洋资源管理架构

印尼的行政架构共分为五级，分别是中央（Negara）、省（Propinsi）、县/市（Kota/Kabupaten）、乡镇（Kecamatan）和村（分为城镇型村庄

Kelurahan 和乡村型村庄 Desa）。在实行民主化改革（Reformasi）和去中心化（Decentralization）以前，印尼政府的事权和财权高度集中在中央政府，地方政府仅是中央政府的执行单位，这严重挫伤了地方政府工作的主动性和积极性。1974年，印尼政府颁布《地方自治基本法》（Regional Autonomy Basic Law），并宣称要推动印尼中央政府的"去中心化""去集中化"和"去管制化"，但实际上行政权仍牢牢地掌握在中央政府手中。1999年5月，印尼通过了《地方自治法》（Regional Autonomy Law on 22/1999）以规范省长、市/县长等的自治选举，正式开启了中央政府权力下放的进程。同年，印尼政府颁布了《中央地方财政平衡法》（Fiscal Balance between Central and Local Government Law on 25/1999），并于2000年颁布了该法的实施细则，这给予地方更大的自主空间。根据这两个法律文件，地方政府享有税赋、采矿、捕鱼与森林砍伐的自主权力。2001年，印尼政府在瓦希德的主导下，推动并执行"去中心化"的政策，由此进一步扩大省级以下行政单位的行政自主权。[1]

由此可见，1999年以后的民主化改革使印尼的地方政府在海洋资源管理等方面获得了较大的行政自主权，这为梅加瓦蒂时期印尼推动国家海洋资源管理体制改革，搭建多层次的海洋资源管理架构奠定了基础。具体而言，在海洋资源管理方面，印尼搭建了中央、地方、基层相互支撑的"三层次"管理架构。

1. 中央层次的海洋资源管理。在中央层面，印尼共设有三个部级机构来负责印尼渔业和海洋资源的管理和保护，分别是印尼海洋事务与渔业部、印尼林业部和印尼环境国务部。其中，印尼海洋事务与渔业部总体负责印尼渔业和海洋资源的管理、开发和保护；印尼林业部和印尼环境国务部则具体负责沿海环境的管理和保护，如印尼林业部就专门负责国家海洋公园和沿海红树林分布区的管理和保护工作。

在1999年《地方自治法》颁布以前，印尼在海洋资源管理上的发展决策权、重要的资源配置权、重大的项目决定权等都向中央政府集中，一些

---

[1] 戴万平：《印尼中央地方关系的发展与展望》，《亚太研究论坛》2005年第27期，第157—173页。

学历层次高、综合素质强、专业化程度深的人才也向中央政府高度聚集。这导致处于海洋资源管理一线的地方政府和基层政府经常面临着财政紧缺、人才不足、专业能力不够等严重问题，直接影响着印尼海洋资源管理的效率。1999年以后，印尼中央政府的海洋管理职能被重新审查，相关事权的下放也被提上了日程。尤其是1999年5月颁布的《地方自治法》，为中央政府职能下放至地方政府（省政府和市/县政府）提供了法律依据。

在沿海管理方面，梅加瓦蒂政府根据《地方自治法》实现了中央、地方事权体系异构，使印尼中央政府舍弃了过去对各种事项进行直接控制和管理的做法，更加注重通过方针政策的制定来领导地方政府的工作，以实现中央政府角色由管理者向指导者的转变。具体而言，印尼中央政府除了在大政方针上指导印尼的地方政府和基层政府对海洋资源进行管理以外，仅保留对地方政府和基层政府的监督权，以及对12海里以外的专属经济区和大陆架的管理权。

2. 地方层次的海洋资源管理。印尼的地方政府主要包括省级政府和县/市级政府。伴随着《地方自治法》和《中央地方财政平衡法》的颁布，印尼中央政府的职权逐渐下放至地方政府，地方政府在海洋资源管理上拥有更大的自主权。如《地方自治法》规定，省政府对距海岸线12海里以内的海域具有管辖权，而县/市政府对距海岸线4海里以内的海域具有管辖权。此外，在财政划分上，地方掌握着农林牧渔80%的财政收入，这使地方政府拥有充足的资金建设高素质的公务员队伍、购买必需的执法设备等，以提高地方政府的海洋资源管理能力。而在梅加瓦蒂政府时期，印尼也进行了"责权下放"（Down to Earth）的制度改革，继续推动政府权力的下放进程。

但如果从整体来看，地方政府在海洋资源管理架构中的地位实际上有所下降。1999年《地方自治法》颁布以前，省级政府作为中央政府在地方的代表，往往是各级地方政府中最具权力的行政机构，负责处理县际或市际的行政事务。但在《地方自治法》颁布以后，省级政府和县/市级政府并没有成为中央政府权力下放进程中的主角。它们与中央政府一样，其管理者的角色逐渐被弱化，而更多地扮演着一种指导者和协调者的角色。

具体而言，作为指导者机关，省市级政府在海洋资源管理中的任务主要是出台具体的法律制度和制订相应的管理计划，从而为基层政府的海洋管理工作提供支持。如自2002年以来，至少有30个省和15个县/市起草了省级或者县/市级的海岸管理制度，并制订了符合当地特色的海洋资源管理计划。这些管理制度和管理计划，不仅扩大了基层政府在海洋资源管理上的行政自主权，还使过去被印尼政府忽视的边缘群体，如渔民等，能够从中获益。此外，在地方政府内部，省级政府也可以利用其人力资源方面的优势，协助各县/市级政府审查和整合其海洋资源管理计划，提高其管理计划的科学性和合理性。[①]

而作为协调者，省市地方政府负责协调中央政府和基层政府之间的关系，并负责调解基层政府之间的横向冲突，从而使印尼的海洋管理工作能够协调一致，不出现明显的错位。如"责权下放"的政治改革启动后不久，基层政府由于尚未适应新的体制安排，它们出台的海洋管理法案出现相互重叠的情况，造成一定程度的混乱。于是，地方政府便负责厘清基层政府之间的职责范围和法律关系，协助基层政府构建一个协调一致的海洋管理法律架构。

3. 基层层次的海洋资源管理。印尼的基层政府包括乡镇政府和村政府，其中村政府是印尼中央政府权力下放进程的主角，同时也是印尼海洋资源管理的具体执行者。2004年，印尼政府出台了《村镇政务法》（Village Law on 32/2004），该法第2条第（9）款规定，只要不与印度尼西亚共和国的现行法律相违背，村级政府便可依据当地的文化传统行使其行政权力。因此，村级政府能够通过出台习惯法、制定管理条例等形式实现对海洋资源的管理。

例如，在2002年，印尼政府在北苏拉威西省米纳哈萨县（Kabupaten Minahasa）的四个村庄进行试点。试点项目的内容是由这四个村庄自行制订海洋资源管理的实施计划和具体的管理条例，经县政府批准后，这四个村庄便可根据自己的计划和条例实施对禁渔区和红树林保护区的管理，并自行开展保护海洋环境的活动。此外，马鲁古省的哈鲁库村（Haruku）也

---

① Hadi Soesastro, *Governance in Indonesia: Challenges Facing the Megawati Presidency* (Singapore: Institute of Southeast Asian Studies, 2003), p. 284.

成为了基层政府实施海洋资源管理的典范。2003年,哈鲁库村依据当地的传统习俗重新制定了资源管理条例,并按照传统的组织形式设立了一个资源管理工作组,实现了海洋资源的自主管理。这一举动得到了当地村民的大力支持,显著提高了哈鲁库村管理海洋资源的能力和效率,也证明了乡村自治在印尼的海洋资源管理工作中存在着巨大的发展潜力。[①]

由此可见,"中央引领、地方指导、基层自治"的海洋资源管理架构能够充分调动印尼各级政府在海洋资源管理方面的积极性和主动性,充分发挥政府的潜能,这对印尼海洋资源管理工作的积极影响是显而易见的。但可惜的是,梅加瓦蒂执政时间较短,这种"三层次"的海洋资源管理架构在其任内只是形成了一个初步的框架,尚未成熟。而且在苏西洛政府时期,这种海洋资源管理架构并没有得到合理的发展,因此印尼海洋资源枯竭和环境退化的问题仍在持续。

(二)梅加瓦蒂时期印尼沿海和海洋管理面临的挑战

1. 基层政府的行政能力参差不齐。印尼中央政府通过简政放权,将许多本不应掌握的权力下放至基层政府,这确实扩大了基层政府的行政自主权,并提高了印尼在海洋资源管理上的行政效率。哈鲁库村的例子也切实证明了基层政府自治对海洋资源管理所产生的积极影响。但是,哈鲁库村只是印尼数万个村庄中的一个个案,并不具有普遍性。事实上,印尼中央政府即便不再高度集中权力,也未能改变过去高度集中权力时所造成的虹吸效应,即大多数学历高、综合素质强、专业化程度深的人才仍然向中央政府集聚,这导致基层政府虽然获得了自主权,却没有足够的人力资源有效履行这些自主权。换言之,印尼大多数村庄并不具备接收行政自主权的能力。当中央政府和地方政府授权基层政府自主管理海洋资源时,基层政府并不清楚自己需要做些什么,而中央政府和地方政府又缺乏指导和监

---

① Harkes, I.H.T., "Fisheries Co-management, the Role of Local Institutions and Decentralisation in Southeast Asia: With Specific Reference to Marine Sasi in Central Maluku, Indonesia," Leiden, Scholarly Publications Leiden University, 2006, p.202.

督，这便严重影响印尼海洋资源管理的效率和效果。①

2. 海洋资源管理陷入"九龙治水"的困境。海洋资源管理往往关涉多个行政主体。正常而言，在共同利益的驱使下，多个行政主体通过协商、协同与合作，充分发挥各部门的专业优势，形成跨部门间的合力，这有利于提高海洋资源管理的效率。而印尼政府也是出于这种目的，将"国家政策制定"，"研究与资源评价"，"开发、勘探、养护与管理"，"保护管理"，"空间规划"，"执法活动"，"开垦"等7大领域的海岸管理职能授予不同的行政主体（见表3.1）。

但实际上，海洋资源由多个职能部门共同管理的现实，不仅不能够提高印尼海洋资源管理的效率，反而会使印尼政府陷入一种"九龙治水"的困境。换言之，过于强调以职能和专业化分工为导向的海洋资源管理模式容易使职能部门固守属地化的管理思维，过于关注分属于本部门的亚目标而忽视国家海洋资源管理的整体目标，最终形成各自为政的局面，并导致海洋资源管理的碎片化。更何况，印尼海洋资源管理的权限分割在各部门，其对于整体的海洋资源管理设计缺乏统一的规划，严重影响了海洋资源管理的效率。

此外，印尼政府在采取以职能和专业分工为导向的海洋资源管理模式之前，并没有对各部门的职权范围作出清晰的界定，这导致不同部门的职能范围高度重合，并在实际的海洋资源管理工作中引发了不同职能部门之间的冲突。例如，印尼海洋事务与渔业部和印尼林业部曾就国家海洋公园的管辖权归属问题产生争执。印尼海洋事务与渔业部声称，根据2001年第102号总统令的规定，国家海洋公园的管辖权应归属于印尼海洋事务与渔业部，印尼林业部属下的六个国家海洋公园也应该转移至印尼海洋事务与渔业部的名下。相反，印尼林业部认为，在2001年第102号总统令颁布以前的行政法规已经授权印尼林业部管理国家海洋公园。只要旧有的行政法规尚未被正式废除，那么国家海洋公园的管辖权便应归属于印尼林业部。

---

① Dirhamsyah, "Regional Policies and Regulations for Coral Reef Management: Case Studies on Riau Archipelago, Selayar and Biak Numfor Districts, Indonesia," *Maritime Studies* 2004, no. 136 (2004): 7-20.

由于双方对该问题争执不下，国家海洋公园的管理被搁置了下来，海洋环境保护的工作也受到了较大的影响。

由此可见，"九龙治水"的管理困境加剧了印尼政府行政效能的内耗，不同职能部门的相互牵制致使印尼的海洋资源难以得到有效管理。

表3.1　印尼政府机构在沿海和海洋资源管理方面的功能重叠

海岸资源管理活动	具体内容	参与机构
国家政策制定	开发及保护（包括勘探、采矿）	MoMAF, MoEMR, MoF
	海洋科学研究	SMRST
	污染问题（包括海洋水域）	KLH, MoCT
	海洋运输	MoCT
	一般发展规划	BAPPENAS, DMI
研究与资源评价	—	MoMAF, LIPI, BPPT, Universities
开发、勘探、养护与管理	摄政（区）水域	District Unit (DU)
	省级水域	Provincial Unit (PU)
	12海里以外，专属经济区和海底	MoMAF, MoEMR, KLH
保护管理	建立海洋保护区	MoF, MoMAF
	濒危物种贸易，海洋植物和生物群	MoF, MoTI, LIPI
	渔业，野生动物和植物检疫	MoMAF, MoF
空间规划（包括海洋水域）	国家空间规划	MoHARA, MoMAF, MoF, KLH, MoRRI, BAKOSURTANAL
	省空间规划	PU
	摄政空间规划	DU
污染监测（包括海洋水域）	—	KLH, DU, PU, MoTC
执法活动	—	POLRI, Navy, MoMAF, MoF, KLH, MoTC, DU, PU
旅游管理	—	DU, PU, SMCT
开垦	—	DU, PU, MoMAF, MoF, MoTC, KLH
海运和港口开发	—	MoTC

资料来源：缩写：DU，区级单位；PU，省级单位；MoMAF，印尼海洋事务与渔业部；MoF，印尼林业部；KLH，印尼国家环境部；MoEMR，印尼能源和矿产资源部；MoHARA，印尼内政和区域自治部；MoTI，印尼工业部；MoTC，印尼交通运输部；MoRRI，印尼移民和区域基础设施部；POLRI，印尼国家警察；SMRST，印尼国家研究、科学和技术部；SMCT，印尼国家文化和旅游部；印尼国家发展规划局；LIPI，印尼科学院；BPPT，印尼技术实施和评估委员会；DMI，印尼海事理事会。

注：1. "President of the Republic of Indonesia Number 101, 2001 about Position, Task, Function, Authority, the Organizational Arrangement, and the Country's Ministerial Workspace," Global-Regulation, 2001, accessed June 25, 2023, https://www.global-regulation.com/translation/indonesia/2971468/presidential-decree-number-101-in-2001.html.

2. "Presidential Decree Number 102, Year 2001 concerning Position, Duty, Function, Authority, and Organization of the Department," The Audit Board of the Republic of Indonesia, 2001, accessed June 25, 2023, https://peraturan.bpk.go.id/Details/57339/keppres-no-102-tahun-2001.

3. "Presidential Decree Number 103 of 2001 concerning the Position, Duties, Functions, Authority, Organization Structure," The Audit Board of the Republic of Indonesia, 2001, accessed June 25, 2023, https://peraturan.bpk.go.id/Details/57340/keppres-no-103-tahun-2001.

3. 专业人才严重匮乏。尽管梅加瓦蒂政府划拨了不少的财政预算以供印尼海洋管理部门改革管理体制、提升专业能力，但印尼科学研究和教育部门仍大量缺乏专业人才，许多大学和研究中心仍缺乏科学家和讲师。印尼拥有庞大的珊瑚礁，但政府和私营部门缺乏技术和管理能力的现状，不可避免地会影响印尼的沿海和海洋资源的管理。

4. 财政预算紧缺。自1998年经济危机以来，印尼经济并未完全恢复。经济危机影响了印尼海洋资源的管理，特别是在执法领域。金融危机迫使印尼政府将扶贫和教育作为国家预算规划的第一优先事项，执法工作被摆在最低优先事项。由于预算遭到削减，印尼所有水域的监测活动也相应减少。

5. 印尼政治家缺乏解决环境问题的政治意愿和承诺。印尼的大多数地方政治家不认为环境保护问题是重要的，环境保护不能为当地人口提供就业，不能吸引发达国家的援助，不能增加当地人口的政治利益，这导致许多潜在的保护预算被误用到其他领域。

二、渔业合作

印尼总统梅加瓦蒂于2001年8月21日至28日对东盟9国进行了访问，印尼同相关国家签定了大米进口、渔业合作、引进投资以及共同维护国际橡胶价格等方面的协定。[①]

为了维护国家稳定和经济发展，梅加瓦蒂政府加强了与东盟国家及域外大国的渔业合作。印尼政府鼓励外国投资渔业，推动周边国家开展渔业合作，积极寻求国际援助，以加速国内渔业发展，从而带动经济增长。如与中国的渔业合作，在瓦希德时期，中国和印尼签订了关于渔业合作的谅解备忘录，就共建中国与印尼合资的水产品加工企业及销售网络达成了协议，合作领域包括捕鱼、水产品加工及销售、教育及培训、渔港发展和维护、船舶修造等，为两国在渔业领域合作的顺利进行奠定了基础。梅加瓦蒂上台后的2001年12月19日，中国与印尼签署了《中华人民共和国农业部和印度尼西亚海洋事务与渔业部就利用印度尼西亚专属经济区部分总可捕量的双边安排》，规定了两国渔业合作的可操作性措施，如入渔许可、作业水域和捕捞鱼种许可、作业渔船及规格限定等内容，并设立了"中国—印尼渔业合作委员会"以加强双方在渔业上的功能性合作。[②]对中国和印尼渔业合作的具体事宜进行规范，有利于两国渔业合作的相关备忘录和协定的有效落实。2004年6月19日，印尼与中国、菲律宾和其他中西部太平洋沿岸国家以及欧盟签订了《中西部太平洋高度洄游鱼类种群养护和管理公约》，并成立了中西太平洋渔业委员会，加强公海的捕鱼管理。[③]

2004年7月16日，中国农业部和印尼海洋事务与渔业部在北京签署了

[①] 赵金川:《展示信心增强团结　梅加瓦蒂旋风式走访东盟九国》，《瞭望新闻周刊》2001年第36期，第60—61页。

[②] 林梅:《中国与印尼的渔业合作》，《东南亚研究》2008年第1期，第45—48页。

[③] "Convention on the Conservation and Management of High Migratory Fish Stocks in the Western and Central Pacific Ocean," Western & Central Pacific Fisheries Commission, accessed June 25, 2023, https://www.wcpfc.int/doc/convention-conservation-and-management-highly-migratory-fish-stocks-western-and-central-pacific.

《关于修改〈中华人民共和国农业部与印度尼西亚海洋事务与渔业部就利用印度尼西亚专属经济区部分总可捕量的双边安排〉的议定书》，对2001年12月19日签署的双边安排进行了修订，进一步明确了双方渔业合作的内容和范围。该议定书的内容主要有五点：（1）双边安排的目的是按照原则和程序，建立相互合作，根据印度尼西亚现有的规定，可授予中华人民共和国渔船利用印度尼西亚专属经济区部分总可捕量。（2）该议定书之入渔许可授予中华人民共和国渔船在阿拉弗拉海专属经济区利用大型中上层鱼类的部分总可捕量，以及廖内省以北的专属经济区和阿拉弗拉海专属经济区底层鱼类的部分总可捕量，并利用附录一所列的检查和/或上岸港口。其他用于检查和/或上岸的指定地点应由双方同意。议定书规定每一渔船将分配一个渔场。如果仍可分配中国渔船渔场，中国渔船可以转移渔场，但渔船在向另一新渔场转移前，应重新办理捕鱼许可证。（3）议定书对在印度尼西亚专属经济区进行捕鱼作业时所使用的渔具类型和规格、渔船的吨位和装备以及作业区的范围进行了详细规定。（4）该安排的修订由设立的"中国—印尼渔业合作混委会"协商进行。（5）有关协议的争端由双方协商解决。[①]

梅加瓦蒂政府还与其他国家加强渔业合作，如在2002年12月22日，印尼政府和菲律宾政府签署了一项合作协定，加强两国在安全、经济、海事等领域的合作。另外，印尼与加拿大签署了渔业合作备忘录和渔业相互承认协定，并开发和安装渔船监控系统（VMS）等。可见，梅加瓦蒂时期的印尼政府主要通过签订国际合作协定和提高技术水平的方式推动本国渔业的发展。

三、海上安全问题

（一）海盗问题

国际海事局（International Maritime Bureau, IMB）对发生在东南亚

[①]《关于修改〈中华人民共和国农业部与印度尼西亚海洋事务与渔业部就利用印度尼西亚专属经济区部分总可捕量的双边安排〉的议定书》，中华人民共和国农业农村部网站，2004年7月26日，http://www.yyj.moa.gov.cn/bjwj/201904/t20190419_6197087.htm，访问日期：2023年6月25日。

海域的海盗和海上抢劫事件做了一项数据收集（见表3.2），数据显示，在梅加瓦蒂执政的前三年，即2001—2003年，发生在印尼海域的海盗和海上掠夺事件不断增加，到了梅加瓦蒂执政的最后一年，海上安全情况才有所好转。

表3.2 1999—2008年东南亚海域海盗和海上抢劫案件发生数量

地点	1999	2000	2001	2002	2003	2004	2005	2006	2007	2008
印尼	115	119	91	103	121	94	79	50	43	28
马六甲海峡	2	75	17	16	28	38	12	11	7	2
马来西亚	18	21	19	14	5	9	3	10	9	10
新加坡海峡	14	5	7	5	2	8	7	5	3	6
菲律宾	6	9	8	10	12	4	0	6	6	7
泰国	5	8	8	5	2	4	1	1	2	0
缅甸	1	5	3	0	0	1	0	0	0	1
南中国海	3	9	4	0	2	8	6	1	3	0
柬埔寨	0	0	0	0	0	0	0	N/A	N/A	N/A
越南	2	6	8	12	15	4	10	3	5	11
总计	166	257	165	165	187	170	118	87	78	65

资料来源：International Maritime Bureau, "Piracy and Armed Robbery against Ships Annual Report," ICC FraudNet, accessed July 7, 2023, https://www.icc-ccs.org/reports/2022%20Annual%20IMB%20Piracy%20and%20Armed%20Robbery%20Report.pdf.

海上劫掠问题在印尼特别严重，究其原因当然包括很多因素。

首先，印尼的经济危机和1998年5月苏哈托总统的垮台，使印尼海军无法拥有充足的预算资金和能力覆盖国家巨大的群岛水域巡逻。印尼武装部队对失去东帝汶感到不满，士气和工作效率低下，没有动力打击海盗行为。资金不足、欠薪等原因，同样也导致了印尼武装部队没有心情对海盗采取行动。①

其次，经济危机还导致武装部队和执法机构的腐败程度增加，并迫使一些失业的水手和渔民转向犯罪。自1997年东南亚经济危机爆发以来，收入下降或完全没有经济来源（4000万印尼人失业）的穷人开始发现海盗行为十分具有诱惑力。海盗可以通过彼此合作来洗劫货轮，他们在两条船之间拉上一条绳子，然后一字排开埋伏在货轮将要经过的航线上。当货船撞击绳索时，他们的船只会向货船的两侧靠近，然后海盗使用铁抓手进行攀爬。通常，他们绑住船员，不伤害他们。他们洗劫船上任何他们可以轻易使用或销售的货物：货币、手表、无线电设备甚至系泊绳索。起初，海盗把这些突袭的所得留给自己。然而，在国际海事局的报告中，显示海盗很快就发现将赃物与各自地区的其他村民分享能带来好处，这使后者有强烈的动机保护他们免受任何警察的追查。②2002—2006年，几乎三分之二关于东南亚的海盗和海上劫掠事件的报道都发生在印尼海域，因此印尼附近海域曾多次被列为世界最危险的地区。

最后，正如我们上文在分析印尼对于海上资源管理时所陈述的那样，由于中央政府对印尼各省的控制减弱，国家领导人一致同意的政策在地方一级往往没有得到执行。因为地方政府往往只注意一些眼前经济利益，而对于采取措施打击破坏森林和海盗行为置之不理。③

东南亚重大海上恐怖主义事件的威胁可能被夸大了，但这是一个不能被排除的威胁，许多国家，特别是美国非常重视。2004年3月31日，在美国国会的证词中，美国军方最大战斗指挥官托马斯·法戈上将在美国太平洋司令部（United States Pacific Command, PACOM）发布了一个新的方案，称为了区域海上安全需要加强美国和东南亚国家之间的合作，以应对

---

① "New President, Old Problems in Indonesia," Washington Report on Middle East Affairs, October 31, 2001, accessed June 25, 2023, https://www.wrmea.org/2001-october/new-president-old-problems-in-indonesia.html.

② "New President, Old Problems in Indonesia," Washington Report on Middle East Affairs, October 31, 2001, accessed June 25, 2023, https://www.wrmea.org/2001-october/new-president-old-problems-in-indonesia.html.

③ *Ibid.*

海上的跨国安全威胁，包括恐怖主义、海盗、大规模杀伤性武器扩散和非法贩运。在其作证中，法戈表示，在业务方面，檀香山太平洋指挥部正在考虑安排"高速船舶部队"进行有效拦截，以打击海盗攻击。马来西亚和印尼政府抨击这些报告，谴责这项建议是对其主权的侵犯，并警告说，美国部队在海峡的存在只会助长东南亚的伊斯兰激进主义。

梅加瓦蒂政府深知外来压力对于印尼的海上安全可能带来巨大的影响，印尼政府愿意跟马来西亚、新加坡共同维护经马六甲等海峡进入南海地区航道的安全，也不愿美国等域外力量介入该地区。由于担心美国在海峡的军事干预（如2003年在伊拉克发生的），印尼提出了以三方协调海军巡逻来应对马六甲航道安全的提议，这一提议很快被马来西亚和新加坡所接受。2004年7月20日，印尼与马来西亚、新加坡共同开展了代号为MALSINDO的全天候协作巡航行动。然而，由于主权的敏感性，三方海军巡逻是协调的，而不是联合：每个国家负责巡逻自己海峡的一些区域并且各船仍然是由自己国家指挥，在其他参与国的主权水域下只拥有有限的"紧急追捕权"。[①] 即便是这种形式十分简单的协作，已经在2004年给沿岸国家带来了巨大的效益。

（二）海上安全能力的建设

尽管印尼是东南亚综合实力最强的国家，拥有2.6亿人口，是世界第四人口大国，其人口和领土面积都让东南亚邻国相形见绌，但印尼军事力量尤其是海军力量在维系其海上安全上有些力不从心。一方面，印尼军队人数相对较少，根据官方的数字，印尼陆军有24万人，海军4万人，空军2.8万人，但实际人数要低于这些数字，尽管不能肯定具体缺编多少。弱小的海空军不足以完成印尼1.7万个岛屿的巡逻任务。[②] 另一方面，军费开支逐渐在印尼国家财政预算中处于较低的比例，印尼2002年的国防预算为14.45亿美元，军队的武器系统亟须现代化。优先项目包括：提高战略机动能力和空中及海上的警戒能力，以保护其渔业资源免被非法捕猎，加强

[①] Storey, Ian, "Maritime Security in Southeast Asia: Two Cheers for Regional Cooperation," *Southeast Asian Affairs* (2009): 36-58.

[②] 叶子凡：《千岛之虎——面向新世纪的印尼军队发展趋势》，《国际展望》2001年第23期，第77页。

打击海盗及走私行为。防空系统、装甲装备和输送系统同样需要改进。这需要增加训练和装备的经费，以及外国的支持。资金来自政府预算和军队的商业帝国，外国援助可来自贷款和易货交易。最关键的还是得依赖印尼的经济复苏为军队的装备增加资金。①

综上所述，梅加瓦蒂时期的印尼海权战略把重心放在了海洋资源管理和海洋经济合作方面。虽然打击海盗、维护海上安全在梅加瓦蒂执政的最后一年得到了一定的改善，但是基于国内政治、经济环境的影响，印尼海权建设在维护海上安全和海军建设方面仍然有很多需要改进的地方。

第四节 苏西洛政府时期的印尼海权战略

2004年，苏西洛就任印尼总统，此时的印尼政治民主化进程稳步推进，经济上也走出了亚洲金融风暴的阴霾，外交上开始更为积极，既不参加军事联盟又保持联通性，与外界保持健康的接触，并体现印尼的国家认同。印尼是世界上人口第四大国、世界上穆斯林人口最多的国家、世界上第三大"民主国家"。基于这些现实，印尼的国家认同是一个集民主、伊斯兰和现代化发展于一身的国家。②

苏西洛政府时期，印尼为实现国家利益，在外交上提出"千友零敌"（a thousand friends, zero enemy）外交政策，"千友零敌"是苏西洛政府全方位外交思想的基础。在具体落实上，印尼主要发展和改善与其他国家和国际组织的关系，通过双边和多边合作的方式致力于在国际社会促进公平和秩序，为国家统一和经济发展营造稳定的区域环境。2010年8月17日，苏西洛总统发表国情咨文，在印尼国家身份的基础上重新定位外长政策目标。一方面，印尼将自身塑造成东南亚地区一个负责任的大国，发挥其应有的作用；另一方面，与第三世界国家站在一起，在西方民主国家与

---

① 叶子凡：《千岛之虎——面向新世纪的印尼军队发展趋势》，《国际展望》2001年第23期，第77页。

② Susilo Bambang Yudhoyono, "Speech before the Indonesian Council on World Affairs," President Republic of the Indonesia, May 19, 2005, accessed June 26, 2023, http://www.presidenri.go.id/index.php/pidato/2005/05/19/332.html.

伊斯兰世界之间发挥桥梁作用，以提高印尼在国际社会中的国际地位和影响力。[1]

随着国内经济的好转、政治的逐渐稳定，苏西洛时期的印尼外交政策也开始变得更加积极主动。这些转变都为印尼海权战略的制定打下了坚实的基础，这就使得梅加瓦蒂时期未成形的海权战略在苏西洛执政时期得到确定以及完善。2007年，苏西洛设立了一个咨询机构——印尼海洋委员会（Dewan Kelautan Indonesia），以规划海洋政策。[2] 苏西洛时期的海权战略主要从三个大的方面展开：海洋经济战略、主要的海上威胁和海上争端、海上防务战略。

一、海洋经济战略——"蓝色经济"

海洋经济在印尼的国民经济中占有重要地位。由表3.3可知，苏西洛政府执政之初的2004年，印尼的海洋经济在国民生产总值中的占比达到了20.83%，其中能源和矿产资源、海洋渔业和炼油业占比最高，分别达到9.38%、2.66%和2.05%。这表明，作为国民经济的重要支柱，海洋经济必然是苏西洛政府的施政重点。

表3.3 2001—2005年印尼海洋经济对国民经济的贡献率

单位：在GDP中的占比（%）

序号	行业	2001	2002	2003	2004	2005
1	海洋渔业	2.43	2.56	2.59	2.66	2.79
2	能源和矿产资源	9.29	9.32	9.36	9.38	9.13
3	海洋工业	—	—	—	—	—
4	炼油	2.09	2.00	2.01	2.05	2.10
5	液化天然气	1.20	1.11	1.13	1.12	1.14
6	其他	0.51	0.70	0.71	0.51	0.43
7	海洋交通运输	0.74	1.39	1.67	1.49	1.48

---

[1] 闫坤:《新时期印度尼西亚全方位外交战略解析》,《东南亚纵横》2012年第1期,第13—19页。

[2] Anwar, Dewi Fortuna, "The Emergence of Indonesia's Ocean Policy," *RSIS Commentary* 28, (2018): 89-103.

续表

序号	行业	2001	2002	2003	2004	2005
8	海洋旅游	1.47	1.56	1.52	1.51	1.52
9	海洋基础设施	0.96	0.96	0.50	0.77	1.01
10	海洋服务业	1.46	1.20	1.28	1.34	1.32
11	合计	20.15	20.71	20.77	20.83	22.42

数据来源：根据2001—2005年的《印度尼西亚统计年鉴》（Statistik Indonesia）自行整理而成，参见https://www.bps.go.id/id/publication?keyword=Statistik+Indonesia&sort=latest。

海洋经济对国民经济和就业的重要作用，促使印尼政府把海洋和渔业作为国家工业化的重要领域。但在海洋和渔业工业化的进程中，印尼政府面临着巨大的挑战，包括：沿海社区的贫困人口比例较高；欠发达居民区的基础设施不足；沿海地区社会组织的完整性和独立性低；破坏和过度开发沿海资源的行为猖獗；公众与政府的不同步造成的政策失衡；缺乏海事领域合格的人力资源。所以，为了扫清海洋经济发展的障碍，顺利实现海洋和渔业工业化，印尼政府提出了"蓝色经济"发展战略。[1]

"蓝色经济"这一概念最早由比利时经济学家冈特·鲍利（Gunter Pauli）提出，指的是一种由海洋与陆地相结合的经济发展模式，强调通过技术优化来提高海洋资源的利用水平。[2] 这种经济发展模式有两个原则：一是自然效率原则，即蓝色经济强调向大自然学习，研究大自然是如何有效运作的，并试图从大自然的运作逻辑中发现一套能够应用于生产的循环模式。二是零废弃物原则，这意味着要创造一种没有废弃物的经济活动，以

---

[1] Prayuda, Rendi, "Strategi Indonesia dalam Implementasi Konsep Blue Economy Terhadap Pemberdayaan Masyarakat Pesisir di Era Masyarakat Ekonomi Asean," *Indonesian Journal of International Relations* 3, no. 2 (2019): 46-64.

[2] "Kebijakan Ekonomi Kelautan Model Ekonomi Biru," Academia, 31 Desember 2012, diakses 27 Juni 2023, https://www.academia.edu/12362034/Kebijakan_Ekonomi_Kelautan_Dengan_Model_Ekonomi_Biru。

保持生态系统的平衡性和可持续性。① 所以，蓝色经济也是一种以大自然为灵感的能够实现自我循环的生态工业模式，② 这种模式可以帮助印尼提高资源运用效率，将原本稀缺的资源变得更为丰富，也能够在改善经济的同时保护海洋生态系统。

虽然印尼政府在2012年才正式提出要实施蓝色经济发展战略，但它很早便意识到发展蓝色经济的重要性。在20世纪，印尼就和东亚国家一道投身于对虾养殖的"蓝色革命"中，各国认为依托广阔的海洋发展蓝色经济对解决国内就业、贫困、基础设施落后等问题具有重要意义。另外，通过实施海洋与渔业工业化，印尼能够实现海洋和渔业经济的增长，确保资源的连续性以及对海岸带与海洋环境进行有效保护，这样便可以使海洋开发摆脱过多倚重资源和环境开发的发展模式，促进海洋和渔业的可持续发展。①

2007年印尼政府制定了《关于2005—2025年国家长期发展计划的法案》，该法案第4章对2005—2025年印尼海洋和渔业的发展做了详细的规划。规划中包含了五大支柱，即海洋文化、海洋治理、海洋安全、海洋经济和海洋环境，其中海洋经济和海洋环境两方面的规划包含了大多数公认的蓝色经济原则，如要通过模仿自然生态系统，实现在不破坏环境的情况下为人类生产产品和提供服务。④

---

① Rani, Faisyal and Wulandari Cahyasari, "Motivasi Indonesia dalam Menerapkan Model Kebijakan Blue Economy Masa Pemerintahan Joko Widodo," *Transnasional* 7, no. 1 (2015): 1914-1928.

② Mahardianingtyas, Sofia, Dhian Adhetiya Safitra and Alfado Agustio, "A Blue Economy for Better Economic Development: A Case Study of East Nusa Tenggara, Indonesia," paper presented at the annual meeting for Asia Pacific Business and Economics Conference, Jakarta, Indonesia, January 17-19, 2018.

① Mahardianingtyas, Sofia, Dhian Adhetiya Safitra and Alfado Agustio, "A Blue Economy for Better Economic Development: A Case Study of East Nusa Tenggara, Indonesia," paper presented at the annual meeting for Asia Pacific Business and Economics Conference, Jakarta, Indonesia, January 17-19, 2018.

④ "Law of the Republic of Indonesia Number 17 of 2007 on Long-term National Development Plan of 2005-2025," Food and Agriculture Organization of the United Nations, accessed June 29, 2023, https://www.fao.org/faolex/results/details/en/c/LEX-FAOC202491/.

2008年，印尼海洋与渔业部制定并实施了称为"蓝色革命政策"的海洋和渔业大战略，目标是在海洋与渔业工业化的过程中，通过加强人力资源和机构的整合、可持续地管理海洋和渔业资源、提高海洋和渔业的生产力和竞争力以及开拓国内外市场等四大措施，致力于在2015年把印尼建设成为全球最大的海洋和渔业产品生产国。

在这一战略的影响下，印尼政府在2009年5月与马来西亚、巴布亚新几内亚、菲律宾、所罗门群岛、东帝汶五国政府签署了针对珊瑚礁、渔业和粮食安全问题的珊瑚三角区倡议（Coral Triangle Initiative on Coral Reefs, Fisheries and Food Security, CTI-CFF）。作为倡议的一部分，印尼海洋事务与渔业部启动了改善标签系统、冷链系统、监控系统和生命系统等四大系统的计划，以维持金枪鱼业的发展。[①] 另外，在2010年10月举行的亚太经合组织会议上，印尼海洋事务与渔业部还宣布建立多个海洋保护区，并通过与区域渔业管理组织（Regional Fisheries Management Organizations, RFMOs）等国际组织合作来实施渔业管理，维持捕鱼业的发展。

2012年1月，在莫斯科召开的第一届APEC高级官员会议（SOM）上，印尼首次提出了"促进蓝色经济"的概念，并在该年喀山APEC论坛上将蓝色经济的概念与粮食安全及气候变化议题结合起来。印尼海洋事务与渔业部也将蓝色经济定义为"以可持续发展原则为基础，通过创新手段优化社会资本的包容性和资源使用效率，并通过最大程度减少废弃物产生，实现经济增长、社会福利增加以及对环境的保护"。此外，印尼海洋事务与渔业部还认为蓝色经济的概念，尤其是其中的零废弃物原则能够很好地应用于金枪鱼捕捞和加工业以及海藻养殖业当中，使这些产业形成的废弃物能够进一步产生利润，并能够吸引更多的私人资本加入到蓝色经济的发展

[①] "Coral Triangle Initiative on Coral Reefs, Fisheries and Food Security (CTI-CFF)," Ministry of Foreign Affairs of the Republic of Indonesia, May 19, 2023, accessed June 25, 2023, https://kemlu.go.id/portal/en/read/136/halaman_list_lainnya/coral-triangle-initiative-on-coral-reefs-fisheries-and-food-security-cti-cff#!.

中来。① 而且，在印尼政府看来，蓝色经济旨在支持一种以创新为基础的具有可持续性和竞争力的商业框架，这一框架能够为所有利益攸关者提供平等的发展机会，由此实现社会公平和对环境友好的目标。②

2012年6月，在联合国可持续发展大会（"里约+20峰会"）上，印尼总统苏西洛宣布为了保证食物安全，印尼需要确保海洋和海岸带的健康，确保海洋和海岸带区域实现平等且可持续的增长，③印尼将根据本国地理特征实施蓝色经济发展计划，并呼吁全球完成"可持续发展目标"。另外，印尼政府也在区域渔业管理组织（RFMO）会议、粮食安全与蓝色增长全球海洋行动峰会等国际会议上宣传其实施蓝色经济政策的承诺，并强调了印尼在建设海洋保护区、开展国际合作以及打击非法、不报告和不管制（IUU）渔船等方面的成功。为了保证蓝色经济发展计划的顺利实施，印尼海洋事务与渔业部在同年制定了《2013—2025年蓝色经济路线图》，该路线图包含三个发展阶段：试点阶段，印尼将在2013—2014年完成蓝色经济试点项目；加速和扩展阶段，印尼将在2015—2019年将蓝色经济发展计划扩展至印尼的其他地区；全面实施阶段，印尼将在2020—2025年在整个群岛全面实施蓝色经济，以实现资源的可持续和经济的稳定增长。此外，印尼海洋事务与渔业部还发布了《蓝色经济模式下的海洋经济政策》，提出印尼的蓝色经济发展战略四大目标：改善人力资源；保证海洋和渔业领域的粮食安全；提高产能、增加产量、增强竞争力；通过产品多样化增加产品价值。对于这四大目标，印尼政府将通过加强渔业贸易和渔业保护，确保质量保证机制符合国际标准，实现零废弃物排放，增强营销能力等四种做法加以实现。而蓝色经济具体的实施计划则如图3.1所示：前述蓝色经

---

① "Keynote Speech Minister of Marine Affairs and Fisheries of the Republic of Indonesia in Opening Ceremony of the Asia Pacific Region Discussion Forum on Blue Economy," Ministry of Marine Affairs and Fisheries (MMAF), June 24, 2014, accessed June 25, 2023, http://www.kkp.go.id/pelabuhan/index.php/welcome/profil_pelabuhan/pv13/159/.

② Marbun, Saiful, "Fisheries Industrialisation and Blue Economy Policies in Indonesia: Impacts on Tuna Fisheries in Cilacap and Seaweed Farmers in Nusa Penida," PhD diss., University of New South Wales, 2016.

③ 王晓惠、赵鹏：《印度尼西亚蓝色经济发展现状》，《海洋经济》2013年第4期，第53—60页。

济的四大目标被纳入经济增长、社会繁荣公平和环境可持续三个宏观目标之下。为了实现这三个宏观目标，印尼政府将实施蓝色经济投资计划，其中海洋和海岸空间计划、海洋生物多样性保护、社区赋能和商业发展、小岛屿发展等构成了这一计划的全部内容。而法律法规的制定、许可证的授予、激励政策的出台以及执法监管的加强等便是推动计划有效落实的具体手段。

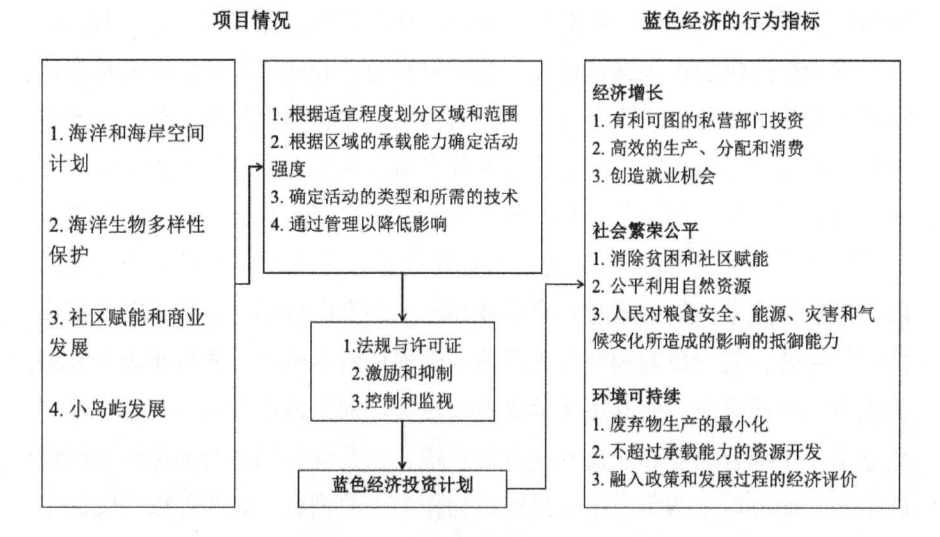

项目情况		蓝色经济的行为指标
1. 海洋和海岸空间计划 2. 海洋生物多样性保护 3. 社区赋能和商业发展 4. 小岛屿发展	1. 根据适宜程度划分区域和范围 2. 根据区域的承载能力确定活动强度 3. 确定活动的类型和所需的技术 4. 通过管理以降低影响 ↓ 1. 法规与许可证 2. 激励和抑制 3. 控制和监视 ↓ 蓝色经济投资计划	**经济增长** 1. 有利可图的私营部门投资 2. 高效的生产、分配和消费 3. 创造就业机会 **社会繁荣公平** 1. 消除贫困和社区赋能 2. 公平利用自然资源 3. 人民对粮食安全、能源、灾害和气候变化所造成的影响的抵御能力 **环境可持续** 1. 废弃物生产的最小化 2. 不超过承载能力的资源开发 3. 融入政策和发展过程的经济评价

图 3.1　印尼蓝色经济实施计划

资料来源：Marbun, Saiful, "Fisheries Industrialisation and Blue Economy Policies in Indonesia: Impacts on Tuna Fisheries in Cilacap and Seaweed Farmers in Nusa Penida," PhD diss., University of New South Wales, 2016.

2014年10月17日，印尼政府颁布了第32号《海洋法》，该法第1部分第6章第14条规定："中央政府和地方政府要根据海洋管理的权力，基于蓝色经济原则利用和开发海洋资源，为人民谋求最大的繁荣。"同时，该法将蓝色经济的概念描述为一种对海洋保护区、海岸资源及其生态系统进行可持续性管理以实现经济增长的方法，该方法遵循四项原则，即社区参与原则、资源效率原则、浪费最小化原则、多重增值（多重收入）原则。这四项原则旨在通过维持代内和代际的可持续发展以及自然潜力的长期可持续来实现经济社会的稳定。另外，《海洋法》中提到的"海洋经济"也表明印尼正致力于可持续发展政策。①

除了制定相关的法律法规和政府政策，蓝色经济的发展还表现在印尼政府的具体实践中。2012年，印尼政府与蓝色经济控股公司总裁冈特·鲍利（Gunter Pauli）签署了一份谅解备忘录，将蓝色经济概念应用于该年努沙佩尼达的一个试点项目。在这个项目中，鲍利分析了努沙佩尼达的地区潜力，并为印尼政府提供了一份行动建议报告，该报告包含五个可以实施的具体举措，分别为：政府将确定可以在海洋和渔业领域内进行蓝色经济开发的投资机会；根据蓝色经济模式发展商业和促进投资，这将首先从海藻养殖业、盐业、捕捞渔业、小岛屿的可持续管理等几项主要活动开始进行；通过培养未来的青年企业家来开发海洋和渔业领域的人力资本；分发与蓝色经济相关的文件材料，向公众传播蓝色经济原则；进一步促进蓝色经济国际合作。②此外，蓝色经济原则也成功地应用于由私人企业赞助的小型项目之中，如中爪哇一家企业建立了一个由海藻、遮目鱼和虾组成的混养系统，其中鱼粪和虾粪为海藻养殖提供营养来源，而海藻为鱼和虾提供氧气和避难所，使其免受捕食者的侵害。同为该地区的另一家企业则建立了一个综合渔业和家禽养殖业的系统，该系统利用鸡粪加速浮游植物的生长，而池塘中的鱼类则把浮游植物作为天然饲料。这些养殖系统的创新不仅创造了更多的就业机会，也使得当地农民的收入由80美元增加至120美元。③

印尼政府还通过加强国际合作推动蓝色经济计划的实施。在印尼与中国的合作方面，2012年3月22日，印尼政府和中国政府成立了中国—印尼海洋与气候中心（Indonesia-China Centre for Ocean and Climate,

---

① "Law of the Republic of Indonesia No. 32 of 2014 about the Sea," Food and Agriculture Organization of the United Nations, accessed June 25, 2023, https://www.fao.org/faolex/results/details/en/c/LEX-FAOC161826/.

② "Blue Economy: Denyut Nadi Pembangunan Berkelanjutan," Antara News, 28 November 2012, diakses 28 Juni 2023, https://www.antaranews.com/berita/345733/blue-economy-denyut-nadi-pembangunan-berkelanjutan.

③ Zulham, Armen, et al., "Assesment Blue Economy: Implementasi Integrated Multi-Tropic Aquaculture (IMTA) pada Kawasan KIMBis Cakradonya di Banda Aceh," *Buletin Ilmiah Marina Sosial Ekonomi Kelautan dan Perikanan* 8, no. 2 (2013): 55-65.

ICCOC）。作为这一合作关系的一部分，中国政府承诺为印尼一个为期五年的项目提供1.257亿美元的资金支持，这笔资金将用于与渔业可持续发展、气候变化、粮食安全等领域相关的经济研究和教育活动之中。而且在另一个涉及深海勘探的项目中，中国政府还承诺向印尼提供研究船。[1] 2014年10月14日，为加强渔业捕捞合作，印尼政府和中国政府还签署了《中华人民共和国农业部和印度尼西亚共和国海洋事务与渔业部渔业合作谅解备忘录有关促进捕捞渔业合作的执行安排》，该执行安排明确了捕捞合作模式，规定中国企业应通过在印尼设立合资企业的方式开展合作。[2]

在印尼和美国的合作方面，2010年印尼海洋事务与渔业部和美国国家海洋与大气管理局、美国商务部签署了《关于海洋和渔业科学、技术与应用合作的谅解备忘录》，该谅解备忘录在渔业方面规定了7个合作领域，即鱼类产品的销售和加工，包括食品安全互认安排；为双方提供培训、教育和交流的机会；通过RANET传播、分发和分享海洋、渔业和海洋灾害的信息；进行负责任的渔业实践；能力建设；交换海洋和渔业的数据和信息；发展水产养殖。[3] 2014年，印尼海洋事务与渔业部和美国国际开发署也开展了合作。双方根据美国—印度尼西亚全面伙伴关系制定了一项为期5年的联合行动计划，意在解决两个问题：可持续渔业的应用和气候变化问题；支持印尼实施蓝色经济。在这项合作计划中，美国政府承诺投入3720万美元用于罗得岛大学（University of Rhode Island, URI）、美国国家海洋与大气管理局（National Oceanic and Atmospheric Administration,

---

[1] "MMAF Develops Environment Friendly Technology for Fishers," Antara News, November 29, 2012, accessed June 28, 2023, http://www.antaranews.com/berita/345897/kkp-kembangkan-teknologiramah-lingkungan-bagi-nelayan.

[2] 《中印尼签署捕捞合作执行安排》，中华人民共和国农业农村部网站，2014年10月15日，http://www.moa.gov.cn/xw/zwdt/201410/t20141015_4105841.htm，访问日期：2023年6月28日。

[3] "Memorandum of Understanding between the Nationa Oceanic and Atmospheric Administration U.S. Department of Commerce of the United States of America and the Ministry of Marine Affairs and Fisheries of the Republic of Indonesia on Marine and Fisheries Science, Technology and Applications Cooperation," Presiden Republik Indonesia, 2014, accessed June 28, 2023, https://2009-2017.state.gov/documents/organization/137062.pdf.

NOAA)、印度尼西亚海洋和气候支持机构（Indonesia Marine and Climate Support, IMACS）等之间的合作。该项目以西努沙登加拉省的龙目岛为执行地点，其具体任务包括人力资源开发、鱼类资源数据收集、政策制定、法律执行、社区发展以及对可持续渔业的具体应用和气候变化的适应进行技术援助，[①] 其中对印尼沿海栖息地气候适应工具（I-CATCH）的开发是双方合作的一个重点任务。

另外，作为由法国开发署（Agence Française de Développement, AFD）资助的空间海洋学基础设施发展（INDESCO）项目的一部分，印尼政府和法国政府也于2012年签署了合作协定，评估在中爪哇省南部的芝拉扎（Cilacap）建立一个生态港（环境友好型港口）的可能性。法国政府还为INDESCO项目提供了3220万美元软贷款的支持，以用于渔业管理活动，包括通过卫星数据监测鱼类种群和打击非法、不报告、不管制渔船。

2014年5月，印尼政府与荷兰政府展开合作。荷兰政府联合瓦赫宁根大学（Wageningen University & Research, WUR）和荷兰企业，承诺在捕捞渔业和水产养殖业领域支持一项名为"Fish and Aqua Indoneisa"的蓝色经济项目，该项目为期三年，价值585万美元，重点关注鱼类产品的可用性和安全性。[②] 同年，联合国粮农组织与印尼海洋事务与渔业部展开合作，计划从2014年到2018年在西努沙登加拉省的龙目岛东部和中部实施蓝色经济。双方同意在当地实施渔业有关的各种项目，包括捕鱼业、鱼类养殖业、能源、旅游业、盐业和珍珠工业，预计该计划将创造77,000个新的就业岗位和每年约1.4294亿美元的收入，该项目也得到了世界银行的资金支持。[③]

---

① Marbun, Saiful, "Fisheries Industrialisation and Blue Economy Policies in Indonesia: Impacts on Tuna Fisheries in Cilacap and Seaweed Farmers in Nusa Penida," PhD diss., University of New South Wales, 2016.

② "Fisheries and Aquaculture for Food Security in Indonesia," Wageningenur, July 29, 2014, accessed June 28, 2023, http://wageningenur.nl/en/project/fafi.htm.

③ "The World Bank Agreed to Fund Coastal Area Development," Harian Terbit, February 18, 2015, accessed June 28, 2023, http://harianterbit.com/hanterekonomi/read/2015/02/18/19875/21/21/Ekonomi%ADBiru%ADBank%ADDunia%ADSiap%ADBiayai%ADKawasan%ADPesisir1/6.

二、海洋外交战略

2004—2009年，在苏西洛总统第一任期期间，为维护国内稳定、恢复印尼经济、重塑印尼的国际形象，印尼政府延续梅加瓦蒂时期的外交政策，坚守"独立"和"积极"的外交政策原则，继续奉行大国平衡的外交战略，强调与主要大国加强合作关系。但随着印尼逐渐完成国内的民主转型、印尼的经济社会也得到较快的发展，苏西洛总统在其第二任期期间，把"富强、民主、公正"作为印尼新一轮改革的目标，并提出要改变过去的外交战略，强调全方位外交。[①]

2010年1月8日，印尼外长那塔雷加瓦（Marty M. Natalegawa）在一份声明中提出了"千友零敌"的外交思想，该思想成了苏西洛总统全方位外交的基础。声明中提到，印尼将通过双边关系及多边组织改善与其他国家的关系，致力于在国际社会促进公平和秩序，推进能够促进经济发展的更好的投资政策，推进民主及地区稳定发展，保护印尼公民，维护国家统一，争取建立更为有效的外交政策机制。同年8月，苏西洛总统发表国情咨文，正式提出"全方位外交"的外交战略理念，并认为印尼要塑造一种和谐的国际战略环境，即"没有一个国家认为印尼是敌人，印尼认为没有哪个国家是敌人。因此，印尼可以从四面八方自由行使外交政策，拥有一百万朋友和零敌人"。2012年，苏西洛总统在威尔顿公园发表演说，强调印尼将会在国际社会扮演五种角色，分别为规则制定者、和平维护者、共识构建者、桥梁建设者以及发展中国家的传声筒。与此同时，印尼将努力践行和平、人权、民主、正义、平等、宽容等"普世价值观"，争取成为"良好的国际公民"。[②]

而作为国家外交战略的延伸，印尼的海洋外交战略同样贯彻了"全方位外交"的理念，强调坚持平等和民主的原则，营造和谐稳定的海洋环境。

[①] 闫坤：《新时期印度尼西亚全方位外交战略解析》，《东南亚纵横》2012年第1期，第13—19页。

[②] Rosyidin, Mohamad, "The Road to 'Niche Diplomacy': Comparing Indonesia's Middle Power Diplomacy under Susilo Bambang Yudhoyono and Joko Widodo," *International Conference on Social Politics* 4, no. 1 (2016): 749-757.

这主要体现在两个方面，一是印尼主张以和平的方式解决与周边国家之间的海上争端；二是印尼主动承担维护地区和平的责任，调解东南亚其他国家之间的海上争端，努力维持周边国家间的良好关系。

（一）海上争端的和平解决

自苏西洛总统提出"全方位外交"的外交战略理念后，印尼努力成为一个始终走和平道路的国家。于是，对于过去经常引发印尼与周边国家之间激烈冲突的海域划界争端或者海洋权益争端，苏西洛政府都选择通过外交手段和平解决，以维系印尼与周边国家的友好关系。这一点，在印尼与菲律宾、马来西亚等国解决海上争端的具体实践中体现得尤为明显。

1. 印尼与菲律宾海域划界争端的和平解决。根据1982年《联合国海洋法公约》，印尼与菲律宾均属群岛国家，双方除依据公布的群岛基线享有领海、毗邻区外，还可以主张200海里专属经济区。由于印尼与菲律宾是邻国依照《联合国海洋法公约》在棉兰老海、西里伯斯海以及太平洋菲律宾海南部海域存在专属经济区重叠的问题。针对该问题，两国自1994年起开始就相关海域划界问题开展谈判。其中，菲律宾依据1898年《西班牙条约》的规定，主张棉兰老海和西里伯斯海属于菲律宾领土；而印尼则依据1982年《联合国海洋法公约》主张棉兰老海和西里伯斯海属于印尼的专属经济区，印尼具有在该海域开发海洋资源的权利。由于双方各执一词，专属经济区重叠问题长期得不到解决。

2011年，在苏西洛总统提出"全方位外交"的外交战略理念后不久，印尼高度重视在海洋事务上加强与菲律宾合作的重要性。因此，即便两国尚未就海域划界争端达成任何协定，但印尼政府仍向对方表达了合作的意愿，同意在海域划界等问题上加强沟通协调，并在多个领域开展双边合作。同年12月，印尼和菲律宾在马尼拉举行了印尼菲律宾双边合作联委会机制第五次会议，承诺全面审查和更新此前达成的协定，有序落实各领域的合作，不断激发双边关系的活力。菲律宾外长德尔罗萨里奥（Del Rosario）也在会上表示："此次菲律宾印尼双边合作联委会机制第五次会议，充分体现了两国深厚而持久的友谊。"这为后来印尼与菲律宾的海域划界谈判营造了良好和谐的氛围。①

此次会议结束后不久，菲律宾外交部便制定了"法治至上"的外交战略，提出要根据《联合国海洋法公约》和平解决海上争端。于是，菲律宾政府考虑重新开启与印尼的海域划界谈判，并向印尼方建议尽速解决两国的海域划界问题。菲律宾政府的建议受到印尼政府的热烈欢迎。2014年2月24日，印尼菲律宾双边合作联委会机制第六次会议在印尼雅加达召开。会上，印尼和菲律宾表达了维护两国关系和谐的强烈意愿，强调两国将致力于以平等、公正的方式化解一切主权争端。另外，会议还进一步讨论了有关国防、安全、贸易和投资、海洋合作和边境合作等领域的问题，并制定了《印度尼西亚—菲律宾三年行动计划（2014—2016年）》。该行动计划为两国的双边合作制定了路线图和时间表，重申了两国在国际法的基础上解决海域划界问题的原则，有力推动了两国长达20年的海域划界谈判进程。

2014年2—5月，印尼和菲律宾召开了八次常设海洋事务联合工作组会议，这为两国就棉兰老海和西里伯斯海的专属经济区划界问题达成一致意见铺平了道路。2014年5月19日，印尼与菲律宾两国政府完成了在棉兰老海和西里伯斯海专属经济区的划界谈判。5月23日，印尼外长马蒂和菲律宾外长德尔罗萨里奥代表两国政府正式签署了划界协定。自此，印尼菲律宾长达20年的海域划界谈判终于落下了帷幕。②

由此可见，印尼所提出的以"千友零敌"为基础的"全方位外交"理念建设性地改变了东南亚国家对印尼的看法，使印尼过去的对手变成了朋友，使过去的朋友变成了印尼的战略伙伴，从而有效地推动了印尼与邻国海上争端的和平解决，维护了东南亚的地区和平与稳定。此外，这也证明了相较于以硬实力为支撑的海洋外交，以软实力为支撑的海洋外交更有利

---

① Meilisa, Ircha Tri, "Co-operative Maritime Diplomacy: The Resolution of the Philippines-Indonesia Maritime Border Dispute (1994-2014)," *Andalas Journal of International Studies (AJIS)* 7, no.2 (2018): 130-148.

② 《菲律宾和印尼签署海上划界协议》，BBC News中文网，2014年5月23日，https://www.bbc.com/zhongwen/simp/world/2014/05/140523_philippines_indonesia_maritime_border，访问日期：2023年6月29日。

于外交使命的达成和国家外交影响力的提高。这正如苏西洛总统在主持印尼菲律宾海上专属经济区划界协定签署仪式上所说的："这是一个范例,很好的典范,包括海上划界在内的任何争端都能够和平解决。解决这些问题其实可以不使用武力,使用武力会危害到地区的稳定及和平。"[①]

2. 印尼与马来西亚和平解决海上争端的努力。印尼与马来西亚的海上争端由来已久。自20世纪60年代关于利吉丹岛和西巴丹岛的主权之争开始,两国就因海域划界、海洋开发等问题进行了多次谈判,其中也不乏激烈的冲突。而且由于历史因素与现实因素的双重叠加,印尼与马来西亚之间的矛盾不断加深,两国解决海上争端的进程十分曲折。在苏西洛政府时期,印尼与马来西亚甚至因领海主权问题一度处于战争的边缘。但是,与过去不同的是,苏西洛政府时期的印马关系呈现明显的阶段性特征。具体而言,在苏西洛总统的第一任期期间,印尼在领海主权问题上持强硬立场,坚决拒绝将领海主权问题提交给国际法院解决,甚至不惜动用武力;但在苏西洛总统的第二任期期间,印尼的态度有所软化,更加强调与马来西亚之间的友好合作,转而主张通过协商谈判解决双边的海上争端。

在苏西洛总统的第一任期期间（2004—2009年）,印尼与马来西亚因安巴特拉海的石油开采权问题发生了严重冲突。安巴特拉（Ambalat）海位于加里曼丹岛东侧,拥有丰富的石油和天然气资源,在经济上具有很高的战略意义。2002年,国际法院将位于安巴特拉海域的利吉丹岛和西巴丹岛的主权判决给了马来西亚,这促使马来西亚认为两岛附近的海域均属马来西亚所有。于是,2005年2月16日,马来西亚将位于安巴特拉海域的ND-6和ND-7两个区块的油气开采权授予了荷兰壳牌石油公司。但由于其中的ND-6板块与印尼所界定的本国领海范围相重叠,因此引发了印尼强烈的抗议。[②] 在印尼的外交照会遭到马来西亚的拒绝后,双方均诉诸武力作为对这件事情的回应。2005年3月3日,马来西亚派遣侦察机在印尼领

[①] 《菲律宾和印尼签署海上划界协议》,BBC News中文网,2014年5月23日,https://www.bbc.com/zhongwen/simp/world/2014/05/140523_philippines_indonesia_maritime_border,访问日期：2023年6月29日。

[②] 许利平、薛松、刘畅：《列国志——印度尼西亚》,社会科学文献出版社,2019年,第408—462页。

土上空进行了10分钟的飞行，而印尼则在利吉丹岛和西巴丹岛附近的珊瑚礁建造了一座灯塔。4月10日，两国海军相互挑衅，印尼的"特东"号（Tedong Naga）巡逻舰与马来西亚的"仁从"号（KD Rencong）濒海任务舰发生三次碰撞，局势一度面临失控的危险。幸运的是，两国政府均意识到了发生武装冲突的危害性，及时控制住了冲突升级的局面，双方的争端暂时得以平息。[①]

印尼与马来西亚在安巴特拉海的冲突导致东南亚局势一度升温。但事实上，这一海上争端存在三种和平解决的方案，并不必非得诉诸武力：一是联合开发；二是上诉至国际法院；三是进行双边谈判。但前两种方案均遭到印尼政府的坚决否定，而第三种方案虽被双方所接受，但长期以来几乎毫无进展。2005年3月，安巴特拉海上冲突爆发后不久，马来西亚政府便向印尼政府提议以某种形式共同开发该海域的油气资源。但立即遭印尼外交部一名高级官员否决。2006年，印尼外长哈桑（Hassan）再次重申印尼的立场，他宣称："我们有兴趣一劳永逸地解决争端，但联合开发是不可能的。"而至于另一种方案，即将争端上诉至国际法院，在冲突一开始时便被苏西洛总统断然拒绝。而印尼外交部在2009年也重申，将争端诉诸国际法院的可能性"微乎其微"。于是，在否定前两种方案后，印尼政府与马来西亚政府组建了一个"技术委员会"，以对领海主权问题进行谈判。2005—2009年，两国共召开十多次技术委员会会议，但谈判过程非常艰难，双方都不肯让步。有学者认为，印尼政府只认可谈判的结果是将利吉丹岛和西巴丹岛附近海域的主权判归印尼，因此印尼参与谈判的目的是要迫使马来西亚在安巴特拉海问题上作出让步。由此看来，印尼在安巴特拉海问题上始终保持强硬的立场，两国的海上争端似乎不存在和平解决的可能。但事情却在2009年10月开始出现转机。[②]

2009年10月，苏西洛总统开启他的第二任期。在这一任期，苏西洛总统提出了以"千友零敌"为基础的"全方位外交"战略理念，强调与周边

[①] Hadi, Syamsul, "The Dispute of Ambalat in the Perspective of Indonesian Foreign Policy in the Post-New Order Era," *Indonesian Journal of International Law* 12, no. 1 (2014): 1-15.

[②] Ulla Fionna, "Aspirations with Limitations: Indonesia's Foreign Affairs under Susilo Bambang Yudhoyono," Singapore, Institute for Southeast Asian Studies, 2018, pp.176-192.

国家加强合作，并以和平的方式解决海上争端。因此，在安巴特拉海问题上，印尼的立场也开始出现松动，态度有所软化。

在苏西洛再次当选为印尼总统后不久，马来西亚便成为他首个出访的国家。访问期间，马来西亚总理纳吉布强调，马来西亚与印尼仍然是兄弟关系。双方的关系得到缓和。2011年10月，苏西洛总统与纳吉布总理发表联合声明，表示两国将致力于通过谈判解决各种划界争端，并努力缩小双方在划界问题上存在的分歧。2012年1月，两国政府就两国渔民在安巴特拉海域进行捕鱼作业的问题签署了一份谅解备忘录，规定双方的海上执法人员可检查在争议性重叠水域的渔船，如果渔船没有收藏枪械或违禁品，执法人员只可驱逐渔船，不可扣留渔船，更不应该朝渔船开枪。自此，印尼与马来西亚之间的关系逐渐趋于稳定，双方的海上争端都能以双边谈判的方式得到解决，不再出现诉诸武力的情况。①

由此可见，在苏西洛政府时期，印尼的外交政策表现出明显的阶段性特点。在苏西洛总统的第一任期内，印尼持强硬的立场，在海域划界问题上不惜与马来西亚兵戎相见。但是随着苏西洛总统在其第二任期内提出以"千友零敌"为基础的"全方位外交"理念，印尼不再寻求在海域划界问题上与马来西亚发生冲突。相反，印尼强调密切与马来西亚之间的合作，并以和平的方式解决双方的海域划界争端。这不仅有利于维护东南亚地区的和平稳定，也有利于维系印尼与马来西亚之间的友好关系，为两国一劳永逸地解决海域划界争端铺平了道路。

（二）海上争端的积极调解

在"全方位外交"理念的指导下，印尼还将自己定位为地区冲突的调解人，以发挥印尼在东南亚地区，尤其在东盟中的领导作用。这一点由于东南亚地区缺乏一个解决冲突的强有力的正式框架而显得非常重要。

在2012年柬埔寨首都金边举行的东盟外长会议上，柬埔寨、越南和菲律宾三国因海域划界问题上的分歧出现严重不和，以致东盟外长会议45

---

① 《印尼执法船朝大马渔船开枪　大马渔总将向人权委会投诉》，《星洲日报》，2021年12月15日，https://perak.sinchew.com.my/news/20211215/perak/3485599，访问日期：2023年6月29日。

年来首次没有发表联合公报。对此，印尼外长马蒂为了弥合三国之间的分歧，迅速展开"穿梭外交"，在36小时内访问了菲律宾、越南、柬埔寨，并领导制定了各方都认可的"六项原则"，要求各方都要保持自我克制，有关争议岛屿的争端都必须根据国际法和平解决。在印尼的努力下，三国分歧逐渐恢复平静。①

由此可见，在"全方位外交"理念的指导下，印尼政府不仅努力打造自身与邻国之间的友好关系，更寻求维系邻国之间的良好关系，继而维护东南亚地区的和平与稳定。这一外交实践，成功地提高了印尼的软实力，使印尼成为区域乃至国际事务中的一个重要角色。印尼在东南亚地区的领导地位也由此逐渐凸显出来。

三、海上防务战略

随着国际格局和区域周边环境的变化，印尼不仅通过发展军事力量维护本国海上权益，还要综合运用军事、外交、经济和文化资源，建立起一个同心、多层次的战略体系，即以印尼国民安全为全部战略的核心目标。在新时期海上防务整体规划的指导下，印尼施展了一系列军事、外交和经济的"组合拳"。

（一）加快海军现代化步伐，提升实力，为保卫海上安全奠定基础

推进海军现代化是印尼打造海洋实力的基础。印尼海军总部设在雅加达，海军兵力约62,556人。② 具体来看，印尼海军分为两个舰队：东部舰队设在泗水，西部舰队设在雅加达。而海军陆战队大约有20,000人，分为驻扎在泗水的第一海军陆战队集团军（由3个海军陆战队营组成）、驻扎在雅加达的独立海军陆战队集团军（3个营）以及驻扎在苏门答腊的1支海军陆战队旅（3个营）。③ 在装备上，共有2艘潜艇、29艘主要水面舰艇（8艘

---

① Ulla Fionna, "Aspirations with Limitations: Indonesia's Foreign Affairs under Susilo Bambang Yudhoyono," Singapore, Institute for Southeast Asian Studies, 2018, pp. 176-192.

② Sebastian, Leonard C, *Realpolitik ideology: Indonesia's Use of Military Force*, Institute of Southeast Asian Studies, 2006, pp. 233-249.

③ Yusron Ihza, *Tragedi dan Strategi Pertahanan Nasional* (Jakarta: La Tofi Enterprise, 2009), hal. 79.

护卫舰和 21 艘轻型护卫舰)、41 艘巡逻和沿海舰艇以及 28 艘后勤和支援舰艇。[①] 可以看出，印尼海军的服役舰艇种类较为齐全，数量上也较为合适。但此时期受经济危机影响，印尼无法在短时期内对海军装备进行升级换代，印尼海军面临着武器装备和配套设备短缺的严重问题，印尼的大多数武器和设备自 20 世纪 50 年代和 60 年代以来就一直在服役。[②] 许多舰艇也存在设备老化、排水量小和技术性能落后等问题，已经无法承担现代海上作战的任务，207 艘舰艇中只有 157 艘可以投入使用。[③] 根据印尼海军上将伯纳德·肯·桑达赫（Bernard Ken Sondakh）的说法，印尼的战舰目前都没有做好应有的战斗准备，"它们只有在适合航海这一意义上才算合格"。[④] 而且由于印尼国内造船能力十分有限，船只的更新也很大程度上依赖进口。

苏西洛总统执政期间，由于印尼本国政治、经济情况的好转，印尼海军积极提升自己的海上实力，通过增加国防预算，大力装备具有较强海上作战能力的舰艇，加速推进国防现代化。在 2005 年印尼与马来西亚因苏拉威西安巴拉特海域的边界问题而产生争端时，印尼国防部长声称，印尼国防部提交了一份 5 万亿印尼盾（约合 5.31 亿美元）的军购预算，以发展印尼海军和空军。该预算将用于购买潜艇、快艇、导弹、六架苏霍伊（Sukhoi）喷气式飞机以及"大力神"C-130 飞机的备件。[⑤] 2007 年，印尼政府通过了第 17 号《关于 2005—2025 年国家长期发展计划的法案》，规定了印尼国防发展计划的基础。该法案第 4 章规定："印尼的国防能力应

[①] Danang Widoyoko, Irfan Muktiono(alm), Adnan Topan Husodo, Barly Harliem Noe and Agung Wijaya, *Bisnis Militer Mencari Legitimasi* (Jakarta: Indonesia Corruption Watch, 2003), hal. 44.

[②] Danang Widoyoko, Irfan Muktiono(alm), Adnan Topan Husodo, Barly Harliem Noe and Agung Wijaya, *Bisnis Militer Mencari Legitimasi* (Jakarta: Indonesia Corruption Watch, 2003), hal. 44.

[③] Bakrie, Connie Rahakundin, *Defending Indonesia* (Jakarta: Gramedia Pustaka Utama, 2013), hal. 119.

[④] Sukma, Rizal, "Indonesia's Security Outlook, Defence Policy and Regional Cooperation," *Asia Pacific Countries' Security Outlook and Its Implications for the Defense Sector* 5 (2010): 3-24.

[⑤] *Ibid.*

超过最低防御要求，以便能够维护国家主权、国家安全和领土完整，其中包括各种分散的陆地地区、海洋管辖区、印尼专属经济区（EEZ）、大陆架以及国家领空。"并且要有"可观的威慑作用，以支持印尼的外交立场"。[1] 2008年，印尼政府颁布了第7号《关于国防总方针的总统令》，规定在2005—2019年，国防能力计划实现"最低必要能力"，即能够保证实现直接战略防御利益的力量水平。采购时也要优先考虑能提高最低防御能力的主要武器系统或设备，并更换过时的武器系统或设备。在作战方面，印尼虽没有大幅增加兵力的计划，但将优先考虑提升战备质量，并维持和提高军队的机动性以及海军、海军陆战队和空军的一般能力。换言之，国防能力计划反映了印尼需要解决三军主要武器系统和其他配套设备老化的问题，其中海军的首要任务是"通过增加新潜艇并替换过时、老化和无法使用的潜艇来实现主要武器装备系统的现代化"。[2] 此外，作为提高对海军和海洋安全的重视程度的一部分，印尼政府已经宣布开始一项投资数十亿美元的海军现代化计划。

印尼还与外国加强军事合作，潜艇被列在印尼采购计划清单的首项。如2005年，美国国会向印尼海军提供了600万美元的海上安全援助。[3] 2006年10月，印尼国防部宣布购买6艘俄造SSKs，包括4艘基洛级636型潜艇和2艘奥缪尔–950潜艇。而在2007年俄罗斯总统普京访问印尼期间，俄罗斯承诺向印尼提供10亿美元的贷款，用于在2008—2010年购买一系列国防设备，其中包括2艘供海军使用的基洛级636型柴电攻击型舰艇以及20辆供海军陆战队使用的BMP-3F两栖装甲车。印尼也与韩国加强军事合作，2011年12月，印尼与韩国签署了一份11亿美元的订单，

---

[1] "Law of the Republic of Indonesia Number 17 of 2007 on Long-term National Development Plan of 2005-2025," Food and Agriculture Organization of the United Nations, accessed June 29, 2023, https://www.fao.org/faolex/results/details/en/c/LEX-FAOC202491/.

[2] "Presidential Regulations No. 7/2008 on General Policy Guidelines on State Defence Policy," Audit Board of Indonesia, accessed June 29, 2023, https://peraturan.bpk.go.id/Home/Details/42194/perpres-no-7-tahun-2008.

[3] "The U.S.-Indonesian Military Relationship," Council on Foreign Relations, October 4, 2005, accessed June 29, 2023, https://www.cfr.org/backgrounder/us-indonesian-military-relationship.

以便按照一项技术转让协定建造3艘柴电潜艇,并计划在2015年前交货。2013年8月,印尼国防部宣布印尼到2024年会采购12艘潜艇。① 印尼通过采购和建造舰艇,增加海军力量投射,为维护海洋权益奠定了基础。

（二）加强区域对话,审慎开展区域安全合作

受国家海军力量发展的限制,印尼还通过对外合作以维护其海洋权益。在任期间,苏西洛政府除了与东南亚国家开展合作,还在2005—2010年分别与中国、印度、澳大利亚、日本、俄罗斯和美国等大国开展安全合作。但由于印尼是东南亚综合实力最强的国家,加上其特殊的地缘位置,印尼对外安全合作一直非常谨慎,随着外部安全形势的变化,印尼的区域安全合作逐步展开。

在周边国家方面,2003年4月10日,印尼与文莱两国国防部长在雅加达签署国防合作协定。2004年,印尼又与马来西亚、新加坡、泰国等国开展了海峡安全合作。2007年,印尼还与新加坡签署了《印度尼西亚共和国与新加坡共和国关于防务合作的协定》（DCA）,加强了双方在教育和联合培训领域的合作,尤其是允许新加坡邀请其他国家在印尼境内的军事训练区（MTA）进行培训。②

另外,由于中国在2004年成为印尼第五大贸易国,受经济利益的驱动,苏西洛政府也积极寻求和发展与中国的双边关系,两国关系发展迅速。③ 2005年4月25日,中国国家主席胡锦涛访问印尼。在会晤中,两国签署了《中华人民共和国与印度尼西亚共和国关于建立战略伙伴关系的联合宣言》,该宣言由"政治和安全合作""经济和发展合作""社会文化合

---

① 吴艳:《印度尼西亚海洋战略探析》,《战略决策研究》2014年第2期,第50—59页。

② Syarifuddin, Kurniawan Firmuzi, Lukman Yudho Prakoso and Joni Widjayanto, "Total War Implemented in Defence Diplomacy: Case Study of the Re-Negotiation of the Defence Cooperation Agreement between the Government of the Republic of Indonesia and the Government of the Republic of Singapore (Dca Indonesia-Singapore)," *Jurnal Pertahanan: Media Informasi Tentang Kajian dan Strategi Pertahanan yang Mengedepankan Identitas, Nasionalism & Integritas* 7, no. 1 (2021): 50-60.

③ Amit Chanda, "Economic Pact between China and Indonesia," *Global Insight Daily*, accessed June 29, 2023, https://www.everycrsreport.com/files/20050520_RL32394_9eea879facfc99d9eb8471fe4cab6f7d06e34105.pdf.

作"三部分组成。在海上安全方面，该联合宣言第10条规定，双方要密切开展海上合作，提升能力建设，建立海上问题磋商与合作机制。

同年4月25日，中印尼两国签署了《中华人民共和国政府与印度尼西亚共和国政府海上合作谅解备忘录》，旨在加强双方在海上航行安全、海洋环境保护和海上安全等领域的合作。该备忘录第2条规定，双方将在以下十大领域加强合作：（1）有关海上航行安全、海洋环境保护和海上安全的信息交流；（2）提供海上安全航行助航设备及相关设施和其他用于海洋环境及生态保护的援助；（3）海上搜救（SAR）行动；（4）双方就打击海上走私、贩毒、非法移民、跨国有组织犯罪、海上船舶犯罪等开展合作，并进行磋商与交流；（5）开展军舰互访、海上联合军事演习等军事交流以增强两军关系与其他相关合作；（6）船舶建造和供应以及船舶维护和修理；（7）海洋研究和培训项目；（8）在国际海事组织（IMO）、国际海道测量组织（IHO）、国际航标协会（IALA）等各种国际多边场合的合作；（9）在"马六甲海峡沿岸国与使用国沟通会议"上的合作；（10）双方认为必要的其他合作领域。另外，该备忘录还约定以两国外交部为各自的协调机构，建立同级别的海上合作技术委员会以确保该谅解备忘录的顺利实施。[①] 2006年7月，印尼与中国在雅加达举行了"印尼—中国双边国防对话"，确立了两国开展国防合作与共同推动亚太地区冲突和平解决的共识。[②]

2013年10月3日，中国和印尼在雅加达发表了《中华人民共和国和印度尼西亚共和国全面战略伙伴关系未来规划》，该规划由"政治、防务和安全"，"经济和发展合作"，"海上、航天和科技"，"社会、文化合作"，以及"国际和地区合作"五部分组成。其中，在"政治、防务和安全"部分，该规划第8条指出，两国承诺通过防务安全磋商等机制进一步增进互

[①] 《中华人民共和国政府与印度尼西亚共和国政府海上合作谅解备忘录》，中华人民共和国外交部网站，2005年4月25日，http://treaty.mfa.gov.cn/Treaty/web/detail1.jsp?objid=1531876881382，访问日期：2023年6月30日。

[②] 《曹刚川7日与印度尼西亚国防部长尤沃诺举行会谈》，中华人民共和国中央人民政府网站，2007年11月7日，https://www.gov.cn/ldhd/2007-11/07/content_798851.htm，访问日期：2023年6月30日。

信，推动联演联训、海上安全、国防工业以及非传统安全领域的合作。而在"海上、航天和科技"部分，第19条强调两国元首鼓励双方加强在航行安全、海上安全、海军安全、海洋科研与环保、海上搜救、渔业、蓝色经济等领域的务实合作，加快推进中印尼海洋与气候中心发展等项目建设。第20条还指出，两国元首鼓励双方继续加强在捕鱼、养殖、人员培训以及打击非法、未报告、无管制捕鱼等方面的合作。[①] 除此之外，中国还与印尼在基础设施等领域开展全面合作，促进了印尼经济、社会的发展。[②] 由此可见，中国与印尼通过加强海上合作实现了互利共赢、增信释疑，有力推动了两国友好合作关系的稳步发展。

  印度也是印尼加强安全合作的重要对象之一。2001年，印尼与印度签署了国防合作协定，该协定要求两国承诺交流信息、举行演习、进行互访、促进教育和培训，并寻求加强在国防技术、人力资源能力和作战能力等领域的合作。[③] 2005年11月，苏西洛总统访问印度，并与印度总理曼莫汉·辛格会晤。在会晤中，两位领导人同意将双边关系转变为"新型战略伙伴关系"，并发表了联合声明，决定增加国防官员的双边访问、创造更多的培训和教育机会以及建立年度印度尼西亚—印度战略对话。具体到海事领域，双方领导人则同意加强各自相关机构之间在能力建设、技术援助和信息共享方面的合作。[④] 2007年6月，印尼政府与印度政府在印度尼西亚—印度联合委员会会议（JCM）期间制定了落实新型战略伙伴关系的行动机制，希望借此促进两国在国防、科技、海洋和渔业、能源等领域的合

---

  ① 《中印尼全面战略伙伴关系未来规划》，中华人民共和国中央人民政府网站，2013年10月4日，https://www.gov.cn/ldhd/2013-10/04/content_2500331.htm，访问日期：2023年6月30日。

  ② 闫坤：《新时期印度尼西亚全方位外交战略解析》，《东南亚纵横》2012年第1期，第13—19页。

  ③ Das, Ajaya Kumar, "India's Defense-Related Agreements with ASEAN States: A Timeline," *India Review* 12, no. 3 (2013): 130-133.

  ④ Gopal, Prakash and Indra Alverdian, "Maritime Security Cooperation between India and Indonesia: Imperatives, Status and Prospects," *India Quarterly* 77, no. 2 (2021): 269-288.

作。① 2018年，印尼与印度建立了新的全面战略伙伴关系，双方领导人强调印度和印尼互为战略伙伴和沿海国家，应进一步加强防务合作。双方重申签署双边防务合作协定以加强防务领域合作的承诺，并一致同意两国应以国际法规定的各项原则为基础划分两国海上边界线。两国的陆海空军之间也通过定期举行会议的方式增进彼此之间的信任。②

印尼还与澳大利亚加强防务合作、反恐合作和海事安全合作领域的关系。2004年10月，印尼外长哈桑与澳大利亚外长唐纳就达成现代双边安全协定的可能性进行了讨论。2005年3月，哈桑与唐纳在第七届印度尼西亚—澳大利亚部长级会议上重申了双方对达成一项现代安全协定的承诺。2005年4月4日，印尼与澳大利亚签署了《印度尼西亚共和国政府和澳大利亚联邦政府关于全面伙伴关系的联合声明》，该联合声明主要由经济与技术合作、安全合作和人与人的联系三部分组成。其中，安全合作部分把航空和海上安全领域的务实合作定为双方合作的优先项目，并承诺印尼和澳大利亚愿意加强在打击其他形式的跨国犯罪和应对非传统安全威胁方面的合作，特别是在解决人口走私、毒品、疾病暴发和洗钱等领域的问题上的合作。而且为了更好地实现这一目标并打击恐怖主义，该声明指出两国将在双方的警察部队、移民和海关官员以及安全和情报机构之间建立更加紧密的伙伴关系，加强相互之间的情报和其他信息的交流。两国将共同致力于以双方都感到满意的速度在两国之间建立防务关系，并且努力深化在交流和联合行动，尤其是海上安全方面的合作。③

2006年6月29日，在巴厘岛举行的第八届印尼—澳大利亚部长级论坛

---

① "Joint Statement: Vision for the India-Indonesia New Strategic Partnership over the Coming Decade," Ministry of External Affairs Government of India, January 25, 2011, accessed June 30, 2023, https://mea.gov.in/bilateral-documents.htm?dtl/3143/Joint+Statement+Vision+for+the.

② 《印度与印尼建立新的全面战略伙伴关系》，越通社网站，2018年5月30日，https://cn.qdnd.vn/cid-6130/7187/nid-550151.html，访问日期：2023年6月30日。

③ "Joint Statement between the Government of the Republic of Indonesia and the Government of Australia," Ministry of Foreign Affairs of the Republic of Indonesia, February 20, 2020, accessed June 30, 2023, https://kemlu.go.id/portal/id/read/1061/halaman_list_lainnya/joint-statement-between-the-government-of-the-republic-of-indonesia-and-the-government-of-australia.

上，两国发布联合声明，重申双方支持在2006年底之前缔结一份双边安全合作协定，该协定将为现有和未来的安全关系发展提供框架，并且该协定将会以条约为基础表达对每个国家的主权和领土完整的大力支持，包括印尼对巴布亚的主权。而该协定便是在2006年11月13日签署的《印度尼西亚共和国和澳大利亚联邦关于安全合作框架的协定》，或称《龙目条约》（Lombok Treaty），其内容涉及国防、执法、反恐、情报合作、海上合作、航空安全与安保、大规模杀伤性武器部署、自然灾害搜救、人文交流等广泛领域。[①] 如该条约第3条第4款至第3条第7款涵盖了执法合作的内容，规定双方应加强警务联系、执法能力建设和联合协调行动，合作预防和打击走私人口、洗钱、恐怖融资、腐败、非法捕鱼、网络犯罪、毒品走私、武器贩运等犯罪活动。而第3条第13款至第3条第15款则涵盖了海上安全和航空安全领域的合作，并规定双方应加强海上和航空安全领域的双边合作和能力建设活动。[②] 自印尼政府和澳大利亚政府签署《龙目条约》以来，两国恢复了1999年因澳大利亚支持东帝汶独立而终止的安全领域合作。此后，澳大利亚对印尼的援助也不断增加，在2008—2009年印尼一度成为澳大利亚最大的受援对象。[③]

在非官方层面，印尼与日本同样建有海上安全合作关系。2008年10月9日，印尼非政府组织海洋研究所（Institute for Maritime Studies, IMS）与日本非政府组织海洋政策研究基金会（Ocean Policy Research Foundation, OPRF）在东京开展对话，讨论海上安全问题，并共同发布了非官方的《印度尼西亚海洋研究所与日本海洋政策研究基金会关于海上安全合作的联合

[①] Dari, Kaesorry M., Hakim Abdul and M. Makmur, "Policy Evaluation on Security Treaty (the Lombok Treaty) between Republic of Indonesia and Australia," *Russian Journal of Agricultural and Socio-Economic Sciences* 78, no.6 (2018): 19-32.

[②] "Agreement between Australia and the Republic of Indonesia on the Framework for Security Cooperation," Department of Foreign Affairs and Trade of Australian Goverment, November 13, 2006, accessed June 30, 2023, https://www.dfat.gov.au/geo/indonesia/agreement-between-the-republic-of-indonesia-and-australia-on-the-framework-for-security-cooperation.

[③] 闫坤：《新时期印度尼西亚全方位外交战略解析》，《东南亚纵横》2012年第1期，第13—19页。

宣言》，①旨在呼吁加强马六甲海峡和新加坡海峡的航行安全与保障，并推动国际社会支持沿岸国在海上安全与保障、海运业和海洋环境保护方面的能力建设。该宣言指出，双方同意在对话结束后开展合作，合作内容包括建立以保护印尼海洋资源、加强能力建设和推动印尼沿海社区经济的可持续发展为目的的国际合作机制等。为此双方制订了六点行动计划，分别为：（1）IMS应继续倡导、促进和敦促印尼政府审查和完善印尼海事安全条例，包括实施印尼第17/2008号关于航运法的法律，该法律规定成立印尼海洋和海岸警卫队作为负责海上安全的政府机构；（2）IMS应向印尼政府建议在印尼管辖范围内建立处理关于海啸、大型海上恐怖活动等海上灾害的大型国际海事合作机制以及海上搜救行动机制，但此类机制仅由印尼政府启动，并由印尼政府指挥控制；（3）OPRF应鼓励日本有关方面协助印尼建立和经营印尼海上和海岸警卫队训练中心，该中心将发展成为印尼海上和海岸警卫队学院；（4）OPRF应邀请日本各方协助印尼保护自四王岛（Raja Ampat）开始的印尼海洋保护区，如提供船只供当地社区使用；（5）OPRF应邀请日本有关方面协助印尼在南苏门答腊沿海社区的经济发展；（6）OPRF应鼓励日本有关各方在航运、造船和港口发展等海事工业领域以及海员培训等方面协助印尼，以促进两国海事企业之间建立更广泛的伙伴关系。②

除了与周边各国加强安全合作，印尼还与域外大国加强合作，维护本国海洋权益。如2006年，印尼与俄罗斯签署了《印度尼西亚共和国政府与俄罗斯联邦政府关于协助实施2006—2010年印度尼西亚—俄罗斯军事技术合作方案的谅解备忘录》和《印度尼西亚共和国政府和俄罗斯联邦政府关于相互保护在双边军事技术合作过程中应用和获得智力活动成果的权利的

---

① "Buku Putih Pertahanan Indonesia 2008," Kementerian Pertahanan, 4 Desember 2015, diakses 30 Juni 2023, https://www.kemhan.go.id/wp-content/uploads/2015/12/04f92fd80ee3d01c8e5c5dc3f56b34e31.pdf.

② "Jointly Declared by Ocean Policy Research Foundation (OPRF) of Japan and Institute for Maritime Studies (IMS) of Indonesia," Sasakawa Peace Foundation, October 9, 2008, accessed June 30, 2023, https://www.spf.org/en/_opri_media/projects/security/support/pdf/20081009_security.pdf.

协定》。同年，俄罗斯表示将向印尼提供总额为10亿美元的软贷款，该贷款为期五年，均用于军事目的。2012年6月，两国还签署了《印度尼西亚共和国政府与俄罗斯联邦政府关于军事技术合作的协定》，加强了双方在军事技术方面的交流对话。[①]

在与美国的关系上，1998年，美国认为印尼政府在东帝汶的行为严重侵犯人权，因此，两国在国防和安全等领域的合作一度陷入停滞。2004年苏西洛就任总统后，印尼与美国关系进一步升温。美国国会对印尼安全合作方面的限制条款逐渐放宽，恢复了两国之间的联合演习、情报交换、教育培训等合作项目，并在赈灾、维和行动、海上安全等领域展开新的合作。在海洋安全合作方面，确保马六甲海峡以及望加锡海峡的安全是美国和印尼的共同安全诉求，一方面非法捕鱼、非法开采海滩河床以及走私等活动使印尼的海洋权益长期受到侵害；另一方面，"9·11"事件后，打击恐怖主义及毒品贸易等成为美国的首要战略目标，利益诉求的契合为两国安全合作提供了空间。2008年11月，苏西洛总统访问美国时提出要与美国发展"全面合作伙伴关系"。2010年6月，印尼与美国签署了《印度尼西亚共和国与美利坚合众国防务领域合作框架协定》，对两国之间的安全对话、教育与培训、海上安全及军事装备采购等做出了具体规定，以提升双方的安全合作质量。[②]同年7月，美国同意恢复与印尼特种部队之间的国防和安全合作。11月9日，美国总统奥巴马访问印尼期间，两国发布《印度尼西亚共和国与美利坚合众国关于全面伙伴关系的联合宣言》，就加强两国在经贸、教育、军事以及民主化发展等领域的合作达成共识。[③]该宣言由三部分组成，分别为政治与安全合作、经济与发展合作和社会文化、教育、科技及其他合作。其中，关于安全合作的内容共有9点，包括：

---

① Permana, Kenan Febrian Ganda, Olga Amelia Ayu Anggreini and Pavlo Zenaida, "International Cooperation between Indonesia and Russia in the Eradication of Corruption (Transnational Crime)," *Jurnal Scientia Indonesia* 8, no. 2 (2022): 239-243.

② Permal, Sumathy, "US-Indonesia Military and Naval Ties," *Maritime Studies* 2005, no. 145 (2005): 21-22.

③ 闫坤：《新时期印度尼西亚全方位外交战略解析》，《东南亚纵横》2012年第1期，第13—19页。

（1）通过东盟、东盟地区论坛（ASEAN Regional Forum, ARF）及联合国等相关组织，加强地区和多边合作，共同致力于维持东南亚及更广泛的地区和国际和平与安全；（2）在安全部门改革、培训教育、人员交流、情报交流、维和行动、海上安全、核安全和核安保、人道主义、援助/救灾行动、军事装备等领域，通过对话和能力建设，加强双边防务与安全合作，并在印尼政府和美国政府签署的关于国防领域合作活动的框架安排下共同努力；（3）通过加强能力建设、边境管理、双边信息交流和定期磋商机制，并通过东盟、东盟地区论坛和雅加达执法合作中心（Jakarta Centre for Law Enforcement Cooperation, JCLEC），在预防和应对地区安全的非传统挑战方面加强合作，包括灾害管理和应对、海上安全、反恐、自然资源领域犯罪、非法采伐及相关贸易以及非法、未报告、无管制捕鱼等；（4）重申东盟通过建立东盟共同体作为发展地区合作的主要推动力的作用，以及美国在维护东南亚和平与安全方面的作用；（5）在裁军和防止大规模杀伤性武器扩散方面进行合作，促进国际和平与安全；（6）通过提高印尼维和训练中心的能力及支持建立警察维和训练中心，提升在加强联合国维和行动方面的合作；（7）推动执法和法律援助方面的密切合作；（8）通过信息交流在海事议题和海洋事务方面紧密合作，加强有害物质泄露反应能力；（9）继续努力对联合国制度进行有效改革，以强化多边主义和加强联合国在维护和促进国际和平与安全方面的作用。[①]

在与欧盟的关系上，在苏西洛政府之前，印尼与欧盟的双边关系大多数是依托东盟为渠道开展的。苏西洛就任印尼总统后，积极与荷兰实现了关系正常化，两国开始在渔业领域开展合作，进而印尼与欧盟的关系也逐步改善。印尼与德国、英国、法国、荷兰、意大利、西班牙等欧盟国家就军备购买、技术转让等问题签署了合作备忘录和协定。从印尼政府与外国政府的安全合作关系可以看出，苏西洛政府时期印尼在海权战略上正在走一条中间道路，即对内加强印尼作为海洋领土守卫者的作用，重

[①] "Plan of Action to Implement the Indonesia-U.S., Comprehensive Partnership," Bureau of East Asian and Pacific Affairs, September 17, 2010, accessed June 30, 2023, https://2009-2017.state.gov/p/eap/rls/ot/2010/147287.htm.

视维系印尼水域的社会政治秩序；对外则增强自身在维护地区稳定、履行《联合国海洋法公约》所规定的义务等方面的作用。因此，在安全合作的具体内容中，印尼既强调在国防科技、国防工业、武器装备以及打击海上违法犯罪活动等方面的合作，也强调在地区和平、国际维和行动等方面的安全合作。但从整体来看，苏西洛政府时期的安全合作仍以维系国家内部的安全秩序为主，以维护外部的安全秩序为辅。这反映了在海洋群岛（Wasantara）安全观的指导下，印尼在维护海洋领土主权方面坚持内向型防御策略的同时，开始尝试参与地区性事务，希望通过维护地区和平稳定的方式来捍卫国内海权。这便为佐科政府时期"全球海洋支点"构想的实施和海洋身份的重申奠定了基础。

（三）多国联动，打击非法、未报告和无管制渔船

自20世纪70年代印尼建立专属经济区以来，围绕捕鱼权和渔业资源的冲突变得较以往更加频繁和激烈。由于建立了专属经济区，外国渔船进入印尼海域的权利被限制。但为了自身的生存或仅仅为了获取利益，来自邻国的外国渔民往往会非法进入印尼海域从事非法捕鱼活动。非法进入印尼海域的外国渔船多来自泰国、越南、菲律宾和马来西亚。由于这些渔船通常具有非法（illegal）、未报告（unreported）和无管制（unregulated）三个特点，所以国际上通常把这种渔船称为"IUU渔船"。印尼纳土纳群岛海域、北苏拉威西海域以及马鲁古群岛周围海域和阿拉弗拉海等地区由于蕴含着巨大的渔业资源而最容易受到非法捕鱼活动的影响。[1] 经印尼有关部门调查，这些非法捕鱼活动可能属于跨国有组织犯罪。[2] 这种跨国犯罪活动对印尼的海洋渔业资源造成了威胁，加剧了渔民之间的资源竞争。2005年，全球报告的海盗袭击事件总数达到276起，而其中大多数发生在印尼、马六甲海峡、孟加拉国和印度的海域。2005—2010年，印尼海域的外籍IUU渔船的数量逐年增加，由2005年的115艘增

---

[1] Akhmad Solihin, *Politik Hukum Kelautan dan Perikanan* (Bandung: Penerbit Nuansa Aulia, 2010), hal. 8.

[2] "SBY Gandeng Vietnam Berantas Illegal Fishing," Rakyat Merdeka Online, 15 September 2011, diakses 29 Juni 2023, http://ekbis.rakyatmerdekaonline.com/news.php?id=39271.

加至2010年的183艘，增幅达59.1%（见表3.4）。据统计，这些IUU渔船的非法捕鱼活动给印尼海域带来了巨大的渔业资源损失，年损失预计高达5万亿印尼盾。

表3.4　2005—2010年在印尼海域被捕的IUU渔船

单位：艘

年份	被捕的IUU渔船		
	印尼渔船	外国渔船	数量
2005	91	24	115
2006	83	49	132
2007	95	88	183
2008	119	124	243
2009	78	125	203
2010	24	159	183
总数	490	569	1059

资料来源：印尼海洋事务与渔业部（Kementerian Kelautan dan Perikanan），https://www.kkp.go.id/。

鉴于印尼海警和调研员的数量有限，政府不具备足够的能力根治IUU渔船的非法捕鱼问题，印尼政府便采取与邻国开展双边合作的方式，共同打击非法捕鱼活动。其中，泰国、越南和菲律宾三国是印尼政府主要的合作对象。如2010年2月，印尼外长马蒂和泰国外长披龙耶在雅加达举行会晤，就加强渔业领域合作问题举行会谈。[1] 2011年9月，泰国总理英拉访问印尼期间，两国政府再次提出要共同打击非法捕鱼活动，双边合作的具体形式是印尼政府邀请泰国投资者投资印尼的鱼类加工业。换言之，印尼政府允许泰国渔船在印尼海域捕鱼和加工，并希望借此能够减少或防止泰国

---

[1] "Indonesia-Thailand Pererat Sektor Perikanan," VIVAnews, 15 Februari 2010, diakses 29 Juni 2023, http://dunia.vivanews.com/news/read/129622-indonesia_thailand_pererat_sektor_perikanan.

渔民的非法捕鱼活动。①

印尼政府也与越南政府就打击非法捕鱼活动开展了合作。2010年9月，两国政府就渔业合作举行会谈。印尼政府要求越南政府承诺打击非法捕鱼活动并阻止渔船非法进入印尼海域。2010年10月27日，印尼海洋事务与渔业部和越南农业与农村发展部签署了一份谅解备忘录，双方承诺将加强海事和渔业领域的合作，并希望借此解决印尼海域内的非法捕鱼问题。②此外，在印尼政府和菲律宾政府之间，双方也通过联合边界委员会（Joint Border Commission, JBC）和双边合作联合委员会（Joint Council for Bilateral Cooperation, JCBC）论坛，定期讨论整治非法捕鱼活动的问题。而且，两国每年都会开展联合安全巡逻来确保边界海域的安全，以此打击边境海域的非法捕鱼活动。③

印尼政府为整治非法捕鱼活动付出了不少努力。但由于印尼政府与邻国之间的双边合作缺乏系统性和稳定性，合作形式也较为松散，再加上印尼政府内部在海域管理上也存在"九龙治水"和"踢皮球"的问题，所以印尼海域内的非法捕鱼活动仍未得到有效治理。④

---

① "Indonesia-Thailand Upayakan Nota Kesepahaman Perikanan," *Investor*, 12 September 2011, diakses 29 Juni 2023, https://investor.id/agribusiness/19717/indonesia-thailand-upayakan-mou-cegah-illegal-fishing.

② "Sepakat Kerja Sama asal Berhenti Mencuri," Kompas, 27 September 2010, diakses 29 Juni 2023, https://nasional.kompas.com/read/2010/09/27/0711369/sepakat.kerja.sama.asal.berhenti.mencuri.

③ Yusron Ihza, *Tragedi dan Strategi Pertahanan Nasional* (Jakarta: La Tofi Enterprise, 2019), hal.77.

④ International Institute for Strategic Studies, *The Military Balance 2009* (Jakarta: Routledge, 2009), p.390.

第四章 海洋强国目标下的印尼海权拓展

第一节 佐科政府的"全球海洋支点"构想

一、"全球海洋支点"构想产生的背景

印尼由17,508个大大小小的岛屿组成，是世界上最大的群岛国家。印尼领土的三分之二由海洋组成，沿海的生态系统与国家的发展有着密切的联系。[1] 印尼的领海面积大约有580万平方公里，自然资源相当丰富。不仅如此，这个国家还享受着人口红利，拥有2.2亿人口，位居世界第四，其中60%的人口生活在沿海地区，并且大多数以海洋资源为生，如何处理潜在的海上冲突以及如何保障本国民众的海洋权益已成为印尼政府的紧要问题。

作为世界上最大的群岛国家，印尼海域有多条国际战略通道。印度洋—太平洋地区在地缘政治上是十分重要的地带，作为连接印度洋和太平洋的枢纽，印尼的战略地位变得越来越重要。近些年来，随着美国宣布"重返亚太"，印尼在美国的"亚太再平衡"战略中扮演着重要角色，在国际舞台上的作用正在加大。

印尼是东南亚面积最大的国家，其经济规模、人口规模都位居东南亚众国之首，但它仍然是一个内向型国家（inward-look-country）。当一个

---

[1] Brotosusilo A, Apriana IWA, Satria AA, et al., "Littoral and Coastal Management in Supporting Maritime Security for Realizing Indonesia as World Maritime Axis," 2016, accessed April 23, 2023, https://iopscience.iop.org/issue/1755-1315/30/1.

国家经济实力达到一定阶段，就会寻求与其实力相当的国际地位。印尼希望通过重塑海洋国家身份，重新认识海洋，利用其特殊的地缘优势开发和利用海洋资源，强化中等强国身份，提高印尼在地区和全球事务中的战略存在。

印尼海洋资源非常丰富，有长达10.4万公里的海岸线，为世界上海岸线第二长的国家。海洋捕鱼业每年带来的经济收入十分可观。印尼的海洋渔业总价值约820亿美元，包括151亿美元的捕鱼业收入，其中金枪鱼占到了海洋捕鱼业的19.65%，出口量达128,715吨。印尼金枪鱼主要向日本、泰国以及美国出口。印尼拥有580万平方公里的海域面积，包括310万平方公里的领海和270万平方公里的专属经济区。在印尼的领海及专属经济区内发现多种具有经济价值的海洋渔业资源，包括44种鱼类、7种甲壳类海洋生物、3种软体生物、3种其他海洋动物和2种海草等。印尼的周边海域被划分成了7个渔场以方便获得开发与进行监管。巨大的经济利益不仅驱使着印尼的渔民大力开发海洋渔业资源，也吸引了来自周边国家的渔民，如马来西亚、菲律宾、越南，甚至中国的渔民来到印尼周边海域进行捕捞。然而，全球海洋渔业资源在急剧下降，32%的商业性鱼类被过度捕捞。[1]印尼的经济增长方式较为粗放，在经济增长方式转型前，印尼生态环境所面临的压力十分巨大，鱼类和海草的过度捕捞，林木砍伐的沉积物、海岸污染以及全球变暖，特别是过度捕捞和毁灭性捕捞对珊瑚礁构成了巨大的威胁，印尼海洋生态环境在过去几十年遭到显著的破坏。

随着海洋资源收益在印尼的经济增长中所占比重越来越大，印尼对"海洋是国家经济发展的动力来源，是国内民众的福祉"的认识更加深刻，开发海洋资源、维护海上安全、促进本国航海贸易的繁荣发展、打击外国非法捕鱼活动等构成了印尼维护海洋权益的主要内容。佐科的上台，赋予了印尼民众这样一种思想：印尼的国家尊严和未来的繁荣发展与海洋有着密切的关系。因此，维护海洋权益在印尼的国家行为中占有越来越重要的

---

[1] Sunoko, Rahmadi and Hsiang-Wen Huang, "Indonesia Tuna Fisheries Development and Future Strategy," *Marine Policy* 43 (2014): 174-183.

地位。① 印尼海洋事务与渔业部的统计显示，② 在2010年多达159艘外国渔船在印尼海域非法捕鱼（见图4.1），2013年非法捕鱼的外国渔船数量降到32艘，但2014年又有115艘外国渔船在印尼海域非法捕鱼。

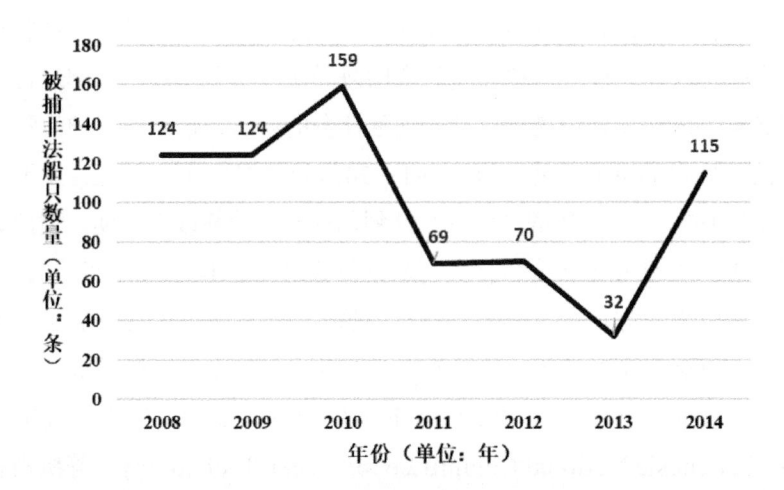

图4.1　2008—2014年印尼海域外国非法捕鱼船只数量

资料来源：Gindarsah, Iis, and Adhi Priamarizki, "Indonesia's Maritime Doctrine and Security Concerns," S. Rajaratnam School of International Studies, April 9, 2015, accessed June 28, 2023, https://www.rsis.edu.sg/wp-content/uploads/2015/04/PR150409_Indonesias-Maritime-Doctrine.pdf.

作为世界最大的群岛国家，海洋对印尼现代民族国家的建设和民族振兴具有特殊意义。在被西方殖民之前，印尼群岛的一些强大王国，如室利佛逝、满者伯夷等，便懂得利用其得天独厚的地理位置，以港口经济为支撑开展海上商业活动。自16世纪初开始，印尼经历了长达400多年的殖民地时期，在这一时期，印尼人逐渐淡忘了曾经引以为傲的航海精神，甚至对航海全然无知，也根本没有了自己的船队。1945年独立后，印尼政府对

---

① Connelly, Aaron L., "Sovereignty and the Sea: President Joko Widodo's Foreign Policy Challenges," *Contemporary Southeast Asia* (2015): 1-28.

② Gindarsah, Iis and Adhi Priamarizki, "Indonesia's Maritime Doctrine and Security Concerns," S. Rajaratnam School of International Studies, April 9, 2015, accessed June 28, 2023, https://www.rsis.edu.sg/wp-content/uploads/2015/04/PR150409_Indonesias-Maritime-Doctrine.pdf.

海洋的重新关注主要与维护领土主权有关。

苏哈托政府时期，印尼制定了多个五年发展计划，[①]印尼"一五"计划开始于1969年，1969—1993年的25年构成了第一个"五五"发展期。在这个时期内，受陆地防御战略的影响，印尼主要通过移民开发本国外岛，并大力扶持农业发展。1982年《联合国海洋法公约》生效后，印尼作为一个群岛国家的法律地位最终得到了国际社会的承认，这是印尼的海洋问题在政治上取得的重要成就。[②]在1994—2009年的第二个"五五"发展时期里，印尼1994—1999年的"六五"计划仍处于苏哈托政府时期，但此时的国家发展重点已开始转变，移民与农业开发逐渐让位于海洋产业的开发。其间，印尼先后与荷兰、法国、日本、德国、英国、美国等开展了双边海上合作，重点建设海洋产业和发展生产技术。印尼还于1984年成立了印尼国家研究委员会（Dewan Riset Nasional, DRN）及印尼海洋科技国家委员会（Indonesia National Committee for Ocean Technology）等机构以支撑海洋科技的发展。

作为东南亚最大的经济体，印尼近些年一直保持良好的经济发展势头，但海洋渔业、海洋油气业、造船业以及海洋旅游业等海洋产业的发展却一直处于滞后状态，尤其是海洋基础设施滞后，在很大程度上限制了印尼经济的发展。2014年10月20日宣誓就职的印尼总统佐科将国家发展重心逐步由陆地转向海洋，并提出了"全球海洋支点"构想，计划将印尼建设成一个海洋强国，印尼从此进入重新重视海洋的时代。

二、"全球海洋支点"构想的提出

2014年7月22日晚，印尼全国选举委员会正式宣布大选结果，佐科·维多多以53.15%的得票率赢得了2014年印尼总统大选，成为印尼独

[①] 吴秀慧、方华：《印尼经济的第二次腾飞——评印尼第二个长远发展规划》，《现代国际关系》1995年第11期，第40—53页。

[②] 刘新山、郑吉辉：《群岛水域制度与印度尼西亚的国家实践》，《中国海商法年刊》2011年第1期，第40页。

立以来的第七位总统。①

佐科早在参加总统竞选活动之前就曾表达出对海洋问题的关注。基于对印尼地缘政治的考虑和设想，为突破印尼国内基础设施建设落后和经济发展遭遇瓶颈的困境，佐科提出了海洋强国战略。2014年5月，在总统大选辩论中，佐科强调印尼是一个"群岛国家"，并提出"海上高速公路"计划，② 即将印尼最西端苏门答腊岛的巴拉苑与最东端巴布亚的梭隆连接起来以促进岛屿之间的物资交流。在2014年6月份的竞选辩论中，他将施政纲领的重点放在发展外岛经济的海洋基础设施建设上面。他认为印尼应该起到全球海洋的连接中枢作用。在2014年10月的总统就职演说中，佐科强调："印尼人必须共同努力，使印尼恢复成为一个海洋大国。海洋、海峡和海湾是我们文明的未来，长久以来，我们一直忽视了海洋、海峡和海湾。现在，我们应该像祖辈那样雄心勃勃，重返大海。"③

2014年11月，在缅甸内比都举行的东亚峰会上，佐科阐明了他海洋学说的五条核心思想：④

（1）重塑印尼的海洋文化。作为一个由17,508个大小岛屿组成的国家，印尼人民必须意识到管理开发海洋与印尼的国家身份、成功及未来有着密切的联系。（2）维护并管理海洋资源。为维护本国民众的福祉，必须对本国领海及专属经济区内的海洋资源实施有效的管控，严厉打击非法越界捕鱼。（3）优先发展海上基础设施和实施互联互通。着力打造"海上经济长廊"，加大对深水港等海上基础设施的财政投入，同时积极吸引外资，以提高印尼造船业、观光业和旅游业的发展水平。（4）通过海洋外交推动与

---

① "The Free Encyclopedia," Wikipedia, June 15, 2023, accessed July 1, 2023, https://en.wikipedia.org/wiki/Joko_Widodo.

② Connelly, Aaron L., "Sovereignty and the Sea: President Joko Widodo's Foreign Policy Challenges," *Contemporary Southeast Asia* (2015): 7.

③ "Indonesia's Widodo Sees Confidencet New Era," *The Sydney Morning Herald*, October 20, 2014, accessed July 1, 2023, https://www.smh.com.au/world/indonesias-widodo-sees-confident-new-era-20141020-3ietr.html.

④ Collin, Koh Swee Lean, "What Next for the Indonesian Navy? Challenges and Prospects for Attaining the Minimum Essential Force by 2024," *Contemporary Southeast Asia* 37 (2015): 432-462.

其他国家的海洋合作。印尼要加强与邻国在打击海盗、治理海洋污染等领域的双边合作，并着力通过和平的方式解决与邻国之间的海上争端，维系良好的双边关系。(5)发展印尼的海军防卫力量。印尼是连接印度洋和太平洋的重要桥梁，因此印尼建设海洋防卫力量具有必要性，这体现在两方面：一是有助于捍卫本国海洋领土主权和海洋权益；二是有助于保障航运安全和海上安全。

印尼的"全球海洋支点"构想延续了印尼原有的经济发展规划，印尼于2011年发布的《2010—2025年加速与扩大印尼经济建设总规划》，曾提出建设六大经济走廊，计划用高速公路将印尼主要岛屿的经济中心连接起来，以形成整体经济发展的合力。"全球海洋支点"构想则是在印尼原有经济发展规划的基础上做了一些增量的改革，尤其是着重突出了海洋的地位。

为推进印尼的"全球海洋支点"构想，佐科上任以来采取了一系列新措施。

首先，推行"海上高速公路"战略，重点发展海陆互联互通，兴建各岛屿的港口以及陆上铁路、公路等基础设施，形成海上交通网络以联结各群岛，推动印尼国内经济的整体平衡发展，使印尼成为全球海上交通运输的一大枢纽，为此，佐科政府专门成立了海事统筹部，统筹管理印尼国内外的海运事务。

其次，鼓励海洋产业的发展，利用印尼丰富的海洋渔业资源，大力发展渔产品加工业；出台一系列优惠政策，鼓励造船业、海洋旅游业的发展。造船业是海上交通运输以及互联互通的重要支撑，为加快造船业的发展，印尼政府不仅为造船企业提供了削减关税、增加补贴的激励措施，还设立了专门资金为其提供融资。为推动海洋旅游业的发展，印尼主动给予中国、澳大利亚、俄罗斯、韩国以及日本等国家游客免予签证的优惠待遇。

最后，印尼政府积极开展海洋外交，积极与太平洋地区的美国、中国、日本等国以及印度洋地区的澳大利亚开展海上合作。

此外，佐科政府认真改善政府治理和国内投资环境，自上任以来，为杜绝官僚作风，改善国内投资环境，佐科下令精简行政程序。佐科还着力打造清廉政府，不仅要求内阁成员必须做到清正廉洁，还开展了诸多治理腐败的工作，这些改革不仅有利于印尼国内政治、经济建设，也为印尼推进"全球海洋支点"构想、开展与其他国家的海上合作营造良好的政治环境。

第二节　佐科政府"全球海洋支点"构想的核心

经济和安全问题一直是印尼这个群岛国家面对的尖锐问题。安全上，印尼长期以来孱弱的海上力量无法对整个国家的领海实施有效的掌控，印尼海域海上犯罪层出不穷，海盗猖獗，海上走私、非法捕鱼等问题突出。经济上，印尼落后的港口基础设施是海上物流业欠发达的重要原因。这使得印尼国产商品价格比进口商品的价格更高，极大地削弱了印尼统一国家市场的功能。印尼历届领导人一直在努力应对这些经济和安全挑战。佐科对解决这些问题充满了信心。他主张将印尼的地理特点营造成为一种优势，而不是劣势。[1]

一、重塑印尼的海洋文化

海洋文化在印尼塑造海洋安全实践中具有重要作用。[2] 回顾历史，印尼的发展与海洋息息相关，群岛国家的地理优势赋予了印尼人民独特的生活习惯，印尼各个岛屿的人民依靠海洋进行贸易、交流活动。1957年《朱安达宣言》的发表阐明了海洋对于印尼的重要价值。[3] 该宣言强调所有围绕各岛的和连接各岛的水域都是印尼领土主权的一部分，印尼是一个"群岛国家"。印尼语中的"家园"一词的字面意思就是水和土。海洋在印尼人民的生活中占有极为重要的地位，印尼的渔民数量也是东南亚国家中最多

---

[1] Mietzner, Marcus, "Jokowi's Challenge: The Structural Problems of Governance in Democratic Indonesia," *Governance: An International Journal of Policy and Administration* 28, no. 1 (2015): 2.

[2] Arif, Muhamad and Yandry Kurniawan, "Strategic Culture and Indonesian Maritime Security," *Asia & the Pacific Policy Studies* 5, no. 1 (2018): 77-89.

[3] Sambhi, Natalie, "Jokowi's 'Global Maritime Axis' Smooth Sailing or Rocky Seas Ahead?" *Security Challenges* 11, no. 2 (2015): 39.

的。就职后，佐科总统采取多项措施以唤醒民众的海洋意识。

首先，印尼以国家法定节日为抓手弘扬印尼本土海洋文化。每年的9月23日是印尼的"国家海事日"。为了庆祝这一节日，印尼政府各部门会举办丰富的活动来提高印尼民众自觉维护国家海洋权益的意识。如2023年9月23日是印尼第59个"国家海事日"。当日，印尼海洋与投资统筹部长卢胡特发表讲话称，国家海事日代表着印尼政府对发展海洋资源的坚定承诺。政府部门应通过这一节日激发印尼民众保护和管理海洋资源的热情。而社会各界，如学术界、商界等也应借此机会密切合作，为印尼实现"全球海洋支点"的愿景共同努力。此外，为了庆祝这一节日，印尼海洋与投资统筹部开展了"海事扫盲月"活动，以宣传印尼的海洋文化，增强民众维护海洋权益的意识。①

其次，政府和社会组织通过展览、研讨会等活动宣传海洋强国思想。在2015年米兰世博会上，印尼建造了以海洋为主题的展馆；同年举办"大努山塔拉远征"活动，3000名青年乘坐88条船到印尼东部540个港口访问，调研海上物流现状和潜力；同期印尼还举办了海事展览会和以海洋强国为主题的全国高校辩论会，印尼伊斯兰教士联合会（Nahdlatul Ulama, NU）则举办了郑和下西洋研讨会。2016年6月10日，帆船拉力赛在印尼举行，在这项一年一度的拉力赛中，来自世界各地的数百艘帆船聚集印尼。2016年6月24日，国际旅游博览会在巴厘岛举行。该活动旨在促进对巴厘岛及其周边旅游资源的发掘。有专家表示，巴厘岛是连接外岛的门户和枢纽，具有巨大的旅游发展潜力。据相关机构统计，2019年巴厘岛吸引627.5万人次游客前来观光旅游。2023年8月25日，印尼国际海事展（INAMARINE）在雅加达开幕。②首创于2014年的印尼国际海事展是目前印尼最大的关于海事与海洋工程行业的B2B展会。为期三天的展览会吸引

---

① "National Maritime Day, Luhut: Momentum to Protect and Manage Marine Resources," VOL, September 23, 2023, accessed December 10, 2023, https://voi.id/en/economy/313456.

② "IPERINDO Joins Marintec Indonesia in the Pursuit of Transforming Indonesia into a Maritime Power," PR Newswire, June 29, 2016, accessed July 1, 2023, https://www.prnewswire.com/news-releases/iperindo-joins-marintec-indonesia-in-the-pursuit-of-transforming-indonesia-into-a-maritime-power-300291881.html.

了来自15个国家和地区的200余家厂商参加。该展览会的一系列会议和高度集中的商品展览，为各界人士提供了良好的商机，也为决策者、政策制定者和研究人员提供了可靠的数据。独特的地理位置、丰富的海洋资源、较快的经济增长速度以及庞大的人口基数等因素支撑印尼成为东南亚地区海洋产业的关键参与者，这也是佐科总统"全球海洋支点"构想的出发点。

最后，印尼还通过加强海洋教育来提高青少年的海洋意识。海洋和渔业是佐科总统打造未来国家愿景的重要组成部分，因此印尼政府寄希望于本国的青少年，期望通过加强海洋教育，培养一批海洋人才，服务于印尼"全球海洋支点"构想的实现。2016年，印尼政府计划在东加里曼丹省建设全国第二个海事科研中心和海洋科技园，吸引印尼青年投身海洋研究，积极推动印尼海洋科技的发展。印尼政府还计划在基础教育中普及海洋探索史课程，并计划向每个职业学校资助7亿印尼盾（约合5.4万美元），以帮助其提高教学质量，尤其是强化职业学校在海事专业上的教学能力。[1] 印尼对青少年的海洋教育打上了国家意志的标签，充分显示了佐科总统对海洋文化的重视。[2] 此外，印尼还加强国际合作，培养海事专业人才。如2024年3月5日，中国和印尼在江苏举行航海职业人才合作培养研讨会。在本次研讨会中，中国和印尼双方一致决定加快"中国（南通）—印尼（雅加达）航海人才研修基地"建设，以合作培养高素质的海事人才，促进中印尼航海教育事业的高质量发展。[3]

二、维护国家海洋资源和海洋权益

印尼长期以来一直是非法捕鱼者的天堂，在印尼管辖的海域内日常有

---

[1] "Vocational Education in Indonesia: Crucial to Compete in the ASEAN," *Global Business Guide Indonesia*, December 25, 2016, accessed July 2, 2023, http://www.gbgindonesia.com/en/education/article/2016/vocational_education_in_indonesia_crucial_to_compete_in_the_asean_11489.php.

[2] 薛松、许利平：《印尼"海洋强国战略"与对华海洋合作》，《国际问题研究》2016年第3期，第67页。

[3] 《构建"一带一路"教育共同体中印尼航海职业人才合作培养研讨会在南通举行》，扬子晚报网，2024年3月6日，http://news.yangtse.com/zncontent/3605663.html，访问日期：2024年3月28日。

5400余艘作业船只,据估计,其中90%是非法渔船,非法捕鱼活动每年给印尼造成约240亿美元的损失。佐科在就职演说中表达了要维护印尼的海洋权益,严厉打击非法捕鱼的施政计划。上任后,佐科从三方面入手维护海洋权益。首先,设立海洋执法机构,颁布海洋法,完善法律体系。2014年12月15日,佐科在"群岛日"庆祝活动上发表讲话,宣布成立海上安全机构(Bakamla)。陪伴总统出席该仪式的内阁秘书说,海上安全机构是根据2014年第178号有关领海安全的总统条例而成立的。他说,该机构的主要任务是在印尼领海和管辖区内开展巡逻执法,维护国家海上安全。有媒体指出,海洋安全机构的成立标志着印尼进入海上执法单位协同行动的时代。针对捕鱼活动,印尼海洋事务与渔业部(KKP)发布了第1/2015号条例,规定所有捕鱼活动必须确保渔业资源必须有足够的时间进行繁殖。[①] 例如,严禁捕捞长度超过8厘米的龙虾、超过15厘米的螃蟹和超过10厘米的花蟹,同时禁止捕捞任何上述处于繁殖期的甲壳类动物。KKP第2号条例规定禁止使用拖网捕鱼,以防偶然捕获非目标物种。另外,KKP还计划限制对小于30吨的渔船进行燃料补贴,旨在促进海洋渔业的可持续发展。

其次,加强海上巡逻行动,加大对外国非法渔船的打击。佐科政府加强了对相关海域的保护,包括建立海岸警卫队,成立海洋事务协调部。2014年12月,佐科宣布了一项打击外国渔船的"休克疗法"。[②] 佐科当选总统不久,便任命苏西·普加斯图蒂为印尼海洋事务与渔业部长,且授予她逮捕或击沉任何在印尼水域进行非法捕鱼的外国渔船的特权。"休克疗法"出台后,截至2016年6月,印尼海军已经击沉了越南、泰国、马来西亚、巴布亚新几内亚等国的多艘渔船。从法理上讲,打击外国非法捕鱼船具有某种程度的正当性,大多数国家也不会支持本国公民在海外从事违法活动。然而,印尼在处理这些问题时刻意采取强硬措施,未按照东盟国家

---

① "Indonesia Puts Forward Six Steps to Improve the Fisheries Sector," *Global Business Guide Indonesia*, May 26, 2016, accessed July 2, 2023, http://www.gbgindonesia.com/en/agriculture/article/2016/indonesia_s_fisheries_sector_under_a_new_paradigm_.

② Sambhi, Natalie, "Jokowi's 'Global Maritime Axis' Smooth Sailing or Rocky Seas Ahead?" *Security Challenges* 11, no. 2 (2015): 48.

间"安静外交"的方式处理问题，造成其在外交上失分，使自身陷入较为被动的局面。[1] 东南亚学者几乎是一边倒地反对印尼的做法，如澳大利亚学者卡尔·索耶（Karl Soyer）、马来西亚学者法瑞斯哈·诺欧卢（Farisha Nooglu）和哈姆扎哈（Hamzaha）等表示，印尼的这一行为破坏了东盟国家间达成的"妥协与对话"原则，印尼此举无异于引火烧身。虽然印尼此举让周边国家颇感失望，但印尼这一举措在国内呼声甚高。[2] 同年7月16日，廖内群岛的丹戎槟榔渔业法庭驳回了对新加坡籍船长乔家华（音译）的指控，罪名是涉嫌进入廖内岛民丹岛水域非法捕鱼。法院因证据不足，宣布对其无罪释放。他被移交给印尼移民拘留中心，最终被驱逐回新加坡。但印尼检察官尤里·普拉西蒂奥对裁决表示失望，并宣布计划提起上诉。他说，这是印尼政府致力于消除非法捕鱼的首例渔业判决，是印尼政府对外国非法捕鱼船只释放的最严厉的警告。

除了在印尼水域进行海上巡逻，印尼也积极与邻国开展区域性联合海上巡逻行动。2018年10月14日，印尼与印度开展了第32次海上联合执法巡逻行动。根据巡逻计划，印尼与印度的军舰和巡逻机拟在长达236海里的国际海运航线上进行巡逻，以加强两国的协调联动能力，维护海上秩序。[3] 2019年5月2日，印尼和菲律宾在菲南部城市达沃启动两国近海联合海上巡航行动，巡航为期10天，主要任务是维护两国交界处的海上安全，联手打击海上犯罪，遏制走私、海盗等跨国不法行为。通过上述实战演练，两国海军增强了进行区域性海上执法的能力。[4]

最后，通过与国外合作或者建立本国的渔业加工体系，印尼积极寻求与外国投资者成立合资企业，开发纳土纳群岛和廖内群岛的渔业资源。2016年7月在雅加达的记者招待会上，印尼海洋与投资统筹部长卢胡特表

---

[1] Pattiradjawane, René L, "The Indonesian Perspective toward Rising China: Balancing the National Interest," *Asian Journal of Comparative Politics* 1, no. 3 (2016): 260-282.

[2] Connelly, Aaron L, "Sovereignty and the Sea: President Joko Widodo's Foreign Policy Challenges," *Contemporary Southeast Asia* (2015): 21.

[3] 《印度与印尼海军开展海上联合巡逻》，越通社网站，2018年10月14日，https://zh.vietnamplus.vn/印度与印尼海军开展海上联合巡逻/87002.vnp，访问日期：2023年7月2日。

[4] 《菲律宾与印尼启动联合海上巡航打击跨国犯罪》，新华网，2019年5月2日，http://www.xinhuanet.com/world/2019-05/02/c_1124444954.htm，访问日期：2023年7月2日。

示，印尼政府欢迎任何有兴趣成立联合渔业公司的国家，利用纳土纳群岛的渔业潜力，帮助其实现每年100万吨渔获的生产目标。印尼政府还积极吸引外国和国内公司投资印尼渔业，据统计，在2023年第三季度，印尼的渔业投资总额为9.56万亿印尼盾，其中国内投资额为5.32万亿印尼盾，外国投资额为1.4万亿印尼盾，投资信贷为2.84万亿印尼盾。若按照业务领域进行划分，首先是水产品加工的投资额为3.65万亿印尼盾，位居第一；其次是水产养殖业，为2.6万亿印尼盾；再次是市场营销，为1.95万亿印尼盾。①

此外，印尼政府也出台了一些针对渔业生产的积极政策。其中一项是在鱼类生产中心建造新港口，以方便渔民出口他们的渔获，而无须将其运往棉兰、雅加达、泗水或巴厘岛的大港口。另外，印尼政府也大力促进本国水产养殖业的发展，如印尼海洋事务与渔业部在沿海地区建立了金枪鱼养殖区，同时推出了一系列措施，将金枪鱼产量保持在可持续水平，包括引入捕捞控制，在少数渔场监测某些物种，管理鱼类聚集器设备的使用，以及鼓励渔民申请国际标准的可持续性认证等。而在2023年1月，印尼海洋事务与渔业部长在一次会议上宣布，印尼将开发1000公顷的现代化养虾池塘，以促进本国虾类养殖业的发展。②截至2022年，印尼海洋捕捞渔业的产量为702.6万吨，比2021年增长了3.83%；其产值也比2021年增长了7.41%，达到192.2万亿印尼盾（约合120.99亿美元）。而水产养殖业的总产量为1477.6万吨，总产值为212.9万亿印尼盾（约合134.2亿美元），分别比2021年增长了0.8%和7.7%。③

---

① 《印尼—越南渔业合作将为亚洲创造新动力》，印度尼西亚商报，2024年3月23日，http://www.shangbaoindonesia.com/read/2024/03/23/economy-1711171790，访问日期：2024年3月28日。

② 《印度尼西亚加强发展沿海金枪鱼养殖业》，惠州市农业农村局网站，2023年7月20日，http://nyncj.huizhou.gov.cn/zwzc/xwzx/gjyw/content/post_5037829.html，访问日期：2024年3月28日。

③ "Statistics Indonesia 2024," *Statistics Indonesia*, February 28, 2024, accessed March 29, 2024, https://www.bps.go.id/en/publication/2024/02/28/c1bacde03256343b2bf769b0/statistical-yearbook-of-indonesia-2024.html.

三、加强海洋基础设施建设

一直以来，印尼的基础设施建设欠佳，政府对基础设施的投资亦低于东南亚国家的普遍水平。据世界银行于2013年5月初公布的报告，印尼基础设施建设投资金额仅占国民生产总值的3%左右，不仅低于中国及印度（接近10%）、泰国及越南（7%以上），也低于1998年亚洲金融危机以前的印尼自身，造成基础设施的严重缺乏及维护管理的失效。如，印尼每100公里平均运输时间为2.6小时，而泰国和中国分别仅为1.4小时和1.2小时。此外，印尼的国家政治经济中心雅加达交通堵塞，其他各主要城市普遍存在着道路损坏、桥梁坍塌、港口设施老旧，电力及饮水供应难以满足民众的需求问题。由于印尼多年来基础设施建设滞后，造成物流成本较周边国家高很多并引发了众多衍生社会问题，降低了印尼国家的竞争力，严重影响了投资环境和经济发展。但这种状况在佐科政府时期得到了明显改善。[1]

2014年7月，佐科当选为印尼总统，并承诺扩大印尼各项基础设施建设投资，提出了以加强海洋基础设施建设为基础的"海上高速公路"计划。该计划的重点是在各岛屿大力兴建公路、铁路、港口、机场等基础设施，把印尼最西端苏门答腊岛的巴拉宛与最东端的巴布亚梭隆连接起来，以促进岛际物资流通，推动印尼不同地域经济的平衡发展，使印尼能够成为全球海上交通运输的一大枢纽。

为了实现这一目标，佐科正式就任印尼总统后不久便宣布了铁路、港口和机场等基础设施在2015—2019年的发展计划，其中印尼港口的发展是佐科政府基础设施发展议程的首要任务。在港口建设上，印尼政府旨在扩张或建设24个集装箱港口，包括5个枢纽港和19个贯穿群岛的支线港，这需要在2019年达成900万亿印尼盾（约合810亿美元）的投资额；在铁路建设上，印尼政府计划在2014年的铁路网络（2159公里城际列车和1099

---

[1] 《印尼经验回顾与展望》，财团法人中华顾问工程司网站，2016年4月，https://www.ceci.org.tw/Search.aspx?q=%E5%8D%B0%E5%B0%BC%E7%BB%8F%E9%AA%8C#gsc.tab=0&gsc.q=%E5%8D%B0%E5%B0%BC%E7%BB%8F%E9%AA%8C&gsc.page=1，访问日期：2024年3月29日。

公里城区列车）的基础上增加建设3528公里铁路，这就需要在2015—2019年实现283万亿印尼盾（约合239亿美元）的投资目标；而在机场建设上，印尼政府计划在航空产业投资165万亿印尼盾（约合139亿美元），包括加大机场维护投入、建设新机场和改善空中交通管制设施等。①

虽然印尼有大量的基础设施建设需求，但印尼政府在基础设施建设上往往面临较大的资金缺口，对基础设施项目的支出在佐科就职后的第一年就呈现迟缓的现象。因此，2015年起，印尼政府进行了大规模的法律改革和体制改革（包括分拆和私有化），提高基础设施采购的透明度，以鼓励私人投资。在各种倡议中，印尼政府建立了一个公共私营伙伴关系（PPP）方案。通过PPP计划，私营部门与政府和国有企业一起积极参与印尼基础设施建设。此外，2020年2月18日，印尼政府颁布了关于通过有限特许权为基础设施建设融资的第32/2020号总统条例，其中引入了一个有限特许权，可利用中央政府和（或）国有企业经营的现有资产为公共基础设施融资。②

通过以上改革，印尼政府在基础设施建设的投资能力得到了明显提高。有数据显示，2015—2019年，印尼政府的基础设施建设总支出为3592亿美元；而在佐科总统的第二任期，即2020—2023年，印尼政府的基础设施建设总支出为4297亿美元，比第一任期的基建总支出增长了20%。2023年，印尼政府与私营企业合作开展的基础设施融资项目达到了83个，总投资达400亿美元。非政府预算支出融资项目约30个，总金额达500亿美元。③

佐科政府在基础设施建设上的努力也有所成效。截至2023年第三季度

---

① 《"千岛之国"印度尼西亚投资机遇展望——普华永道海外投资系列暨一带一路观察》，普华永道中国网，2016年12月，https://www.pwccn.com/zh/publications/invest-ind-guide.html，访问日期：2024年3月29日。

② "Investment Window into Indonesia (IWI) 2024," Deloitte, February 12, 2024, accessed March 29, 2024, https://www2.deloitte.com/id/en/pages/about-deloitte/articles/investment-window-into-indonesia.html.

③ "Indonesia Infrastructure Market Size & Share Analysis—Growth Trends & Forecasts (2024-2029)," Mordor Intelligence, December 22, 2023, accessed March 29, 2024, https://www.mordorintelligence.com/industry-reports/infrastructure-sector-in-indonesia.

末,印尼已完成170多个基础设施建设项目,其中包括53个道路和桥梁项目、16个海港项目、7个机场项目、14个火车/铁路项目等。而在基础设施领域,印尼的全球竞争力也从2015年的第54位上升至2023年的第51位。国际管理发展学院(IMD)世界竞争力中心在2023年将印尼的经济竞争力排在了64个经济体中的第34位,比2015年的第37位有了一定提升。这为印尼实现"全球海洋支点"构想奠定了坚实的基础。①

四、海洋外交

佐科本人在就任总统之前,从来没有发表过任何有关外交的系统性观点,他将自己定义为一名国内改革者,而不是一名国际政治家。或者说,佐科的外交政策更多的是为了国内改革的顺利进行而开展的。在2014年的东亚峰会上,佐科表示:"印尼作为两大洋的战略支点,有义务强化海上防御力量,既可保护自己的主权,也可维护本地区的航行安全和海上安全。更为重要的是,印尼希望印度洋和太平洋保持和平与安全,而不是成为抢夺自然资源、发生划界冲突和争夺海上霸权的战场。"换言之,佐科希望印尼的外交能够为国内的发展营造一个和平稳定的外部环境。佐科政府的外交部长蕾特诺上任伊始就简单明了地阐明了印尼的外交指导思想,即以实际行动服务于国内的民众,如要求印尼的外交官在海外推销本国的产品。

在佐科的外交政策构想中,印尼发展进步的核心要素就是印尼是一个群岛国家,它的国家身份和繁荣昌盛与海洋密切相关,佐科政府的外交政策也会与海洋有着紧密的联系。印尼的海洋外交包含三个层次的内容:解决海域划界争端、维护海上安全和开展海上经济的合作,其中,海上安全还分为传统安全和非传统安全两个方面。

(一)印尼与东盟国家的海洋外交

印尼的"海洋外交"一问世便在东南亚国家中引起了高度关注。印尼邻国的过激反应实际上表达了对印尼政府外交政策的担忧。这些国家在历

---

① 《印尼媒体:"一带一路"助印尼提升基础设施》,中国网,2023年10月31日,http://news.china.com.cn/2023-10/31/content_116785477.shtml,访问日期:2024年3月29日。

史和文化上有着相似之处，加上密切的贸易联系，各国之间不可能在短时间内解决长久以来存在的争端。现今，即使印尼和其邻国的民间交流的频度很高，但印尼对邻国仍然存在着一种不安的情绪。①

首先，在解决海域划界问题上，印尼与周边国家积极寻求和平解决之道。2014年5月，马来西亚试图在加里曼丹岛附近一处与印尼存有划界争议的海域建造灯塔，从而引发两国之间的紧张局势。由于印尼的强烈抗议，马来西亚随后停止了该灯塔的建造，双方分歧得以暂时平息。2015年2月6日，印尼总统佐科对马来西亚进行了国事访问。②佐科与马来西亚首相纳吉曾就两国海上边界问题进行了会谈。佐科表示印尼将不会对进入双方争议区域的马来西亚渔船进行驱离，但对进入印尼领海的渔船会采取严厉措施。经过会谈，马来西亚外交部长阿尼法同意两国继续谈判，并努力寻求解决海上边界问题的契合点，特别是涉及马六甲海峡、南中国海和苏拉威西海或安巴拉特海的问题。2015年6月，印尼与马来西亚因安巴拉特海域的石油开发而再次陷入纠纷，甚至一度造成了两国历史上少有的军事对峙。随后两国外长举行了紧急磋商，同意以外交手段解决争端，双方争议才得以缓和③。

不仅与马来西亚存在海上冲突，印尼与菲律宾、新加坡、越南等国都存在着海域划界问题。2014年5月，印尼和菲律宾经过20年的漫长谈判之后，两国终于就专属经济区划界问题达成了协定。④同年，印尼与新加坡就两国争议的海域划界问题进行了协商，并初步解决了争议问题。2015年2月9日，印尼总统佐科访问菲律宾。两国确认恢复大陆架划界谈判，并且修订两国的边界以及边界巡逻协定。在此基础上，两国进一步推动了海域

---

① Aaron I.Connelly, "Sovereignty and the Sea: President Joko Widodo's Foreign Policy Challenges," *Contemporary Southeast Asia* 37, no.1 (2015): 17.

② "Indonesian President Makes Maiden Visit to Malaysia Tomorrow," *Malaymail*, February 4, 2015, accessed July 4, 2023, https://www.malaymail.com/news/malaysia/2015/02/04/indonesian-president-makes-maiden-visit-to-malaysia-tomorrow/834163.

③ 李辉、张学刚：《印尼与马来西亚安巴拉特领海争端概况》，《国际资料信息》2005年第5期，第10页。

④ 刘畅：《印度尼西亚海洋划界问题：现状、特点与展望》，《东南亚研究》2015年第5期，第38页。

划界、边界合作等相关工作。① 2022年12月22日，印尼和越南完成了历时12年的南中国海专属经济区划界谈判，并同意深化两国经济合作，争取到2028年将双边贸易额提高到150亿美元。这缓解了两国之间的紧张气氛，同时证明了东盟国家有足够的能力解决成员国之间的海上争端，为印尼与其他成员国的边界谈判提供了优秀范例。②

其次，在维护海上安全问题上，印尼与东盟其他国家展开了包括打击海盗、打击海上贩毒和反恐在内的多种合作。2014年第八届东盟防长会议上，东盟各国代表一致同意建立防长会议热线，以便处理紧急安全事件和避免擦枪走火。2015年2月25日，印尼参加了东南亚打击海盗和海上武装抢劫研讨会（ARF Seminar on Counter Piracy and Armed Robbery），与会65名各国代表对东南亚的海上安全问题进行了讨论，一致希望能够实现海上反恐、反海盗信息共享，有力地打击该地区的海上犯罪。

图4.2　2008—2014年印尼海域海盗抢劫案数量统计

资料来源：Gindarsah, Iis, and Adhi Priamarizki, "Indonesia's Maritime Doctrine and Security Concerns," S. Rajaratnam School of International Studies, April 9, 2015, accessed June 28, 2023, https://www.rsis.edu.sg/wp-content/uploads/2015/04/PR150409_Indonesias-Maritime-Doctrine.pdf.

---

① "Indonesia's Jokowi Arrives in PH for State Visit," *Rappler*, February 8, 2015, accessed July 4, 2023, https://www.rappler.com/nation/83299-indonesia-president-jokowi-arrival-state-visit/.

② 《印尼越南完成南中国海专属经济区边界谈判》，联合早报网，2022年12月24日，https://www.zaobao.com/news/sea/story20221224-1346605，访问日期：2023年7月4日。

图4.2是2008—2014年在印尼海域海盗抢劫案数量统计图。[①]数据显示，自2009—2013年，印尼海域的海盗抢劫案件呈上升趋势，年平均增长率约为47.53%，增长速度较快。为了遏制海盗活动的增长势头，近年来印尼加入到马六甲海峡的多国巡逻行动中，通过小组内的情报交换，拓宽了海事情报搜集能力。这个情报交换小组是由马六甲海峡沿岸的四个国家组成的。在这个合作框架内，通过与新加坡信息融合中心的密切合作，印尼受益匪浅。马六甲海峡联合巡逻行动使得这一海域的海盗抢劫案件明显减少。它的成功可成为东盟国家开展协调巡逻行动的典范。另外，出于对阿布沙耶夫武装团伙（Abu Sayyaf Group, ASG）将菲律宾的塔威塔威群岛和棉兰老岛作为基地，以及对该集团绑架印尼水手的担忧，印尼、马来西亚、菲律宾三国于2016年在苏拉威西海域启动了三方海上巡逻（TMP）行动，成功遏制了阿布沙耶夫武装团伙在海上的袭击势头。[②]2016年5月2日，包括印尼在内的东盟十国和中国、俄罗斯、美国、日本、韩国、澳大利亚、新西兰、印度8国参加了在文莱首都斯里巴加湾市举行的海上安全与反恐联合演练，此次演练是东盟防长扩大会议框架下举办的首次海上安全与反恐演练。这一地区的国家共享马六甲海峡的安全利益，这也是各国能够搁置争议，开展对话协商的关键因素。2016年5月6日，印尼、马来西亚和菲律宾三国外长和国防部长在印尼日惹就"印尼、马来西亚和菲律宾共同关心的海域"安全问题发表了联合声明，表示三国同意加强安全合作，并于联合声明发表的13个月后启动三国海上巡逻。[③]2017年4月，印尼、马来西亚、菲律宾三国开始在苏禄海海域展开联合海上巡逻，巡逻的目的是打击该海域猖獗的海盗，保卫航经该海域的船舶及沿岸居民的安全。马来西亚海军司令卡马鲁扎曼声称，此次合作是前所未有的，显示了

---

① 《印尼越南完成南中国海专属经济区边界谈判》，联合早报网，2022年12月24日，https://www.zaobao.com/news/sea/story20221224-1346605，访问日期：2023年7月4日。

② Anwar, Dewi Fortuna, "Indonesia and the ASEAN Outlook on the Indo-Pacific," *International Affairs* 96, no. 1 (2020): 111-129.

③ "Joint Declaration by President of the Republic of Indonesia and President of the Republic of the Philippines on Cooperation to Ensure Maritime Security in Sulu Sea," *Kemlu*, September 9, 2016, accessed July 4, 2023, https://treaty.kemlu.go.id/apisearch/pdf?filename=PHL-2016-0085.pdf.

三国间高度的信任感。①2022年8月5日，印尼和菲律宾达成协定，同意加强海上和边境安全合作，并监督印度尼西亚—菲律宾—马来西亚三方合作安排（TCA）的更新。②可见，印尼在双边、多边的框架内与东盟其他国家展开的海洋合作，有效地维护了该地区的海洋安全。根据国际海事局的统计数据，相较于2013年，2021年印尼海域的海盗案件数量明显下降，仅发生9起，这反映了印尼与邻国的海洋安全合作具有明显成效。③

最后，在开展海上经济合作方面，印尼与东盟其他伙伴国家在渔业、海洋科技以及海洋环境检测领域开展了广泛合作。2015年印尼与马来西亚起草了一份全新的棕榈油准则，商定设立一个棕榈油生产国家合作委员会，该机构的日常议程之一就是维持棕榈油价格的稳定以保护普通农民的利益和维护下游产业的发展。2015年10月7日，印尼第五届国际渔业和海鲜材料、产品、加工和包装展览会在雅加达开幕。该博览会由印尼海洋事务与渔业部和印尼工商部共同承办。海洋渔场可持续发展、海洋环境保护、渔业生物技术、货运代理和物流服务是本次博览会的重点。此次博览会的主题是促进印尼与其他国家的海洋产业形成优势互补和有机融合。④2016年11月16日，印尼总统佐科与新加坡总理李显龙在印尼中爪哇省举行双边会谈，两国承诺加强经济、投资、旅游、能源等领域的合作。其中，两国在旅游领域签署了一份谅解备忘录，双方在海洋观光旅游方面达成共识，将开辟更多的邮轮旅游航线，以满足正在迅速增长的邮轮旅游

---

① Prashanth Parameswaran, "Indonesia, Malaysia, Philippines Consider Expanding Sulu Sea Trilateral Patrols," *The Diplomat*, April 19, 2022, accessed July 4, 2023, https://thediplomat.com/2022/04/indonesia-malaysia-philippines-consider-expanding-sulu-sea-trilateral-patrols/.

② "Indonesia, Philippines Agree to Boost Maritime, Border Security Cooperation," The Indonesia, September 5, 2022, accessed July 4, 2023, https://www.theindonesia.id/news/2022/09/05/173000/indonesia-philippines-agree-to-boost-maritime-border-security-cooperation.

③ "Piracy and Armed Robbery against Ships," International Maritime Organization, accessed July 4, 2023, https://www.imo.org/en/OurWork/Security/Pages/PiracyArmedRobberydefault.aspx.

④ "Fishery & Seafood Indonesia Expo 2015," Trade Shows, October 7, 2015, accessed July 5, 2023, https://www.tradeindia.com/tradeshows/50956/fishery-seafood-indonesia-expo-2015.html.

业需求。① 2017年9月29日，印度尼西亚—马来西亚—泰国三方发展第13届部长级会议（IMT-GT）在印尼举行。会议上，三国代表一致同意加强在旅游、运输、人力资源和基础设施项目等四个领域的合作，并发布了《2017—2021年印尼—马来西亚—泰国增长三角区实施蓝图》（以下简称《实施蓝图》）。② 尤其在交通运输领域，《实施蓝图》明确要加强次区域的海上互联互通，包括提高集装箱吞吐量、推广滚装船和邮轮服务。而且，《实施蓝图》还把包括渔业在内的农业和以农业为基础的农产品加工业作为重点合作领域，并计划借助国家和国际标准的制定和实施促进农业、渔业和畜牧业的可持续发展。③ 2023年5月9日，在第42届东盟峰会上，印尼总统佐科和越南政府总理范明正举行会晤，双方一致同意加强海上合作，设立渔业热线电话，以推动两国战略伙伴关系的深入发展。④ 另外，印尼和文莱也有着多种合作。印尼愿意增加对文莱的贸易和投资，特别是在渔业和医疗方面。此外，在文莱与越南和马来西亚达成海上专属经济区的谈判后，印尼也有意与文莱在南沙群岛合作开采石油和天然气。⑤

（二）印尼与澳大利亚的海洋外交

近几年，印尼和澳大利亚在打击海上犯罪，维护海上安全上有多项合作。在军事安全合作方面，2014年印尼海军与澳大利亚皇家海军通过"科莫多"军事演习加强了战略合作。这是一个建立在"东南亚国家防

---

① "Singapore to Increase Cooperation with Indonesia in Five Areas," The Online Citizen, November 16, 2016, accessed July 5, 2023, https://www.theonlinecitizen.com/2016/11/16/singapore-to-increase-cooperation-with-indonesia-in-five-areas/.

② 《促进印尼、马来西亚和泰国三国经济合作》，越通社网站，2017年10月1日，https://cn.qdnd.vn/cid-6130/7187/-543082，访问日期：2023年7月5日。

③ "IMT-GT Implementation Blueprint 2017–2021," Asian Development Bank, accessed July 4, 2023, https://www.adb.org/sites/default/files/related/41543/imt-gt-implementation-blueprint-2017-2021.pdf.

④ 《越南与印尼力争实现2028年双边贸易金额达150亿美元的目标》，越南社会主义共和国政府新闻网，2023年5月10日，https://cn.baochinhphu.vn/越南与印尼力争实现2028年双边贸易金额达150亿美元的目标.htm-116230510093019266.htm，访问日期：2023年7月5日。

⑤ Prashanth Parameswaran, "What Did the Brunei Sultan's Singapore Visit Accomplish?" The Diplomat, July 12, 2017, accessed July 5, 2023, https://thediplomat.com/2017/07/what-did-the-brunei-sultans-singapore-visit-accomplish/.

长+"会议以及"东南亚国家海军首脑+"会议框架下的合作，印尼通过邀请"东南亚国家防长+"会议的有关国家加入演习，旨在促进地区海上安全稳定的国际合作。2016年，印尼军队在达尔文与澳大利亚军队展开联合训练，这是自1995年以来印尼军队首次在澳大利亚进行军事演习。另外，该演习作为"维拉查亚演习"（Wirra Jaya）的一部分，已发展成为印尼和澳大利亚的年度活动。2018年9月，印尼海军参加了由澳大利亚组织的卡卡杜演习。该演习共有27个国家参加，是当时澳大利亚最大规模的海上演习。[1] 2023年2月9日，印尼国防部长普拉博沃·苏比安托（Prabowo Subianto）和澳大利亚国防部长理查德·马尔斯（Richard Marles）在堪培拉举行了第八次"2+2"部长级会议。在会议中，印尼和澳大利亚承诺达成一项新的防务合作协定，旨在将两国现有的防务合作协定"升级"为"一项以国际法为依据的具有约束力的协定"。另外，两国部长在会后的一份联合声明中表示，新协定将进一步深化两国在军事医学、军事技术、国防工业等领域的防务合作；[2] 两国将积极探索使两国军队更容易合作的途径，并通过增加对话交流、提高互操作性和加强实际安排来深化双方的防务合作。另外，印尼和澳大利亚愿意建立更深层次的警务、情报和军事联系，双方的武装部队也可以相互进入各自的训练场，由此双方将更容易开展联合军事行动。[3]

在海洋管理方面，2013年底，由于澳大利亚爆出"监听门"事件，印尼和澳大利亚的关系降至冰点，联合安全行动暂停。但根据皮尤研究中心（Pew Research Center）的调查，由于伊斯兰极端主义正成为印尼和澳大利亚共同担忧的问题，两国重启了海上合作进程。澳大利亚移民和边境

---

[1] Laksmana, Evan, "Is Indonesia Australia's 'Most Important' Security Partner?" *The Strategist, Australian Strategic Policy Institute* 15 (2018): 1.

[2] "Joint Statement on the Eighth Australia-Indonesia Foreign and Defence Ministers' 2+2 Meeting," Australian Defence Force, February 10, 2023, accessed July 5, 2023, https://www.minister.defence.gov.au/statements/2023-02-10/joint-statement-eighth-australia-indonesia-foreign-and-defence-ministers-22-meeting.

[3] "Indonesia and Australia Promise New Defence Cooperation Agreement despite AUKUS Tensions," ABC News, February 10, 2023, accessed July 5, 2023, https://www.abc.net.au/news/2023-02-10/indonesia-australia-defence-cooperation-aukus/101959330.

保护局的一名发言人表示，澳大利亚边境部队（Australian Border Force, ABF）致力于与印尼的边境部队合作对抗海上安全威胁。2015年9月5日，印尼和澳大利亚在雅加达执法合作中心（JCLEC）启动了联合海上执法培训。2017年，澳大利亚海防司令部与印尼海岸警卫队开展了协同海上巡逻行动，代号"采掘行动"。[①] 联合巡逻行动的目标是搜寻非法渔民、走私者、污染者和其他跨国犯罪分子，两国希望将民事海洋执法和安全伙伴关系框架正式化。印尼还积极通过开展联合海上巡逻、港口访问、执法培训以及共同开展打击本地区的海盗、贩毒及非法捕鱼活动等行动加强与澳大利亚海岸警卫队的合作关系。同年，印尼与澳大利亚两国政府签署了《打击非法、未报告和无管制捕捞活动联合公报》，以加强双方渔业合作，推进本地区渔业的可持续发展。根据该合作计划，印尼将邀请澳大利亚在东帝汶及巴新海域附近执行联合巡航任务，澳大利亚则向印尼提供反偷猎的相关情报。两国也加强了在其他地区框架，如"澳大利亚—印度西尼亚渔业监管论坛"等机制内的合作。

2017年2月26日，印尼政府和澳大利亚政府签署了《印度尼西亚共和国政府与澳大利亚联邦政府关于海上合作的联合宣言》（以下简称《宣言》）。根据《宣言》，印尼和澳大利亚承诺通过制定一项行动计划来深化和扩大海事合作。2018年3月16日，两国在悉尼签署了《关于执行〈印度尼西亚共和国政府和澳大利亚联邦政府关于海上合作的联合宣言〉的行动计划》（以下简称《行动计划》），重申了《宣言》中提到的目标和承诺，并共同确定了九个重点合作领域，分别是：(1) 经济发展、海上互联互通和蓝色经济；(2) 加强海上安全，打击跨国海上犯罪；(3) 打击渔业领域中非法、未报告和无管制捕捞活动及犯罪行为；(4) 夯实海上安全，预防和应对海洋环境污染；(5) 增强海上搜救的协调性和提高对灾害风险的管理能力；(6) 海洋科技合作；(7) 海洋资源的可持续管理与蓝碳；(8) 海洋文化遗产；(9) 加强在区域和多边论坛上的对话。其中，在海上安全方面，

---

① "Indonesia and Australia Promise New Defence Cooperation Agreement despite AUKUS Tensions," ABC News, February 10, 2023, accessed July 5, 2023, https://www.abc.net.au/news/2023-02-10/indonesia-australia-defence-cooperation-aukus/101959330.

《行动计划》强调要在海上巡逻、海上安全桌面演习、技术和人员培训等方面加强合作，同时要加强信息共享，定期开展各级有关机构与官员之间的对话和磋商，并就双方的能力建设方案进行探讨和规划。[1]

2018年8月，在澳大利亚总理斯科特·莫里森访问印尼期间，印尼和澳大利亚签署了《印度尼西亚共和国政府和澳大利亚联邦政府关于建立全面战略伙伴关系的联合宣言》（以下简称《联合宣言》），为双边关系提供了一个新的长期框架。[2]《联合宣言》以2006年的《龙目条约》为基础，分五大部分，分别为：强化经济伙伴关系；联系两国人民；维护"我们"和本地区的共同利益；海上合作；促进印太地区的稳定与繁荣。其中，关于安全合作的内容主要分布在《联合声明》的后三点，具体包括：（1）"我们本着友好精神开展安全合作，谋求共同利益，为次区域、区域乃至世界的和平、安全与稳定做出贡献。我们共同面对挑战以及恐怖主义、激进主义、极端主义和跨国犯罪的威胁。我们承诺在自然灾害发生时提供援助。"（2）"根据《龙目条约》以及两国各自的国内法和国际义务，我们将不以任何方式支持或参与任何个人或实体针对对方的稳定、主权或领土完整构成威胁的活动。"（3）"我们将共同努力，通过打击海上跨国犯罪以及非法、未报告和无管制的捕捞活动来维护海洋经济的繁荣。"（4）"我们致力于推动建立一个以规则为基础的地区架构，该架构开放、透明、包容、不受胁迫、尊重国际法准则和价值观，并在解决争端中融入对话和外交习惯。"（5）"我们将与其他国家一道在联合国、二十国集团、亚太经济共同体、环印度洋联盟（IOR-ARC）、中等强国合作体（MIKTA）等多边机构

---

[1] "Plan of Action for the Implementation of the Joint Declaration on Maritime Cooperation between the Government of Australia and the Government of the Republic of Indonesia," Department of Foreign Affairs and Trade of Australian Government, March 16, 2008, accessed July 5, 2023, https://www.dfat.gov.au/sites/default/files/indonesia-australia-maritime-cooperation-action-plan.pdf.

[2] Laksmana, Evan, "Is Indonesia Australia's 'Most Important' Security Partner?" *The Strategist, Australian Strategic Policy Institute* 15 (2018): 1.

中加强合作，共同应对本地区的人道主义危机。"[1]

不仅如此，印尼与澳大利亚在网络安全问题上也开展合作。2016年10月28日，在巴厘岛举行的"2+2"对话中，印尼防长里亚米扎尔德·里亚库杜与澳大利亚外长毕晓普进行了会谈。这次会谈涉及一系列与反恐有关的问题，如激进化、网络入侵，以及追踪和制止网络上的恐怖主义资助。印尼防长特别指出非法毒品与非法、未报告和无管制的捕捞活动是印尼关切的主要问题。[2]

（三）印尼与美国的海洋外交

近些年，美国"重返亚太"受到了极大的关注。作为世界上穆斯林人口最多的国家，印尼被看作西方国家与伊斯兰国家关系缓和的典范。[3] 印尼的民主化改革在一定程度上增加了政权稳定性，并借此得以提升同美国的双边关系。而印尼不断扩大的市场和庞大的年轻人口以及对基础设施建设投资的需求，导致美国也开始非常重视印尼的市场，印尼与美国的货物贸易和服务贸易不断扩大。2015年10月26日，佐科总统访问美国，两国将双边关系从"全面伙伴关系"提升至"战略伙伴关系"。2017年，美国政府首次在国家战略层面提出"自由开放的印太"构想，并于2019年将印尼视为东盟中的"关键国家"，而且是美国确保"印太"地区和平与繁荣的核心力量之一。换言之，美国政府将印尼纳入到"印太战略"中来，希望印尼能够充当美国在东南亚地区扩大影响力的一个楔子。

但是从特朗普政府整体的外交实践来看，2017—2021年美国并没有对印尼给予应有的重视，双方的关系趋于冷淡。直到美国总统拜登上台后，印尼与美国的关系才迎来了转机，双方开始重拾多层次的战略协调。2021

---

[1] "Joint Declaration on Comprehensive Partnership between Australia and the Republic of Indonesia," Department of Foreign Affairs and Trade of Australian Government, August 31, 2018, accessed July 5, 2023, https://www.dfat.gov.au/geo/indonesia/joint-declaration-comprehensive-strategic-partnership-between-the-commonwealth-of-australia-and-republic-of-indonesia.

[2] "Indonesia, Australia Strengthen Cyber-Security Ties," The Jakarta Post, February 3, 2017, accessed July 5, 2023, https://www.thejakartapost.com/seasia/2017/02/03/indonesia-australia-strengthen-cyber-security-ties.html.

[3] Sticher, Valerie, "Indonesia: Challenges for the New Government," CSS Analyses in Security Policy 157 (2014): 3.

年8月，美国国务卿布林肯（Blinken）和印尼外长蕾特诺在华盛顿展开了首轮"美国—印尼战略对话"。在对话中，印尼外长指出，印尼与美国的关系对于确保印太地区的安全与繁荣至关重要，两国关系正进入"新时代"。[1] 可以看出，自佐科政府上台以来，印尼与美国之间逐渐形成一个利益互嵌的共同体。一方面，印尼政府希望倚重美国以实现自身在政治、军事和国家主权上的诉求，发挥合作的"联动效应"，其中包括增强自身在国际事务中的话语权、壮大海上军事能力以及维护自身在南海地区的既有利益；另一方面，美国也希望联手印尼来整合地区伙伴资源，推进其"印太战略"，以实现对东南亚地区重点海域和关键海上航道的控制，增强美国在东南亚地区的军事影响力以及维持美国主导的海洋秩序，由此制衡中国和俄罗斯在东南亚地区的影响。[2] 基于两国利益的高契合性，印尼和美国之间开展了频繁的合作。

在地区与全球性问题上，美国支持印尼的"全球海洋支点"构想，并支持其在地区和全球事务中发挥积极作用。印尼也对美国为促进亚太地区和平、繁荣与稳定的"亚太再平衡"战略表示欢迎。美国还重申支持依据包括1982年12月10日通过的《联合国海洋法公约》在内的国际法和平解决国际争端。[3]

印尼作为美国在东南亚地区的重要伙伴，自然而然得到了美国的高度关注，并且双方不断通过军售及联合军演来维持友好关系。美国通过改善与印尼的军事关系，以打击海盗和维护国际航道安全为由，巩固和加强了与东南亚国家的双边和多边军事合作机制。2010年，美国与印尼签署了《防务领域合作框架协定》，进一步整合了两国间军事合作项目。美方积极考虑印尼向美国国防部提出的广泛的服务和设备要求，美有意成为印

---

[1] 王勇辉、程春林：《拜登政府"印太战略"下美国—印尼战略伙伴：进展、逻辑与限度》，《印度洋经济体研究》2023年第2期，第63页。

[2] 王勇辉、程春林：《印太视阈下美国与印尼的海上安全合作》，《东南亚研究》2022年第4期，第92—105页。

[3] "The 'Global Maritime Fulcrum' and the US-Indonesia Partnership," *The Diplomat*, October 27, 2015, accessed July 5, 2023, https://thediplomat.com/2015/10/how-the-global-maritime-fulcrum-can-elevate-the-us-indonesia-partnership/.

尼的主要军火供应商。① 印尼与美国于2015年达成加深双方战略合作关系的协定，通过情报分享、扩大军事技术转让等合作来应对当前亚洲—太平洋地区出现的威胁。双方情报分享包括网络安全、反恐以及军事等领域。其中，反恐是美国和印尼关系的基点之一。激进主义和恐怖主义是印尼目前面临的重要安全威胁。实际上，美国多年以来在中东地区的反恐行动也恰恰说明双方在反恐问题上有着契合点，或者反恐应该被理解为一种相互需要。

2015年3月，印尼海军水下爆破部队与美国海豹突击队举行名为"Flash Iron 15-5524联合训练"的联合演习。该演习有57名印尼海军人员和16名美国海军人员参加，训练内容包括战术与战斗伤员救治（TCCC）、城市地形军事行动（MOUT）、近身格斗术（CQC）以及小型舰艇行动（SCO）。② 印尼海军西部舰队蛙兵司令部指挥官查杜尔（Tjatur Soniarto）海军上校表示，这次演习意在提升技术和特殊海战战术，以对两国海军相关单位提供支持。同时此次演习也是双方进行知识交流的工具，有助于培养以海军特种作战部队为基础的团结意识。③ 2015年4月8日，印尼海军陆战队两栖侦察兵和美国海军特种兵在印尼东爪哇外南梦珀桑加兰（Pesanggaran）镇进行名为"铁灯塔"（Iron Lantern）的城市战演习。印尼参演特遣部队指挥官弗雷迪（Freddie）中校表示，这次演习的目的是提高印尼海军陆战队两栖侦察兵对城市战的知识以及技术和战术能力。除了城市战，印尼两栖侦察兵部队还出动了一架贝尔-412直升机进行了直升机跳水和直升机吊运演习。此外，弗雷迪认为此次演习有助于提高印尼海军陆战队两栖侦察兵的敬业精神，以及在陆、海、空的作战能力，同时也能

---

① Chandramohan, Balaji, "Indonesia's New Maritime Focus," *New Zealand International Review* 41, no. 1 (2016): 21-24.

② "Kopaska TNI AL dan US Navy Seal Gelar Flash Iron 15-5524," Tni Kuat Rakyat Bermartabat, 19 Maret 2015, diakses 5 Juli 2023, https://tni.mil.id/view-73847-kopaska-tni-al-dan-us-navy-seal-gelar-flash-iron-15-5524.html#.

③ 《印度尼西亚与美国举行联合军演》，越通社网站，2015年3月24日，https://zh.vietnamplus.vn/印度尼西亚与美国举行联合军演/36416.vnp，访问日期：2023年7月5日。

够与美国海军特种兵在军事领域建立合作关系。[1] 同年4月10日，印尼与美国还在距离纳土纳群岛300海里的巴丹岛举行了联合军事演习，此次演习有助于加强双方探测潜艇的能力，以及提高印尼特遣部队的作战能力。4月14日，印尼参加了由美国主导的"卡拉特"（CARAT）多国军事演习，该演习旨在打击海上犯罪。[2]

2021年8月，印尼与美国在马塔普拉（Martapura）举行了聚焦岛屿防御的"加鲁达盾牌"（Garuda Shield）演习，该演习在2022年8月升级为由陆军、海军、空军与海军陆战队等多军兵种参加的"超级加鲁达盾牌"综合演习。[3] 2023年3月27日，美国驻印尼大使金星容（Sung Y. Kim）在雅加达会见印尼海军上将尤多·马戈诺（Yudo Margono），美方承诺继续巩固和扩大与印尼本已牢固的双边防务和安全关系，双方同意加强防务合作，包括为定于2024年夏天举行的"超级神鹰盾牌"（Super Garuda Shield）演习预做准备。[4] 6月2日，美国国防部长奥斯汀与印尼国防部长普拉博沃在新加坡举行的香格里拉对话会期间举行会谈，两国防长就美国如何帮助印尼加强海上自卫能力举行了研讨，反映出在美国实施的"印太海洋安全倡议"下，印尼与美国在安全合作方面日益密切，军队建设受美国影响的程度也由此加深。[5]

与此同时，印尼和美国也进一步深化了军备领域的合作，其中包括2019年美国向印尼提供了总值990万美元的8架"扫描鹰"无人机及其设备。2020年6月，美国向洛克希德·马丁公司采购了3套远程多用途监视

---

[1] 《印尼和美国海军特种兵举行联合演习》，中国新闻网，2015年4月8日，https://www.chinanews.com.cn/gj/2015/04-08/7191766.shtml，访问日期：2023年7月5日。

[2] Kanupriya Kapoor, Randy Fabi, "Indonesia Eyes Regular Navy Exercises with U.S. in South China Sea," Reuters, April 13, 2015, accessed July 5, 2023, https://www.reuters.com/article/indonesia-us-southchinasea-idINKBN0N40NT20150413.

[3] 王勇辉、程春林：《拜登政府"印太战略"下美国—印尼战略伙伴：进展、逻辑与限度》，《印度洋经济体研究》2023年第2期，第66—67页。

[4] 《印尼与美国加强防务合作》，越通社网站，2023年3月28日，https://zh.vietnamplus.vn/印尼与美国加强防务合作/184709.vnp，访问日期：2023年7月6日。

[5] 《美国印尼防长讨论双边关系与共同关心安全议题》，联合早报网，2023年6月3日，https://www.bestdick.top/realtime/world/story20230603-1400785，访问日期：2023年7月6日。

雷达，并计划将其中一部分以"赠予"的方式交付印尼军方。①

除了在安全领域的合作，印尼和美国正在寻求开展更广泛的海上合作，印尼和美国在海上的合作是海洋外交的重要体现。2015年10月24日，印尼和美国签署了《海上合作谅解备忘录》，该备忘录内容包括美国将向印尼提供援助来保护海洋生物多样性，推动海洋渔业可持续发展，以及提升印尼海洋资源管理能力。②

第一，保护沿海社区和渔业。美国将提供援助以支持印尼海洋生物多样性保护、可持续渔业管理，以及改善印尼地方和国家级海洋资源的治理。美国和印尼将密切合作，通过各种措施制止和打击东南亚地区的非法捕鱼活动，具体包括：美国国际开发署、美国国家海洋和大气管理局（NOAA）、美国司法部和美国国防部等机构将在采购和援助计划、系统集成、能力建设方面向印尼提供援助；实施与粮农组织颁布的《港口国措施协定》、渔业执法以及信息和情报分析有关的培训；提高印尼遵守美国海产品溯源计划中关于新数据的要求的能力。从2015年5月公布的该《海上合作谅解备忘录（草案）》可以看出，印尼和美国在渔业执法方面的合作将以"纳土纳海及其周边的监控和拦截能力以及管理机构之间的协调"为重点，而在采购和援助计划方面将会对沿海雷达、载人或无人驾驶的空中平台、各种舰艇等予以重点关注。③

第二，扩大海洋科学技术合作：美国国际开发署、美国国家海洋和大气管理局、美国司法部和美国国防部将为印尼提供技术支持。美国—印尼还就科技合作达成了协定，美国将与印尼联合开展海洋生态系统观察和研究，监测海洋变化和气候变化。此项合作将会提高两国预测长期气候变化和生态系统反应的能力。该项研究将有助于印尼协助预测干旱和异常降

---

① 王勇辉、程春林：《印太视阈下美国与印尼的海上安全合作》，《东南亚研究》2022年第4期，第98页。

② "Fact Sheet: U.S.-Indonesia Maritime Cooperation," U.S. Embassy & Consulates in Indonesia, October 24, 2015, accessed July 6, 2023, https://id.usembassy.gov/our-relationship/policy-history/embassy-fact-sheets/fact-sheet-u-s-indonesia-maritime-cooperation/.

③ "Indonesia-U.S. Bilateral Relations," Embassy of the Republic of Indonesia in Washington D.C., the United States of America, accessed July 6, 2023, https://kemlu.go.id/washington/en/pages/hubungan_bilateral_indonesia-amerika_serikat/554/etc-menu.

雨,了解印度洋的海洋现象对美国的影响,以及海洋酸化对珊瑚礁的生态影响。

第三,美国和印尼将支持贸易和投资活动,以进一步推动美国和印尼在海事领域的贸易关系。双方将探索建立公私伙伴关系、组织商业圆桌会议和开展贸易展览,以支持印尼渔业和港口的可持续发展。

拜登政府上台后,印尼和美国的海洋合作进一步深化。2021年12月14日,印尼外长蕾特诺与美国国务卿布林肯会晤。双方同意深化印美两国在海事安全、资源管理、渔业保护、安全和航行、经济活动、科学技术等方面的合作,并将两国的海洋合作协定有效期延长至2026年。2022年11月,印尼总统佐科与美国总统拜登在G20峰会上举行会晤,双方一致同意加强两国在"可持续渔业和海洋生物多样性"上的合作,并决定由美国国际开发署和印尼海洋事务与渔业部合作启动两项新计划。双方将通过加强渔业和海洋保护区的可持续性、建立商业供应链与渔业社区等方式保护印尼的海洋生物多样性和红树林生态系统。而与此前不同的是,此次海洋合作被纳入美国于2022年5月宣布实施的"印太经济框架"之中,成为印尼加入美国全球供应链的初步尝试,[1] 这也反映出印尼强化海洋经济建设,争取提高国际话语权的努力。

五、打造海洋防卫力量

自从佐科总统在2014年10月提出"全球海洋支点"构想以来,周边国家和地区对此展开了激烈的讨论。简单来说,印尼的目标是成为"中等海洋强国"。广义上来说,"中等海洋强国"就是指能够利用海洋增强自身实力并维持战略自治的一类国家。对于何为"中等"国家,约翰·理查德·希尔(John Richard Hicks)给出了这样的定义:"介于不能自给自足的一般性小国与能够自给自足的一般性大国之间,相比小国来说,它

---

[1] "Fact Sheet: Strengthening the U.S.-Indonesia Strategic Partnership," The White House, November 13, 2022, accessed July 6, 2023, https://www.whitehouse.gov/briefing-room/statements-releases/2022/11/13/fact-sheet-strengthening-the-u-s-indonesia-strategic-partnership/.

有更多的资源可以支配，因此它具备战略自主权。"① 希尔认为，如果一个中等海洋强国重视这种自主权，并能够运用自身力量来维持这种自主权，那么这个中等海洋强国就会运用海洋增强其实力。萨姆·百特曼（Sam Bateman）也阐述了这一概念，② 他认为"中等"显示的是发展进程中的一种程度及规模（经济、人口、地理位置、军事力量等），也显示了国家的自觉程度。同时，"中等"是建立在国家对海洋的依赖程度上的，可能与这几个要素有关，如海洋传统、海军规模、商船队、海洋贸易的规模、专属经济区、海洋资源以及国内造船业实力状况。③

印尼有一支庞大的军队，但军费开支常年低于国民生产总值的1%，甚至低于周边国家的平均水平。由于经济表现萎靡以及武器采购批准手续繁杂，印尼的国防预算显得寒酸。④ 印尼政府曾宣布2016年度经济增长率如果达到7%，国防预算将会翻倍。然而，据国际货币基金组织当年的数据预测，印尼2016年的经济增长率应处于5.5%的水平，同时也会创下六年经济增速的新低，短期内国防预算的大幅度增加似乎化为了泡影。但印尼制定了关于国防建设的中期目标，佐科计划将国防开支调整到占国民生产总值的1.5%的水准，即在随后几年中，印尼的国防预算将达到130亿美元，在不考虑印尼盾贬值的情况下，2015年印尼的国防预算相比2014年增长了11%。

如表4.1所示，《印尼国防报告》里对2012—2017年印尼的军事装备采购做了统计，并且对今后两个财年国防预算进行了预测，显示出印尼军备采购呈现上升趋势。中期目标里还有关于武器系统的现代化改造项目，国防开支也会向海军和空军倾斜。尽管缺少资金，但雅加达仍然试图在2024

---

① Collin, Koh Swee Lean, "What Next for the Indonesian Navy? Challenges and Prospects for Attaining the Minimum Essential Force by 2024," *Contemporary Southeast Asia* 37 (2015): 432-462.

② *Ibid.*, p.430.

③ Collin, Koh Swee Lean, "What Next for the Indonesian Navy? Challenges and Prospects for Attaining the Minimum Essential Force by 2024," *Contemporary Southeast Asia* 37 (2015): 432-462.

④ Drwiega, Andrew, "Indonesia Faces Force Modernisation and Border Challenges," *Military Technology* (2014): 20-27.

年前完成"最低限度防卫力量"计划，国防预算将达到国民生产总值的1.5%，意味着未来数年印尼的经济表现持续向好。佐科总统也承诺在他的任期内将会使印尼经济保持7%的年增长率。印尼政府正在通过与国外合作来提升本国的军工制造水平，比如，印尼造船业以及航空航天业的发展，这些都受益于与韩国的合作。印尼现有的帮助其提升军工制造业水平的外国合作伙伴主要有荷兰、德国、美国以及未来的日本、印度。

表4.1 印尼防卫武器采购

（2012—2017年）

单位：百万美元

年度	武器和弹药采购 总额	同比增长率（%）	军事装备采购 总额	同比增长率（%）	手枪采购 总额	同比增长率（%）	炸弹、导弹、弹药采购 总额	同比增长率（%）
2012	123.5	24.0	20.5	−67.3	1.8	38.3	99.2	220.9
2013	143.9	16.5	58.6	185.7	1.8	0.9	75.2	−24.3
2014	148.9	3.4	50.3	14.3	1.9	7.7	88.6	17.9
2015	159.0	6.8	52.1	3.7	2.0	5.0	98.7	11.4
2016	169.1	6.4	54.0	3.5	2.1	4.8	108.8	10.2
2017	179.2	6.0	55.8	3.4	2.2	4.6	118.8	9.3

数据来源："Indonesia Crime, Defence & Security Report," Fitch Solutions, 2018, accessed July 7, 2023, https://store.fitchsolutions.com/crime-defence-security/indonesia-crime-defence-security-report.

早在"全球海洋支点"构想提出的三年前，时任印尼副总统的政治事务副主任德威霍·都纳安瓦尔说过："印尼之所以是中等力量的国家，是因为它处在大国的中间位置。传统意义上，印尼与几个主要大国都保持着一定的距离，不让自己被某一大国所操纵利用。"[①]"全球海洋支点"构想就被灌输了这种"中等强国"的思想。"中等海军强国"使印尼势在必行地要建

---

① Collin, Koh Swee Lean, "What Next for the Indonesian Navy? Challenges and Prospects for Attaining the Minimum Essential Force by 2024," *Contemporary Southeast Asia* 37 (2015): 433.

立一支"绿水海军",不仅要对其落后的海军进行必要的现代化改造,还要打造一支与印尼"中等海洋强国"身份相符的现代化海军力量。"绿水海军"代表着强于"棕水(海岸)海军"的海军力量,但又弱于全天候的远洋"蓝水海军"的海军力量。"绿水海军"介于"棕水海军"与"蓝水海军"之间,可以在专属经济区有效地运转,但却受限于自身实力,在域外活动中只能充当二流角色。① 从这个角度看,印尼的"绿水海军"构想只能在专属经济区内有效开展行动,但在地区或国际事务中却无法发挥作用。但是对于印尼总共93,000万平方公里的水域面积及54,716公里的海岸线来说,能在本国专属经济区有效开展行动,保护自身的海洋权益,"绿水海军"已经绰绰有余了。②

印尼的总体防卫战略仍然趋向于陆空联合,最近的预算配置进一步加大了对这一战略方向的资金投入。为了海军系统能够有效地运转,印尼需要向海洋防卫的战略方向转变,地面部队也必须由大陆型防卫向海洋型防卫转换,而这也正是佐科政府的目标。鉴于种种困扰因素的存在,印尼海军的现代化建设进程应当不会产生邻国所担心的那种不和谐、充满挑衅意味的扩张行动。

印尼海军现代化计划所构想的海军力量结构是一个三维整合的海军舰队系统,包括军舰、飞机、海军士兵及海军基地。鉴于实际的预算情况,印尼只能节省开支,勉强建设一支"最低限度的必要防卫力量"(MEF),这是一只仅能保障群岛利益而区域外投送能力有限的海军力量。"最低限度的必要防卫力量"蓝图是到2024年,印尼海军拥有274艘各类舰艇以及137架多种型号的飞机(包括35架海上巡逻机和30架直升机),3支合计规模达到师级的海军陆战队,890辆海军战斗车辆及11个主要的海军基地。舰队将具体分为:战斗打击力量(110艘),包括10—12艘潜艇、56艘护卫舰/轻型巡洋舰以及26艘快艇;巡逻力量(66艘);支援力量(98艘),

---

① Chandramohan, Balaji, "Indonesia's New Maritime Focus," *New Zealand International Review* 41, no. 1 (2016): 23.

② Drwiega, Andrew, "Indonesia Faces Force Modernisation and Border Challenges," *Military Technology* (2014): 23.

包括18艘扫雷舰、45艘两栖登陆舰及6艘补给油船/油轮。[1]

佐科总统阐述了几项处于优先位置的防卫政策,包括加强主要武器系统的获得能力,提高防卫武器自给自足率,通过大力扶持国内的军工产业以减少对外国军工产品进口的依赖。印尼海军计划通过三管齐下的方式来实现"最低限度的必要防卫力量"的目标:第一,优先采购国产军工产品,采购失败,就与国外的武器供应商通过技术交换进行合作研制生产;第二,翻新现有的武器系统;第三,逐步淘汰过时的武器系统。

印尼还通过军事贸易加强与其他国家的联系。2014年10月,佐科就职典礼之际,美国国务卿约翰·克里访问印尼,两天行程中克里与印尼新一届政府高层进行了密切会谈,并表达了美国政府对新任总统佐科增进双边关系充满了信心。2015年,印尼与美国签署了一项扩大军事合作备忘录,备忘录内容涉及武器采购、军事演习、人员训练等方面。其中,印尼在未来会从美国接收24架升级后的F-16C/D战机最引人瞩目。[2] 南亚国家印度与印尼也保持着军事高层互动。2016年2月12日,佐科对印度进行首次访问,并与印度总理莫迪进行会晤,印度表示愿意对印尼的苏系战机飞行员进行培训,以及为苏系战机的维修保养提供服务。印尼也与韩国达成技术转让协定,到2018年将在印尼本土开工建造第一艘"张保皋"级柴电动力潜艇,此外印尼希望从韩国采购的潜艇最快于2017年交付使用。印尼近年来与日本军事联系频繁,日本积极向印尼推销US-2水上搜索救援飞机。[3] 2021年9月16日,在伦敦举行的英国国际防务展上,印尼国防部与英国巴布科克公司签订合同,购买两艘"箭头"-140型护卫舰。这是继2021年6月印尼从意大利订购6艘贝尔加米尼级护卫舰后,再次从欧洲购

---

[1] Collin, Koh Swee Lean, "What Next for the Indonesian Navy? Challenges and Prospects for Attaining the Minimum Essential Force by 2024," *Contemporary Southeast Asia* 37 (2015): 436.

[2] Drwiega, Andrew, "Indonesia Faces Force Modernisation and Border Challenges," *Military Technology* (2014): 23.

[3] Business Monitor International (BMI), *Indonesia Crime, Defence & Security Report* (London: BMI Research, 2015), p.20.

买先进护卫舰，显示出印尼加快海军现代化建设的决心。[①]

印尼国防工业实力相对薄弱。尽管印尼于2016年发布国防白皮书，提出未来10年建立"强大、独立的国防工业"目标，2022年4月还专门成立"印度尼西亚国防工业"公司并宣布启动国防战略计划，但其国防工业水平与满足海军国防需求之间仍有差距。因此，印尼将合作制造视为提高本国国防工业技术的重要途径，如印尼与土耳其军工企业FNSS联合研制生产轻型/中型装甲车和CN-235海上反潜巡逻机。[②] 2021年6月，印尼还在意大利的帮助下完成3艘贝尔加米尼级护卫舰的生产。[③]

印尼海军在2024年前实现"最低限度的必要防卫力量"的强军目标，是印尼想要实现"绿水海军"雄心的一部分，也是印尼成为中等海洋强国的必要一步。佐科总统的"全球海洋支点"构想，通过提高国防预算，从国外订购军事装备以及引进技术实现武器国产化，如此雄心勃勃的武器现代化改造计划无疑将给其"绿水海军"建设注入一针强心剂。

第三节　佐科政府"全球海洋支点"构想面临的发展机遇与挑战

作为一个海洋国家，印尼长期以来对发展海洋的重视程度都明显不足。印尼独立至苏西洛政府时期，其国家战略定位一直围绕着全球大国、中等强国和区域大国这三种身份展开。从印尼的国土面积和人口规模来看，印尼的确有理由将自身定位为一个中等强国或区域大国，但是这种战略定位并没有将印尼的特殊性体现出来，也就是说，长期以来印尼的海洋特殊性在政府的战略定位上并没有得到相应的重视。

[①]《印尼再购新舰加快海军现代化》，人民网，2021年10月12日，http://military.people.com.cn/n1/2021/1012/c1011-32250880.html，访问日期：2024年3月29日。

[②] "Malaysia AV8 8x8 Armored Wheeled Combat Vehicle Project of FNSS Savunma Sistemler?" Defenceturkey, October 1, 2011, accessed July 8, 2023, https://www.defenceturkey.com/en/content/malaysia-av8-8x8-armored-wheeled-combat-vehicle-project-of-fnss-savunma-sistemleri-a-goes-in-648.

[③]《印尼海军建设任重道远》，人民网，2023年2月24日，http://military.people.com.cn/n1/2023/0224/c1011-32630575.html，访问日期：2024年3月29日。

2014年后，佐科政府立足本国实际情况，将印尼国家战略定位为海洋强国，并抛出"全球海洋支点"构想。佐科政府的海洋强国战略一方面是对印尼过去全球大国、中等强国和区域大国战略的继承，是提高印尼国际地位的具体实现路径；另一方面，海洋强国战略也是佐科政府立足印尼的特殊性，重新塑造印尼的国家身份认知，挖掘海洋经济潜力，推动印尼社会经济发展的执政方略。当前，全球各国都在加强海洋的开发和保护，2013年，中国国家主席习近平在印尼提出了建设"21世纪海上丝绸之路"倡议。而印尼所处的地理位置扼守了该倡议的战略通道，因此，印尼必然是共建"一带一路"倡议的重点合作的国家。印尼的"全球海洋支点"构想引起中国国内的广泛关注，该构想与"一带一路"倡议具有一定的战略耦合性，在新时代背景下，推动"21世纪海上丝绸之路"与"全球海洋支点"构想对接是中国与印尼以海洋为核心，开展经济合作、维护地区稳定、实现互利共赢的重要抓手。

一、发展机遇

（一）良好的外交环境

佐科的外交政策凸显在四个方面：促进印尼作为群岛国家的身份认同；加强中等权力外交的全球作用；扩大对印度洋-太平洋地区事务的参与；进一步强调经济外交。[1] 印尼积极参与地区合作论坛，在经贸、安全等领域与周边国家紧密合作。印尼作为东盟创始国，相当重视本区域更广泛的和平与稳定。

（二）持续的经济增长

受全球大宗商品价格下跌和中国经济增长放缓的影响，2016年印尼的经济增长率继续低于5.3%的预期目标，虽然印尼同样遭受全球金融风暴

---

[1] Aaron L Connelly, "Indonesian Foreign Policy under President Jokowi," Lowy Institute, October 15, 2014, accessed July 9, 2023, https://www.lowyinstitute.org/publications/indonesian-foreign-policy-under-president-jokowi.

的影响，但经济增长并没有进一步放缓。①印尼在2016年的实际GDP增长率为5%，略高于2015年4.9%。而且由于认识到了之前历届政府在基础设施上的不作为问题，印尼政府努力改善国内基础设施落后的现状，在2016年的预算中优先考虑了国内的基础设施发展状况，将大约313万亿印尼盾（约229亿美元）的资金分配给基础设施建设。②另外，政府还将发行价值13.7万亿印尼盾和伊斯兰债券资助2017年的基础设施项目。由此带来的结果是预期2017年和2018年印尼的预期GDP增长率应逐年增长至5.1%和5.2%，从实际情况看，一直到新冠疫情暴发前，2017—2019年，印尼实际增长率为5.07%、5.17%和5.02%；2022年，从疫情中恢复过来的印尼经济增长率达到了5.31%，为近10年来最高。可见，在佐科政府成功的施政方针助力下，印尼保持了持续的经济增长，为印尼实施"全球海洋支点"构想提供了有力的经济支持。③

二、面临的挑战

佐科政府将印尼定位为海洋强国，并提出"全球海洋支点"构想，印尼的海上基础设施和海军力量都得到了一定的发展，印尼海洋经济也得到了不断增长，成为印尼国民经济中的重要组成部分。但在具体建设海洋强国的过程中，印尼也遭遇了一些阻碍因素，这些因素主要体现在自然因素、国内因素和国际因素三个方面。

（一）自然阻碍因素

印尼地处亚欧板块、印度洋板块和太平洋板块的交界处，印尼大部分国土分布在欧亚地震带和环太平洋火山地震带上，因此，印尼火山、地震

---

① "General Economic Outline of Indonesia," Indonesia-Investments, January 11, 2016, accessed July 9, 2023, https://www.indonesia-investments.com/culture/economy/general-economic-outline/item251.

② "Indonesia In-depth PESTLE Insights," Market Research, November 12, 2015, accessed July 9, 2023, https://www.marketresearch.com/MarketLine-v3883/Indonesia-PESTLE-Insights-34340893/.

③ "Statistics Indonesia 2021," Statistics Indonesia, February 26, 2021, accessed June 29, 2023, https://www.bps.go.id/publication/2021/02/26/938316574c78772f27e9b477/statistik-indonesia-2021.html.

和海啸等自然灾害频发。2004年，苏门答腊岛西部海域更是发生了9.3级特大地震，引发海啸，造成20多万人死亡，地震等自然灾害频发的现状无疑阻碍了印尼海洋经济的发展。2017年5月，印尼苏拉威西岛发生7.0级地震，9月苏门答腊岛发生6.2级地震，12月西爪哇省南部发生6.9级地震；2018年1月，万丹省南部海域发生6.4级地震，5月巴厘岛附近海域发生4.7级地震，8月，印尼巴厘岛发生火山喷发和龙目岛发生7.0级地震；根据印尼救灾署发布的消息，印尼在2019年1—11月，先后发生了26次强地震、7次火山喷发、978次龙卷风等3155起自然灾害，灾害共造成61,821座建筑受损，超过590万人受灾。频繁的地壳运动引发的火山、地震等自然灾害无疑为印尼开发海洋产生不利影响。此外，海上的极端气候、突发恶劣天气和水文环境恶化等问题也会对印尼海洋渔业、油气开采和交通运输等行业带来不利影响。

（二）国内阻碍因素

印尼是一个非常多元的国家，在民族上，印尼有100多个民族，其中爪哇族是印尼人口最多的民族，占印尼总人口的45%；巽他族占14%、马来族占7.5%等。民族的多样化往往也会出现语言的不统一，尽管印尼官方语言为印尼语，但印尼民间语言多达200多种。在宗教上，在"潘查希拉"五原则下，信仰神道是政府对国民的基本要求，但政府并没规定印尼的国教。印尼共有87%的人口信仰伊斯兰教，6.1%的人口信奉基督教，3.6%的人口信奉天主教，其余还有印度教、佛教和原始拜物教等多种宗教信众。在政治上，印尼被誉为"世界第三大民主国家"，国内政党林立；在国土条件上，印尼作为群岛国家，国土支离破碎，不仅难以管理，而且各地区之间差距较大，社会环境复杂，同样对佐科实践"全球海洋支点"构想有着不利影响。

1. 反对派比较强大，佐科政府处于"朝小野大"的困境中。佐科虽然两次赢得了印尼总统大选，但其所在的斗争民主党两次都未能在印尼人民代表会议（国会）中占据多数席位。在2014年的大选中，斗争民主党在印尼人民代表会议中仅占18.95%的席位；在2019年的大选中，斗争民主党仅占19.33%的席位。斗争民主党还需要联合其他几个国会政党，才能在国会中占据多数。在2019年选举结果出来后，为解决第一大反对党——

大印尼运动党对佐科政府顺利执政可能带来的挑战，佐科于2019年邀请该党党魁普拉博沃加入自己的执政联盟，并出任国防部长。

此外，佐科被誉为是从印尼贫民窟走出来的传奇总统，毫无军人背景，与传统政治精英也没有裙带联系，这使得佐科在普通大众中享有较高的声望和支持率，但佐科落实"全球海洋支点"构想的一些决策将不可避免地受到其所属政党和执政党联盟的影响。在2019年印尼总统大选前，印尼执政党联盟就因佐科的副总统人选问题发生过分歧，伊斯兰教士联合会（NU）和民族觉醒党（PKB）甚至组织3000多人的游行示威队伍向佐科施压，要求将民族觉醒党总主席慕海明·伊斯坎达尔（Muhaimin Iskandar）列为佐科竞选搭档。同时，身为总统的佐科并不是民主斗争党的领袖，该党主席其实是印尼前总统梅加瓦蒂（Megawati Soekarnoputri）。尽管梅加瓦蒂一再要求该党成员全力支持佐科，但在2016年佐科提名卢胡特（Luhut Binsar Pandjaitan）为内阁成员时遭到了梅加瓦蒂的否决，事实上，该党在议会中的议员和提名的地方领导人都忠于梅加瓦蒂，因而，如何处理与梅加瓦蒂的关系也是佐科必须要面对的一大难题。

自苏哈托倒台以来，印尼民主化转型已经历20余年的发展，平民总统佐科的连选连任，体现了印尼民主化的成绩，但这并不意味着传统家族政治势力的影响在印尼日渐式微，如梅加瓦蒂的女儿普安·马哈拉妮（Puan Maharani）在佐科的第一任期时出任印尼人类发展与文化统筹部长，是政府内阁的重要成员。在佐科的第二任期时，普安·马哈拉妮又成为印尼国会议长。佐科的出现对印尼传统政治势力具有一定的冲击，但传统家族政治势力对印尼政治生态仍有较大影响。

尽管印尼历届政府都重视对海洋的开发与保护，但佐科是印尼首个将海洋纳入国家发展战略的总统。2014年，佐科在五年发展规划（2015—2019）中提出7项发展任务，其中3项与海洋强国战略直接相关，这些目标的实现离不开印尼对海洋权益的开发与保护。

佐科政府的海洋强国战略一方面是对印尼过去全球大国、区域大国、中等强国战略的继承；另一方面，佐科的海洋强国战略是对印尼国家战略和国家身份认知的重塑。这种国家战略的重塑并成功落实需要政府统筹和各个党派、各方力量的参与支持。但传统政治家族势力的存在，加上印尼现阶段的政党制度的不完善，造成了印尼政党之间以及政党内部的分化，容易造成政局不稳，进而影响佐科政府"全球海洋支点"构想的顺利实施[①]。

2. 印尼腐败问题严重，行政效率低，整体商业环境欠佳。印尼前总统苏哈托曾经是全球首贪，在苏哈托时期，印尼的政治腐败成为一种风气，而社会对这一问题是一种习以为常的态度，苏哈托统治印尼30余年，其对印尼政治生态的影响可谓是贻害无穷。尽管目前印尼已经实现总统民选，但是贪腐问题依然严峻。印尼肃贪委员会（KPK）在2017年全年共开展19次现场抓捕行动，是该机构成立以来次数最多的一年，同时进行了114次初步审查、118次调查和94次起诉，其中包括对前国会议长塞特亚·诺凡多（Setya Novanto）涉嫌在电子身份相关问题上的贪污受贿问题。仅2018年上半年，印尼肃贪委员会就进行了16次现场抓捕行动。这不仅反映出印尼政府的反贪决心，也说明印尼贪腐问题的严重程度。根据透明国际（Transparency International）发布的2023年清廉指数（Corruption Perceptions Index），印尼的清廉指数得分为34分（清廉指数最高分为100分，最低分为0分，分数越高越清廉，反之越腐败），在世界180个国家和地区中排名第115位，该排名甚至比2014年下降了8位，处于世界落后水平。[②]另外，根据透明国际发布的《全球贪腐舆情表2020——亚洲版》，在印尼民众看来，印尼的腐败问题主要集中在国会、中央政府机构和地方政府机构三者身上。印尼警察和司法机构的贪腐问题也较为严重，分别有33%和24%的被访民众认为这些部门的大部分或全部人员有腐败问题（见表4.2）。[③]可见，佐科执政以来，印尼的贪腐问题并没有得到根本改善，反腐形势依然严峻。

[①] 刘畅：《试论印尼的"全球海洋支点"战略构想》，《现代国际关系》2015年第4期，第12页。

[②] "Corruption Perceptions Index 2023," *Transparency*, January 25, 2024, accessed March 29, 2024, https://www.transparency.org/en/cpi/2021/index/idn.

[③] "Global Corruption Barometer Pacific 2021: Citizens' Views and Experiences with Corruption," *Transparency*, November 15, 2021, accessed July 10, 2023, https://www.transparency.org/en/publications/global-corruption-barometer-pacific-2021.

表4.2 印尼民众对"哪些部门中的大部分或全部人员有腐败问题"的看法

部门	比率（%）
总统/主席	20
国会	51
政府部门	45
地方政府部门	48
警察	33
法官和地方法官	24
宗教领袖	7
非营利组织	19
企业高管	25
银行家	17
军队领导者	8

资料来源："Global Corruption Barometer Pacific 2021: Citizens' Views and Experiences with Corruption," Transparency, November 15, 2021, accessed July 10, 2023, https://www.transparency.org/en/publications/global-corruption-barometer-pacific-2021.

同时，印尼的行政执行效率也较低下，一些文件或者协议签署之后落实比较难，佐科政府上台后制定的要求在2018年之前全面启动的225个国家重点战略项目，截至2016年6月只启动了三分之一，进展十分缓慢。[①] 另外，印尼土地私有化造成的征地困难以及投资审批程序的繁琐也不利于其商业投资环境的建设。印尼政府行政执行效率低下的现象从世界银行每年发布的《全球营商环境报告》（Doing Business）中能够更清晰地看到。

表4.3是根据世界银行2014—2019年发布的《全球营商环境报告》整理的印尼营商环境的排名情况。根据表4.3所示，2014—2019年，印尼的整体营商环境排名由120位提升至73位，这说明印尼的营商环境总体上有了明显改善。其中，获得电力供应、获得信贷和办理破产等三个细分指标贡献最多，分别提升了88位、42位和108位，均排在世界前50。但是，若

[①]《印尼多个国家重点项目启动缓慢，总统要求加快进度》，中华人民共和国商务部网站，2016年6月7日，http://www.mofcom.gov.cn/article/i/jyjl/j/201606/20160601334248.shtml，访问日期：2023年7月10日。

结合其他细分指标来看，印尼目前的营商环境实际上并不健康，且缺乏可持续性。

表4.3　2014—2019年印度尼西亚营商环境各指标排名情况

指标	排名					
	2014	2015	2016	2017	2018	2019
整体排名	120	114	109	91	72	73
开办企业	175	155	173	151	144	134
办理施工许可	88	153	107	116	108	112
获得电力供应	121	78	46	49	38	33
财产登记	101	117	131	118	106	100
获得信贷	86	71	70	62	55	44
投资者保护	52	43	88	70	43	51
缴纳税款	137	160	148	104	114	112
跨境贸易	54	62	170	108	112	116
合同执行	147	172	105	166	145	146
办理破产	144	75	77	76	38	36

资料来源：根据2012—2019年的《全球营商环境报告》(Doing Business) 自行整理，参见https://archive.doingbusiness.org/en/doingbusiness。

具体来看，2019年印尼财产登记排名为100位，合同执行为146位，均位于190个国家里的后50%，这说明印尼在产权保护方面的法律法规仍不够完善、司法体制不健全、公共法律服务能力较弱、企业维权成本较高。其次，2019年印尼在办理破产上的排位靠前，当地企业退出市场机制的便利化程度较高，但与之相比，印尼在开办企业上的排名为134位，位于190个国家中的后30%。而且正如表4.4所示，对于需要新开展业务的企业，它们共需办理10项手续，期间耗时为19.6天，成本为6.1%。而在美国等发达国家中，经计算可知，新开展业务的企业需办理的手续平均为4.7项，平均耗时为5.1天，平均成本为5.1%。这说明印尼的行政审批时间长，行政审批效率低下。最后，印尼在办理施工许可上的低排位（112位）也会影响印尼经济的长远发展。

表4.4 2019年印度尼西亚开办企业的便利程度及国际比较

国别	排名	手续（个数）	耗时（天数）	成本（占人均收入百分比%）
印尼	134	10	19.6	6.1
美国	53	6	5.6	1.0
德国	114	9	8	6.7
日本	93	8	11.2	7.5
韩国	11	2	4	14.6
新加坡	3	2	1.5	0.4
新西兰	1	1	0.5	0.2

资料来源："Doing Business 2019," World Bank, 2019, accessed July 7, 2023, https://www.doingbusiness.org/content/dam/doingBusiness/media/Annual-Reports/English/DB2019-report_web-version.pdf.

3. 非传统安全问题影响印尼国家战略的实施。恐怖主义幽灵游荡于东南亚国家，除了菲律宾、泰国等，印尼也是恐怖主义的受害者。[①] 比如"阿布沙耶夫"和"摩洛伊斯兰解放阵线"等恐怖组织在菲律宾南部岛屿与政府军武装对抗。宗教极端主义组织"拉斯卡尔圣战组织"将伊斯兰激进分子派遣至印尼东北部马鲁古群岛首府安汶，引发了基督教信徒和伊斯兰教信徒之间的冲突事件。一些安全专家担忧印尼佐科总统缺少对伊斯兰恐怖主义分子的关注，而这很有可能使印尼成为极端组织的袭击目标。"Jemaah Islamiyah"（JI）是印尼境内最大的伊斯兰极端组织。[②] 其目的是建立一个将印尼、马来西亚、菲律宾、新加坡以及文莱囊括在内的超级伊斯兰国家。尽管它的图谋多次被挫败，成员被逮捕，但它仍然是印尼境内最为活跃的恐怖组织。该组织不断在东南亚制造恐怖袭击事件，雅加达警方曾在2013年挫败了一起针对缅甸驻印尼大使的炸弹袭击案件。尽管该组织的袭击图谋被一一挫败，但印尼安全部门人员认为该组织的势力仍在不

[①] Business Monitor International (BMI), *Indonesia Crime, Defence & Security Report* (London: BMI Research, 2015), p.34.

[②] *Ibid.*

断增长。

此外,"伊斯兰国"(ISIS)也曾向印尼渗透。数据显示,至少有500名印尼公民加入了ISIS。印尼的安全专家担忧2014—2016年释放的数百名激进分子将会对国家安全造成危害,因为监狱是激进主义的温床。[1] 2016年6月,7名印尼籍船员在菲律宾南部海域被"阿布沙耶夫"组织劫持。2016年7月,类似事件再次发生。"阿布沙耶夫"组织在马来西亚的拉哈特·达古水域绑架了3名印尼公民。整个2016年就有至少7次劫持和绑架案件发生。行凶者无一例外的是被定性为恐怖组织的"阿布沙耶夫"组织。2016年1月,4名宣称效忠"伊斯兰国"的极端分子在雅加达实施了自杀式爆炸袭击。事件至少造成2人死亡,包括1名加拿大公民。[2] 2022年12月7日,印尼西爪哇省万隆市一警察局遭自杀式爆炸袭击,造成1名警察身亡、8人受伤。据调查,袭击者可能隶属于极端组织"神权游击队"(Jamaah Ansharut Daulah, JAD)。该组织于2015年成立,宣布效忠极端组织"伊斯兰国",过去曾多次发动针对警察、平民和宗教场所的恐怖袭击。[3] 2013年,印尼战略与国际研究中心发布的数据显示(见图4.3),多达34%的印尼民众认为恐怖主义是当前印尼面临的最大安全难题。印尼已经走了很长一段路,但未来仍然面临恐怖主义的威胁。对于东盟国家来说,恐怖主义是一个长期游荡在东南亚的幽灵。

恐怖主义和极端宗教主义不仅对印尼社会经济造成破坏,也对印尼建设海洋强国产生了不利影响。如2018年5月13日,印尼第二大城市泗水遭受连环恐怖爆炸袭击,16日,廖内省北干巴鲁市警察局也遭受恐怖袭击,美国、英国、新加坡和中国香港等12个国家和地区的相关部门发布了赴印尼旅游的安全警告,2018年5月印尼的外国游客为120万人次,比2018年

---

[1] Business Monitor International (BMI), *Indonesia Crime, Defence & Security Report* (London: BMI Research, 2015), p.38.

[2] "Jakarta attacks: How Terror Dents Tourism in Indonesia," *The Telegraph*, January 14, 2016, accessed July 10, 2023, https://www.telegraph.co.uk/travel/destinations/asia/indonesia/articles/Jakarta-attacks-how-terror-dents-tourism-in-Indonesia/.

[3] 《印尼万隆市警察局遭自杀式炸弹袭击,已致2死8伤》,光明网,2022年12月7日,https://m.gmw.cn/baijia/2022-12/07/1303216789.html,访问日期:2023年7月10日。

4月降低了7.65%。① 恐怖袭击事件的频繁发生对印尼国内的投资环境和生产环境造成恶劣影响，这限制了印尼经济的健康发展，也给"全球海洋支点"构想的实施蒙上阴影。

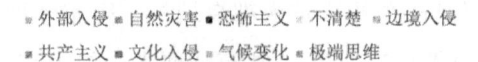

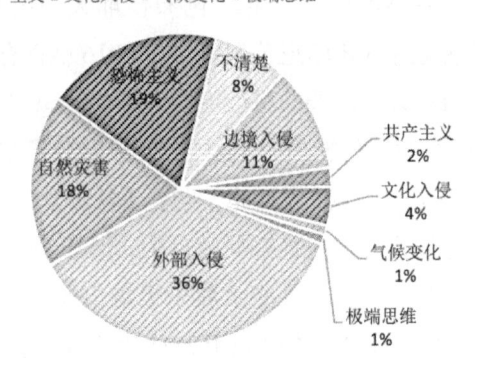

图4.3　印尼民众对国家主要面临的威胁的看法

数据来源：Gindarsah, Iis, and Adhi Priamarizki, "Indonesia's Maritime Doctrine and Security Concerns," S. Rajaratnam School of International Studies, April 9, 2015, accessed June 28, 2023, https://www.rsis.edu.sg/wp-content/uploads/2015/04/PR150409_Indonesias-Maritime-Doctrine.pdf.

海盗问题一直以来都是马六甲海峡及印尼周边海域的棘手问题。马六甲海峡连接着东亚和南亚、中东、欧洲及非洲，世界40%的贸易都要途经此地。其中包括中国80%的原油进口贸易和日本90%的原材料进口贸易，因此解决东南亚地区的海盗问题对中国和日本来说尤为重要。② 图4.4是2013—2022年东南亚地区海盗劫掠和武装分子抢劫案件数量统计图。由图可见，2013—2022年，东南亚地区的海上抢劫案件呈下降趋势，从2013年的135起下降至2022年的74起，降幅达45.2%。这反映了东南亚国家对

---

① 数据来源：印尼中央统计局（BPS），https://www.bps.go.id/.

② "Indonesia's Naval Development and Maritime Cooperation," S. Rajaratnam School of International Studies, accessed July 9, 2023, https://www.rsis.edu.sg/rsis-publication/idss/226-indonesias-naval-developmen/.

海盗问题的治理成效显著。但从2022年抢劫案件的绝对数字来看，74起意味着一年内平均每20天发生一起抢劫案件，仍显得过于频繁，仍会给各国造成巨大的经济损失。因此，虽然海上抢劫案件的数量在东南亚国家的联合治理下有所下降，但印尼乃至整个东南亚地区面临的海上安全问题仍然严峻，在给印尼海权造成威胁的同时也为印尼建设海洋强国的目标设置了障碍。

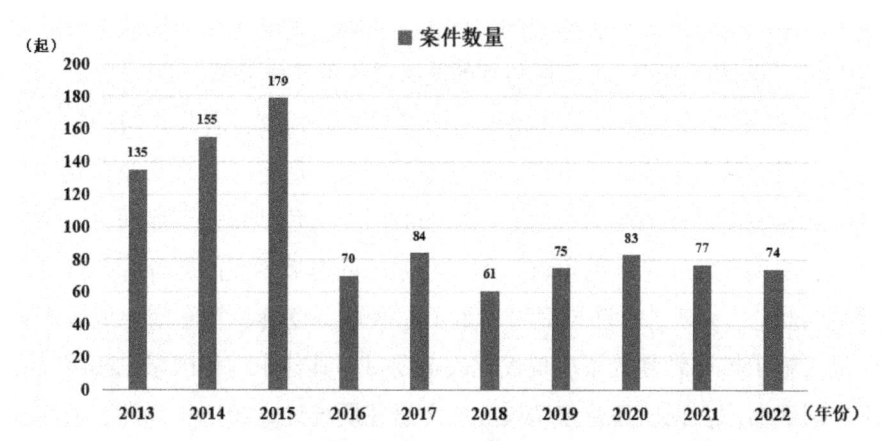

图4.4　2013—2022年东南亚地区海盗劫掠和武装分子抢劫案件数量

数据来源："ReCAAP Annual Report 2022: Piracy and Armed Robbery against Ships in Asia," The Regional Cooperation Agreement on Combating Piracy and Armed Robbery against Ships in Asia (ReCAAP), December 26, 2022, accessed July 9, 2023, https://www.recaap.org/resources/ck/files/reports/annual/ReCAAP%20ISC%20Annual%20Report%202022.pdf.

（三）国际阻碍因素

国际方面阻碍印尼发展海洋经济的因素主要来自周边国家对印尼海洋强国战略的恐惧和域外大国的参与。

1. 佐科政府实行"沉船政策"，不利于与周边国家海洋合作的开展。印尼拥有丰富的海洋渔业资源，但却一直受非法捕鱼的影响，大量的渔业资源被窃取，2015年，在印尼海域有多达5400艘外国渔船进行非法捕鱼。①为减少因国外渔船非法捕鱼蒙受的巨额损失,佐科当选印尼总统后,提出建设海洋强国的目标,其中一大具体步骤是在纳土纳争议海域打击外国非法捕鱼船。佐科政府命令其海洋事务和渔业部抓捕并击沉在印尼水域进行非法捕鱼的所有外国渔船。②2015年8月18日,印尼海军在苏门答腊岛击沉非法外国渔船34艘,2016年8月17日,印尼海军在8个地方同时击沉60艘外国非法渔船,并以此作为对印尼国庆日的献礼。③强硬的手段确实可以在一定程度上保护印尼的海洋渔业资源,迎合了国内民族主义的政治需求,但同时也影响了印尼与其他国家之间的正常关系。

2. 印尼在领土领海划分问题上始终与周边国家有着分歧与冲突。印尼与其周边所有国家几乎都存在海域划界争端:印尼与马来西亚在安巴拉特海划界争端,印尼与马来西亚、新加坡两个灰色地带的划界问题,印尼和东帝汶关于领海基线的争议,印尼与帕劳的海域划界问题等都是处于待解决的状态。④海上争议与争端加重了地区军备竞赛,在东南亚地区不仅印尼实施了雄心勃勃的军事现代化改造项目,其他东南亚国家也相继在更新本国武器库。据斯德哥尔摩国际和平研究所统计,2015年亚洲、大洋洲地区的国防开支比2014年增长了5.4%,远远高于1%的全球增长率。

(1)印尼—马来西亚海域划界争端。自20世纪60年代的马印对抗(Konfrontasi)以来,海上边界一直是印尼和马来西亚两国紧张局势的根源。20世纪60年代冲突冷却后,印尼和马来西亚分别于1969年和1970年签署了部分划定马六甲海峡周围大陆架边界和领海边界的协定。但这些边界并没有覆盖整个海上边界,两国在西里伯斯海(环绕婆罗洲和苏拉威西海岸以及菲律宾南部岛屿)的海上边界仍然没有划定。1998年,印尼就马来西亚对西巴丹岛和利吉丹岛两座岛屿的主权主张向国际法庭提出诉

---

① 《解读:印尼为何敢炸沉中国渔船》,中华网,2015年7月8日,http://news.china.com/international/1000/20150708/19976336.html,访问日期:2023年7月10日。

② Aaron L. Connelly, "Sovereignty and the Sea: President Joko Widodo's Foreign Policy Challenges," *Contemporary Southeast Asia* 37, no.1 (2015): 18.

③ 连洁:《印尼与邻国海上捕鱼争端探析》,《国际研究参考》2018年第3期,第35页。

④ 刘畅:《印度尼西亚海洋划界问题:现状、特点与展望》,《东南亚研究》2015年第5期,第39页。

讼，声称这两个岛屿属于其领海。四年后，国际法庭裁定这些岛屿属于马来西亚，但没有划定周边海域的边界。这便为2005年两国冲突的升级埋下了隐患。2005年，印尼和马来西亚两国因西里伯斯海域的石油开发问题爆发冲突，并一度出现军事对峙局面。这一局面虽在两国领导人的干预下得到缓和，但由于两国立场差距比较大，两国的海域划界争端在短期内仍然难以得到解决。近年来，马来西亚把海洋经济纳入国家工业化计划的一部分，这使得马来西亚对海域划界问题具有高度敏感性，并强调马来西亚的海洋领土要为陆上居民带来最大的利益。[1] 2020年，印尼重启与马来西亚的海域划界谈判。印尼外长蕾特诺表示，"希望能够与马来西亚签署有关苏拉威西海和马六甲海峡最南端领海的划界条约"，并强调印尼政府与马来西亚进行谈判时将恪守《联合国海洋法公约》，印尼将一如既往地继续拒绝任何缺乏国际法律依据的主张，印尼政府的强硬态度不利于两国分歧的化解。[2]

（2）印尼—越南海域划界争端。2003年，印尼与越南达成了一项大陆架划界协定，边界长约250海里。然而，两国尚未就南中国海专属经济区划界达成协定，其后果是印尼纳土纳群岛附近的专属经济区屡遭外国渔民侵占，有时甚至引发印尼对越南等国的外交抗议。2014年以来，印尼和越南的渔业矛盾不断激化，渔业冲突频发，事态不断升级。有统计数据表明，2014—2019年，印尼一共炸毁非法捕鱼船只556艘，其中越南船只有321艘，占57.7%。进入2020年后，越南渔民在印尼纳土纳群岛临近水域的非法捕鱼活动更加频繁，印尼与越南的渔业矛盾不断激化，从3月至8月共发生了7起直接冲突，其中在纳土纳海域发生5起，在西加里曼丹附近水域发生1起，在印尼—马来西亚交界水域发生1起。据统计，在这7起

---

[1] "The Sense and Sensibility of Malaysia's Approach to Its Maritime Boundary Disputes," Center for Strategic and International Studies, November 21, 2022, accessed July 11, 2023, https://amti.csis.org/the-sense-and-sensibility-of-malaysias-approach-to-its-maritime-boundary-disputes/.

[2] "Indonesia's land and Maritime Border Disputes with Malaysia, the Philippines and Vietnam," *South China Morning Post*, January 12, 2022, accessed July 11, 2023, https://www.scmp.com/week-asia/explained/article/3163035/indonesias-land-and-maritime-border-disputes-malaysia.

事件中，共有18艘越南渔船被扣留，147名越南渔民被抓捕，这导致印尼与越南两国的安全风险迅速增加。①

（3）印尼—新加坡海域划界争端。新加坡位于马六甲海峡和新加坡海峡的连接处，马六甲海峡是世界上最为重要的海上通道之一，对新加坡国内的经济繁荣以及稳定发展发挥着至关重要的作用，维护马六甲海峡和新加坡海峡的安全和自由通航对新加坡不可或缺。印尼、马来西亚以及新加坡围绕马六甲海峡的划界问题进行了差不多50年的复杂博弈，至今仍未能彻底解决这一问题。1973年，通过签署协定，印尼和新加坡完成了对新加坡海峡中段的海域划界；2009年，印尼和新加坡完成了对新加坡海峡西段的海域划界，实现了两国海域边界的西展；2014年9月，经过3年10轮的谈判，印尼和新加坡签署了新加坡海峡东段的海域划界协定，完成了两国海域边界的东展。但是整个马六甲海峡划界的最终完成仍需印尼、新加坡以及马来西亚三方共同协商友好谈判加以解决、才能为三国持续且有效地管理马六甲海峡提供更加坚实的政治基础和保障。

（4）印尼—澳大利亚海域划界争端。作为西南太平洋地区相邻的两个大国，由于地缘政治关系和历史因素，自1945年宣布独立以来印尼便十分重视发展与澳大利亚的关系，而发展与印尼的友好合作关系也一直是澳大利亚外交的一个重点努力方向，两国关系经历了1945—1949年的"密切诚恳"、1950—1966年的"紧张对抗"、1967—1998年的"平稳发展"以及1999年至今的"曲折前进"几个阶段，波动比较大，表现出两国关系的不稳定性，领土争端问题则一直是半个多世纪两国关系中的"顽疾"。

两国在阿拉弗拉海、帝汶海以及印度洋海域都存在着复杂的海域划界问题，自20世纪60年代双方便着手通过谈判解决领海争端，②并签署了一系列的协定。1971年、1972年以及1977年两国分别签署了三项涉及划定阿拉弗拉海边界的协定；1981年和1989年印尼与澳大利亚分别针对海洋的捕鱼区以及合作区签署了协定；1989年两国签署了《帝汶缺口条约》，共

---

① 《越南渔船南海频频"碰瓷"引发危机》，南海战略态势感知计划网站，2020年8月31日，http://www.scspi.org/zh/dtfx/1598860870#ftn3，访问日期：2023年7月11日。

② 刘畅：《印度尼西亚海洋划界问题：现状、特点与展望》，《东南亚研究》2015年第5期，第37页。

同分享澳大利亚与印尼之间的海床资源,但东帝汶独立后,该条约也随之失效;[①] 1997年,印尼与澳大利亚谈判签署了《珀斯条约》,试图彻底解决双方存在的海域划界问题,但该条约签订后一直没有得到正式批准,因此也未能产生任何效力,尽管双方在相关海域并没有发生重大纠纷和冲突,但一直存在的非法捕鱼以及非法难民仍难以解决,在一定程度上会对两国关系的稳定造成长期的影响。

此外,被十几个海陆邻国所包围的印尼,除与马来西亚、新加坡以及澳大利亚存在未解决的海域划界问题外,与菲律宾、东帝汶以及帕劳等国家也存在着海域划界问题,海域划界和渔业资源管理问题必将是印尼与周边邻国的一项长期外交斗争内容。

三、小结

地处印度洋和太平洋的连接处的印尼是东南亚最大也是经济实力最强的国家,从内向型的发展战略转向外向型的发展战略的需要,以及在中国的和平崛起和美国重返亚太的国际背景下,印尼佐科·维多多当选印尼总统后提出了"全球海洋支点"构想,以海洋文化、海洋渔业主权、海上基础设施、海洋外交、海洋防卫作为其海洋学说的五条核心思想。"全球海洋支点"构想是佐科追求"泛印太"印尼抱负的体现,是印尼外交和防务政策的扩张,意味着印尼不仅要继续维持以东盟为核心的地区战略,而且要面向印度洋向西看。[②]

战略文化对于印尼安全观的形成至关重要。对印尼而言,印尼的地理位置及历史上形成的海洋地缘政治,成为印尼政治家们制定政策的基本起点,佐科总统的"全球海洋支点"构想也根源于印尼历史上形成的战略文化。

佐科的"全球海洋支点"构想主要有五个方面:第一,唤醒印尼人沉睡已久的海洋意识,重塑印尼的海洋文化。第二,大力维护海权,保护领

---

① 闫坤:《新时期印度尼西亚全方位外交战略解析》,《东南亚纵横》2012年第1期,第17页。

② Agastia, I. G. B. D. and Anak Agung Banyu Perwita, "Jokowi's Maritime Axis: Change and Continuity of Indonesia's Role in Indo-Pacific," *Journal of ASEAN Studies* 3, no. 1 (2015): 40-41.

海及专属经济区内的资源，严厉打击非法捕鱼活动。第三，发展海上基础设施，打破印尼各岛之间的封闭隔绝状态，通过加大财政支出以及吸引外国投资打造"海上高速公路"。第四，海洋外交就是通过协商谈判处理好与周边国家的关系，特别是与本国有领土争端的外交关系。第五，打造强有力的海洋防卫力量。

印尼正在由传统的陆上发展型国家转向海洋发展型国家，佐科认识到印尼的国家实力和未来的发展潜力与海洋有着密切的联系。为应对建设海洋强国的挑战，印尼政府采取了三方面的干预措施，即监管和评估、遏制与预防、阻扰与反击。[1] 在外交方面，印尼采取了更为务实的对外政策，继续秉持不选边站、大国平衡的国际战略，并努力在本地区国际事务中扮演积极主动的地区大国的角色。

---

[1] Morris, Lyle J. and Giacomo Persi Paoli, *A Preliminary Assessment of Indonesia's Maritime Security Threats and Capabilities* (Santa Monica: RAND Corporation, 2018), p. 28.

第五章 结 语

  独特的地理位置使印尼人很早就开始了海上活动，海洋对于印尼国家的形成与发展具有特殊的意义和重要作用。早在公元7世纪，室利佛逝（Sriwijaya）便利用得天独厚的地理位置与周边国家频繁往来。公元14世纪，爪哇岛上的满者伯夷（Majapahit）以港口经济为重要支撑，从事海上商业活动，与中国的明朝政府保持着密切的商贸往来。自16世纪，印尼进入了长达四百多年的殖民地时期，长期的殖民统治使印尼原有的海上贸易网络被破坏殆尽，印尼人也逐渐忽视海洋，对海洋变得全然无知。1945年印尼独立，自苏加诺至苏哈托执政的近半个世纪里，印尼的海权战略主要是以独立自主为原则，积极争取印尼领土领海的统一，为捍卫主权而努力。《联合国海洋法公约》的制定使印尼的领海主张获得了国际承认，随之印尼作为群岛国家的法律地位也得到了国际社会的认可，作为群岛国家的印尼也开始重拾对海洋的信心，开始建设港口和码头，发展海洋经济。近几年，随着印尼经济增长水平的不断提高，综合国力的增强，为打开区域以及全球经济发展的大门，佐科总统提出了打造海洋强国以及"全球海洋支点"构想，海洋在印尼国家发展中的地位不断提升，印尼对海洋的重视上升到了一个新的高度。

  独立初期的印尼确立了维护国家统一和领土完整的海权战略，以明确领海主权为首要目标。转轨期的印尼开始重视对海洋资源的开发与利用，注重海上基础设施建设以及海洋经济的发展，海上防御力量也得到了不断加强。当前印尼的海权战略以建设海洋强国为目标，围绕着重新构建海洋文化，管理和开发海洋资源，打造海上高速公路，开展海洋外交，以及增强海上防卫能力等五方面内容，使印尼重返海洋，成为全球海洋的战略支点。在经历了兴盛、衰败，继而恢复和积极发展之后，当下印尼对过去海权战略实践的经验教训进行了深刻的反思。

一、海洋经济与海军力量协调发展

在海洋经济开发领域，印尼长期处于落后状态，目前印尼的海洋资源收入约占其国内生产总值的22%，[①] 印尼仍有高达90%的海洋资源没有被开发。作为贡献率最大的印尼海洋渔业，目前却面临着出口低质量和低创新水平的困境，海洋捕鱼能力有限，遭受着非法捕鱼的挑战。海洋油气业的发展也由于不具备先进的深海油气勘探开发技术而受到限制。海洋造船业也亟待发展，印尼国内所使用的船只多是旧船和进口的二手船，很难满足其发展海洋事业的需求。此外，海上基础设施的落后使印尼国内岛屿之间缺乏联接，一些岛屿甚至还处于半孤立状态，岛屿之间的商品运输成本甚至高于直接进口，岛屿内、岛屿之间以及国际的互联互通需要加强。

印尼一直比较重视加强海上防御。为维护国家统一和领土完整，印尼1945年宪法便强调建立海军。1957年发布的《朱安达宣言》则确立了印尼《海洋法》的基本原则——群岛原则，为印尼建立一个统一且多元化的群岛国家提供了政治合法性，在法律层面维护并巩固了印尼的海权。但与其广阔的海洋国土面积、众多的岛屿以及对海洋法的高度重视相比，印尼的海军力量较弱、现代化程度不高，面临着武器装备和配套设备短缺的严重问题。以印尼的现役舰艇为例，能够投入使用并完成现代海上作战任务的不足80%，而且还存在设备老化、排水量小、技术性能落后等问题。而且鉴于印尼的国防工业基础薄弱和相关预算资金不足，印尼海军的现代化建设也面临着一定困难。

基于对以上现实的深刻反思，当代印尼加强了对国内事务的关注，并以"全球海洋支点"构想为立足点，以双边或多边合作为重要抓手，大力推动海上基础设施互联互通和海上重大工程建设，促进海洋经济的发展。例如，印尼将"全球海洋支点"构想与中国共建"一带一路"倡议相对接，

[①] 《印尼海洋产业发展潜力巨大》，中华人民共和国商务部网站，2013年10月8日，http://www.mofcom.gov.cn/article/i/jyjl/j/201310/20131000336793.shtml，访问日期：2023年7月11日。

深化政治、经济、人文、海上合作"四轮驱动"合作格局,为印尼在绿色发展、数字经济等领域培育新的经济增长点。另外,印尼也将"全球海洋支点"构想与美国的"印太战略"相对接,通过深化与美国的"战略伙伴关系",加强与美国的经济和军事合作,并充分发挥合作的"联动效应",推动印尼政治、经济和军事利益的实现。由此,在实现海洋经济高质量增长的基础上,印尼能够制定并实施海军现代化计划,建设具有高度机动能力及威慑能力的海军,实现海洋经济以及海军力量的平衡发展。

二、保持陆海发展平衡

作为世界上最大的群岛国家,印尼海权战略面对的主要问题便是统筹大陆与海洋的平衡发展,实现陆海发展步伐的有机协调。然而,一国的国家力量和资源总量是有限的,在陆地和海洋的发展上平均用力反而很容易导致力量和资源的相对分散,无法充分发挥资源的集约化效能,不恰当的内部生产要素的使用也会引发矛盾与冲突。更为关键的是,陆海发展的平均用力将会导致战略重心不突出,甚至会对国家的重大发展战略造成损害。所以,若要实现陆海发展的有机协调,就需要采用主副轴的发展结构,即以海洋发展为主,以陆地发展为辅或以陆地发展为主,以海洋发展为辅。

就印尼海权战略的实践来看,陆地和海洋得不到平衡发展是比较突出的问题。400余年的殖民统治使印尼人对海洋变得一无所知,这体现在印尼的领海主权被严重侵犯,海洋资源和海上贸易等均被殖民者所垄断。印尼独立后,国家的主权、领土、领海又重新回到了印尼人民的手中,但此时的印尼并没有积极地重返大海,而是更加重视海权的维护,包括领海的划界、海洋管理机构的建立、海洋法律法规的制定、海军的建设等,给予海洋、海峡以及海湾的开发和利用的关注度比较少。因此在经济发展上,建国初期的印尼仍重视岛屿内部的发展,采取的是以陆地为单一主轴的发展结构。

由于海洋是印尼实现可持续发展,成为区域性大国乃至全球有影响力国家的核心要素,这种重陆地轻海洋的发展战略不利于印尼的长远发展,所以佐科总统上任后,便着手打破这种陆海发展失衡的局面,提出了"全球海洋支点"构想,并以"重建印尼的海洋文化""重塑海权""发展海洋基础设施以及连通性建设""开展海洋外交""打造海洋防卫力量"等五大方面作为战略支柱,努力推动印尼发展成为海洋强国,加强印尼在太平洋和印度洋地区的影响力。另外,重视海洋并不意味着放弃陆地的发展,佐科政府认识到陆地基础设施的建设是实现海上各国互联互通的关键一环,因此在"全球海洋支点"构想的整体框架下,印尼还推行了"海上高速公路"计划。该计划以海路互联互通为发展重点,拟在各岛屿内兴建港口、陆上铁路、公路等基础设施,以形成系统的海路交通网来实现各岛屿、乃至东南亚各国的连接。其中,连接雅加达和万隆的雅万高铁便被寄希望于增加东盟国家间的连通性。由此可见,在"全球海洋支点"构想的引领下,印尼采用的是一种以海洋为主,以陆地为辅的主副轴经济发展结构,这种发展结构能够促进印尼国内经济的平衡发展,并助力其世界海洋轴心国目标的实现。

三、循序渐进推进海洋事业发展

海洋事业的发展有一定的规律性,而且涉及面比较广,发展周期相对较长,如港口等海上基础设施的建设,耗时久,同时投资与回报之间还存在巨大的时间差,回报的获取需要几年甚至几十年。而海权战略作为一种国家政策方略,涵盖指导海洋经济发展、海上安全保障、海洋环境保护以及海洋科技进步等的相关举措。因此,当前印尼以建设海洋强国为目标建立的"全球海洋支点"构想比较完整,配合各相关海洋活动主体的具体计划举措,形成了囊括国家海洋活动各个领域的海权战略体系。这一体系有利于国家新型海权体系的全面推进,这与印尼独立初期以及转轨期的海洋政策形成巨大的反差。独立初期的海权战略更多的仅具有政治意义,旨在维护国家领海主权。转轨期的海权战略涉及的海洋活动领域不够全面,制定的相关海洋政策并没有以国家战略文件的形式构成稳定的战略指导体系,而且这些海洋政策规划也并没有得到很好的执行。

总的来说,当前印尼的海权战略确立了全民族的海权战略文化和思维,佐科政府将印尼的海洋属性融入国家战略定位中,并提出"全球海洋支点"构想,为印尼发展指明了道路和方向,这也使海洋经济发展纳入国家发展战略规划中来，为海洋经济插上了政策翅膀，海洋渔业、旅游业都已发展成为印尼国家经济的支柱产业；交通运输业上，通过加强包括港口、高速铁路、机场、大桥等在内的基础设施建设，开展与邻国和域外大国的双边或多边合作等措施，印尼在一定程度上已经把海洋由天堑转化为纽带，不仅促进了本国各个岛屿间的互联互通，还令国际航运及相关服务业也得到了相应发展。

尽管在印尼实现海洋强国梦的道路上仍存在诸多阻碍，如资金短缺、技术落后、政策难以上行下效，以及国际上存在的诸多挑战，但就目前来看，佐科在印尼享有较高的民意和支持，国内经济也得到了持续发展；在国际方面，"动态平衡"的外交策略保证了印尼在中美之间得以维持独立性，中印尼之间的合作也因两国关系的持续升温以及"全球海洋支点"构想与"一带一路"倡议之间的良好耦合性而成果丰硕，这为印尼的海权战略赢得了有利的外部环境，也使得佐科政府能够在较长一段时期里使国家朝着"全球海洋支点"构想这一方向稳步前进，进而助力其实现海洋强国的既定目标。

参考文献

一、外文官方文件

1. "Presidential Decree No. 177/2000 on Organizational Structures and Tasks of Ministries," *Audit Board of Indonesia*, March 22, 2001, https://peraturan.bpk.go.id/Home/Details/58303/keppres-no-177-tahun-2000.

2. "Presidential Regulations No. 7/2008 on General Policy Guidelines on State Defence Policy," *Audit Board of Indonesia*, January 26, 2008, https://peraturan.bpk.go.id/Home/Details/42194/perpres-no-7-tahun-2008.

3. "Agreement between the Government of Australia and the Government of the Republic of Indonesia on Maintaining Security," *Australasian Legal Information Institute*, December 18, 1995, http://www.austlii.edu.au/au/other/dfat/treaties/1996/13.html.

4. "Joint Statement on the Eighth Australia-Indonesia Foreign and Defence Ministers' 2+2 Meeting," *Australian Defence Force*, February 10, 2023, https://www.minister.defence.gov.au/statements/2023-02-10/joint-statement-eighth-australia-indonesia-foreign-and-defence-ministers-22-meeting.

5. "Plan of Action to Implement the Indonesia-U.S., Comprehensive Partnership," *Bureau of East Asian and Pacific Affairs*, September 17, 2010, https://2009-2017.state.gov/p/eap/rls/ot/2010/147287.htm.

6. "Agreement between Australia and the Republic of Indonesia on the

Framework for Security Cooperation," Department of Foreign Affairs and Trade of Australian Goverment, November 13, 2006, https://www.dfat.gov.au/geo/indonesia/agreement-between-the-republic-of-indonesia-and-australia-on-the-framework-for-security-cooperation.

7. "Joint Declaration on Comprehensive Partnership between Australia and the Republic of Indonesia," Department of Foreign Affairs and Trade of Australian Government, August 31, 2018, https://www.dfat.gov.au/geo/indonesia/joint-declaration-comprehensive-strategic-partnership-between-the-commonwealth-of-australia-and-republic-of-indonesia.

8. "Plan of Action for the Implementation of the Joint Declaration on Maritime Cooperation between the Government of Australia and the Government of the Republic of Indonesia," Department of Foreign Affairs and Trade of Australian Government, March 16, 2008, https://www.dfat.gov.au/sites/default/files/indonesia-australia-maritime-cooperation-action-plan.pdf.

9. "Indonesia-U.S. Bilateral Relations," Embassy of the Republic of Indonesia in Washington D.C. the United States of America, December 6, 2010, https://kemlu.go.id/washington/en/pages/hubungan_bilateral_indonesia-amerika_serikat/554/etc-menu.

10. "Agreement between the Government of the Kingdom of Thailand and the Government of the Republic of Indonesia relating to the Delimitation of a Continental Shelf Boundary between the Two Countries in the Northern Part of the Strait of Malacca and in the Andaman Sea," Food and Agriculture Organization of the United Nations, December 17, 1971, https://www.fao.org/faolex/results/details/en/c/LEX-FAOC020856/.

11. "Agreement between the Government of the Republic of India and the Government of the Republic of Indonesia on the Extension of the 1974 Continental Shelf Boundary between the Two Countries

in the Andaman Sea and the Indian Ocean," Food and Agriculture Organization of the United Nations, January 14, 1977, https://www.fao.org/faolex/results/details/en/c/LEX-FAOC039601/.

12. "Agreement between the Government of the Republic of Indonesia and the Government of the Kingdom of Thailand Relating to the Delimitation of the Sea-Bed Boundary between the Two Countries in the Andaman Sea," Food and Agriculture Organization of the United Nations, December 11, 1975, https://www.fao.org/faolex/results/details/en/c/LEX-FAOC032249/.

13. "Law Concerning Environmental Management Law No. 23 of 1997," Food and Agriculture Organization of the United Nations, September 19, 1997, https://faolex.fao.org/docs/html/ins13056.htm.

14. "Law of The Republic of Indonesia No.5/1990 Concerning Conservation of the Living Natural Resources and its Ecosystem," Food and Agriculture Organization of the United Nations, August 10, 1990, https://faolex.fao.org/docs/pdf/ins3867.pdf.

15. "Law of the Republic of Indonesia No. 32 of 2014 about the Sea," Food and Agriculture Organization of the United Nations, October 17, 2014, https://www.fao.org/faolex/results/details/en/c/LEX-FAOC161826/.

16. "Law of The Republic of Indonesia Number 17 of 2007 on Long-term National Development Plan of 2005-2025," Food and Agriculture Organization of the United Nations, February 5, 2007, https://www.fao.org/faolex/results/details/en/c/LEX-FAOC202491/.

17. "Treaty between the Government of Australia and the Government of the Republic of Indonesia Establishing an Exclusive Economic Zone Boundary and Certain Seabed Boundaries," Food and Agriculture Organization of the United Nations, February 5, 2007, https://www.fao.org/faolex/results/details/en/c/LEX-FAOC062911/.

18. "Joint Statement between the Government of the Republic of

Indonesia and the Government of Australia," Kementerian Luar Negeri Republik Indonesia, February 20, 2020, https://kemlu.go.id/portal/id/read/1061/halaman_list_lainnya/joint-statement-between-the-government-of-the-republic-of-indonesia-and-the-government-of-australia.

19. "Joint Statement: Vision for the India-Indonesia New Strategic Partnership over the coming decade," Ministry of External Affairs Government of India, January 25, 2011, https://mea.gov.in/bilateral-documents.htm?dtl/3143/Joint+Statement+Vision+for+the.

20. "The 1945 Constitution of the Republic of Indonesia," Nuclear Energy Regulatory Agency of the Republic of Indonesia, 1945, https://jdih.bapeten.go.id/unggah/dokumen/peraturan/116-full.pdf.

21. "Agreement Stipulating the Territorial Sea Boundary Lines between Indonesia and the Republic of Singapore in the Strait of Singapore," U.S. Department of State, May 25, 1973, https://www.state.gov/wp-content/uploads/2019/11/LIS-60.pdf.

22. "Act No. 4 of 1982 on the Basic Provisions for the Management of the Living Environment," United Nations Environment Programme, March 11, 1982, https://leap.unep.org/en/countries/id/national-legislation/act-no-4-1982-basic-provisions-management-living-environment.

23. "Act of the Republic Relating to the Indonesian Waters (Act No. 6 of 1996)," United Nations Environment Programme, August 8, 1996, https://leap.unep.org/en/countries/id/national-legislation/act-republic-relating-indonesian-waters-act-no-6-1996.

24. "Government Regulation No.25/2000 concerning Central and Provincial Government Authorities as an Autonomous Region," United Nations Environment Programme, May 6, 2000, https://leap.unep.org/en/countries/id/national-legislation/government-regulation-no-252000-concerning-central-and-provincial.

25. "Government Regulation No. 8, concerning Innocent Passage of

Foreign Vessels in Indonesian Waters," United Nations, June 28, 1962, https://www.un.org/Depts/los/LEGISLATIONANDTREATIES/STATEFILES/IDN.htm.

26. "Act No. 5 of 1983 on the Indonesian Exclusive Economic Zone," United Nations, October 18, 1983, https://www.un.org/Depts/los/LEGISLATIONANDTREATIES/STATEFILES/IDN.htm.

27. "Agreement between Australia and Indonesia concerning Certain Boundaries between Papua New Guinea and Indonesia," United Nations, February 12, 1973, http://www.un.org/Depts/los/LEGISLATIONANDTREATIES/PDFFILES/TREATIES/AUS-IDN1973PNG.pdf.

28. "Agreement between the Government of Malaysia and the Government of Indonesia on the Delimitation of the Continental Shelves between the Two Countries," United Nations, August 8, 1974, https://www.un.org/Depts/los/LEGISLATIONANDTREATIES/STATEFILES/IDN.htm.

29. "Agreement between the Government of the Commonwealth of Australia and the Government of the Republic of Indonesia Establishing Certain Seabed Boundaries," United Nations, May 18, 1971, https://www.un.org/Depts/los/LEGISLATIONANDTREATIES/STATEFILES/IDN.htm.

30. "Agreement between the Government of the Commonwealth of Australia and the Government of the Republic of Indonesia Establishing Certain Seabed Boundaries in the Area of the Timor and Arafura Seas," United Nations, October 9, 1972, http://www.un.org/Depts/los/LEGISLATIONANDTREATIES/PDFFILES/TREATIES/AUS-IDN1972TA.pdf.

31. "Agreement between the Government of the Republic of India and the Government of the Republic of Indonesia Relating to the Delimitation of the Continental Shelf Boundary between the Two

Countries," United Nations, August 8, 1974, http://www.un.org/Depts/los/LEGISLATIONANDTREATIES/PDFFILES/TREATIES/IND-IDN1974CS.PDF.

32. "Agreement between the Government of the Republic of India, the Government of the Republic of Indonesia and the Government of the Kingdom of Thailand Concerning the Determination of the Trijunction Point and the Delimitation of the Related Boundaries of the Three Countries in the Andaman Sea," United Nations, June 22, 1978, http://www.un.org/Depts/los/LEGISLATIONANDTREATIES/PDFFILES/TREATIES/THA-IND-IDN1978TP.PDF.

33. "Agreement between the Government of the Republic of Indonesia and the Government of Papua New Guinea Concerning the Maritime Boundary between the Republic of Indonesia and Papua New Guinea and Cooperation on Related Matters," United Nations, December 13, 1980, https://www.un.org/Depts/los/LEGISLATIONANDTREATIES/STATEFILES/IDN.htm.

34. "Agreement between the Government of the Republic of Indonesia, the Government of Malaysia and the Government of the Kingdom of Thailand Relating to the Delimitation of the Continental Shelf Boundaries in the Northern Part of the Strait of Malacca," United Nations, December 21, 1971, https://www.un.org/Depts/los/LEGISLATIONANDTREATIES/STATEFILES/IDN.htm.

35. "Agreement Concerning Certain Boundaries between Papua New Guinea and Indonesia (with chart)," United Nations, February 12, 1973, http://www.un.org/Depts/los/LEGISLATIONANDTREATIES/index.htm.

36. "Declaration by the Government of Indonesia concerning the Exclusive Economic Zone of Indonesia," United Nations, March 21, 1980, https://www.un.org/Depts/los/LEGISLATIONANDTREATIES/STATEFILES/IDN.htm.

37. "Government Regulation Replacing Law No. 4, concerning Indonesian Waters," United Nations, February 18, 1960, https://www.un.org/Depts/los/LEGISLATIONANDTREATIES/STATEFILES/IDN.htm.

38. "Treaty between the Republic of Indonesia and Malaysia Relating to the Delimitation of the Territorial Seas of the Two Countries in the Strait of Malacca, Kuala Lumpur," United Nations, March 17, 1970, https://www.un.org/Depts/los/LEGISLATIONANDTREATIES/STATEFILES/IDN.htm.

39. "Volume II: Plenary Meetings, Summary Records of Meetings and Annexes," United Nations, April 27, 1958, https://legal.un.org/diplomaticconferences/1958_los/vol2.shtml.

40. "Volume III: First Committee (Territorial Sea and Contiguous Zone)," United Nations, April 27, 1958, https://legal.un.org/diplomaticconferences/1958_los/vol3.shtml.

二、中文著作

1. 黄阿玲:《印尼研究》,中国国际广播出版社,2007。
2. 梁志明:《殖民主义史——东南亚卷》,北京大学出版社,1999。
3. 唐慧等编著:《印尼概论》,世界图书出版公司,2012。
4. 王任叔:《印尼古代史》,中国社会科学出版社,1987。
5. 韦红、王勇辉编《印尼国情报告(2015年)》,社会科学文献出版社,2015。
6. 吴士存:《纵论南沙争端》,海南出版社,2005。

三、外文著作

(一)英文著作

1. A.H.Johns, *Muslim Myaties and Historical Vriting, in Historians of South East Asia* (London: Oxford University Press, 1961).
2. Business Monitor International (BMI), *Indonesia Crime, Defence &*

Security Report (London: BMI Research, 2015).
3. Butcher, John G, and Robert Edward Elson, *Sovereignty and the Sea: How Indonesia Became an Archipelagic State* (Singapore: Nus Press, 2017).
4. Charney, Jonathan I., and Lewis M. Alexander, eds, *International Maritime Boundaries* (Leiden: Martinus Nijhoff Publishers, 1993).
5. Coedes, George, *The Indianized States of Southeast Asia* (Hawaii: University of Hawaii Press, 1975).
6. Cornelis Vollenhoven, *Adat Law Circles and Native Local Communities* (Leiden: Brill Publishers, 1943).
7. Dick, Howard W, *The Indonesian Interisland Shipping Industry: A Case Study in Competition And Regulation* (Canberra: The Australian National University, 1977).
8. Donald B. Freeman, *The Straits of Malacca: Gateway or Gauntlet?* (Kingston: McGill-Queen's University Press, 2003).
9. Frederick, William H., and Robert L. Worden, eds, *Indonesia: A Country Study* (Washington, D.C.: Government Printing Office, 1993).
10. Geoffrey Till and Collin Koh Swee Lean, *Naval Modernisation in Southeast Asia, Part Two: Submarine Issues for Small and Medium Navies* (London: Palgrave Macmillan, 2018).
11. Hannigan, Tim, *Brief History of Indonesia: Sultans, Spices, and Tsunamis: The Incredible Story of Southeast Asia's Largest Nation* (Hongkong: Tuttle Publishing, 2015).
12. Hermann Kulke, K. Kesavapany, Vijay Sakhuja, eds, *Nagapattinam to Suvarnadwipa: Reflections on the Chola Naval Expeditions to Southeast Asia* (Singapore: Nalanda-Sriwijaya Centre, 2009).
13. International Institute for Strategic Studies, *The Military Balance 2009* (Jakarta: Routledge, 2009).
14. Johnson, Barbara, *A World of Difference* (Baltimore: JHU Press,

1989).
15. Legge, John D, *Twenty Years Indonesian Foreign Policy, 1945–1965* (Cambridge: Cambridge University Press, 1974).
16. Morris, Lyle J. and Giacomo Persi Paoli, *A Preliminary Assessment of Indonesia's Maritime Security Threats and Capabilities* (Santa Monica: RAND Corporation, 2018).
17. Novotny, Daniel, *Torn between America and China: Elite Perceptions and Indonesian Foreign Policy* (Singapore: Iseas-Yusof Ishak Institute, 2010).
18. Oishi, Mikio, *Contemporary Conflicts in Southeast Asia* (Singapore: Springer, 2016).
19. R.Mangindaan, *Maritime Strategy of Indonesia in 2000–2010* (Thailand: White Lotus Press, 2002).
20. Raffles, Thomas Stamford, *History of Java in Travels, Explorations and Empires, 1770–1835* (London: Routledge, 2021).
21. Ricklefs, *A History of Modern Indonesia since c.1300* (London: MacMillan, 1991).
22. Robert Cribb, Michele Ford, *Indonesia beyond the Water's Edge: Managing an Archipelagic State* (Singapore: Institute of Southeast Asian Studies, 2009).
23. Sebastian, Leonard C, *Realpolitik Ideology: Indonesia's Use of Military Force* (Singapore: Iseas-Yusof Ishak Institute, 2005).
24. Stacey, Natasha, *Boats to Burn: Bajo Fishing Activity in the Australian Fishing Zone* (Canberra: ANU Press, 2007).
25. Vivian Louis Forbes, *Indonesia's Delimited Maritime Boundaries* (New York: Springer, 2014).
26. Wal, S.L., P. J. Drooglever and M. J. B. Schouten, *Guide to the Archives on Relations between the Netherlands and Indonesia 1945–1963* (Amsterdam: Institute of Netherlands History, 1999).

（二）印尼文著作

1. Ade Supandi, *Fondasi Negara Maritim* (Jakarta: Pustaka Nasution, 2018).
2. Ahmad Muhtadi Rangkuti, *Ekosistem Pesisir & Laut Indonesia* (Jakarta: Bumi Aksara, 2017).
3. Akhmad Solihin, *Politik Hukum Kelautan dan Perikanan* (Bandung: Penerbit Nuansa Aulia, 2010).
4. Ardinanda Sinulingga, *Ardinanda gara Maritim* (Jakarta: Yayasan Pustaka Nasution, 2018).
5. Bakrie, Connie Rahakundin, *Defending Indonesia* (Jakarta: Gramedia Pustaka Utama, 2013).
6. Danusaputro, *Tata Lautan Nusantara dalam Hukum dan Sejarahnya* (Bandung: Binacipta, 1980).
7. Hans Meijer, *Den Haag-Djakarta: De Nederlands-Indonesische Betrekkingen 1950–1962* (Dordrecht: Het Spectrum, 1994).
8. Kusuma and Ananda B, *Lahirnya UUD 1945: Memuat Salinan Dokumen Otentik Badan Oentoek Menyelidiki Oesaha-Oesaha Persiapan Kemerdekaan* (Jakarta: Fakultas Hukum Universitas Indonesia, 2009).
9. Kusumaatmadja, Mochtar, *Bunga Rampai Hukum Laut* (Jakarta: Bina Cipta, 1978).
10. Slamet Muljana, *Menuju Puncak Kemegahan: Sejarah Kerajaan Majapahit* (Yogyakarta: PT LKiS Pelangi Aksara, 2005).
11. Widoyoko, Danang, and Coen Husain Pontoh, *Bisnis Militer Mencari Legitimasi* (Jakarta: Indonesia Corruption Watch, 2003).
12. Yusron Ihza, *Tragedi dan Strategi Pertahanan Nasional* (Jakarta: La Tofi Enterprise, 2009).

四、中外网站

（一）印尼网站

印尼总统府，http://www.presidenri.go.id.

印尼国防部，http://www.kemhan.go.id.

印尼海洋渔业部，http://www.kkp.id.

印尼中央统计局，http://bps.go.id.

印尼外交部，http://www.kemlu.go.id.

印尼驻华大使馆，http://kemlu.go.id/beijing/

印尼投资协调委员会，http://www.bkpm.go.id.

印尼文化教育部网站，http://www.kemdiknas.go.id.

印尼国家地理网，http://nationalgeographic.co.id/berita/

印尼投资网，https://www.indonesia-investments.com.

安塔新闻社，http://www.antaranews.com/

美都新闻网，http://www.metrotvnews.com/

印尼华人网，http://www.ydnxy.com/

《雅加达邮报》网站，http://www.thejakartapost.com/

《罗盘报》网站，https://www.kompas.com/

印尼detik新闻门户网站，http://news.detik.com.

印尼tempo.co新闻门户网站，https://en.tempo.co

（二）中国网站

中华人民共和国中央人民政府网，http://www.gov.cn/

中华人民共和国外交部，http://www.fmprc.gov.cn/

中华人民共和国国防部，http://www.mod.gov.cn/

中华人民共和国商务部，http://mofcom.gov.cn/

中华人民共和国国家海洋局，http://www.soa.gov.cn/

中华人民共和国驻印尼大使馆，http://id.china-embassy.org/chn/

中华人民共和国驻印尼大使馆经济商务参赞处，http://id.mofcom.gov.cn/

中华人民共和国驻泗水总领事馆商务室网站，http://surabaya.mofcom.gov.cn/

中华人民共和国驻棉兰总领馆经济商务室，http://medan.mofcom.gov.cn/

新华社，http://www.xinhuanet.com/

人民网，http://www.people.com.cn/

中国—印尼经贸合作网，https://www.cic.mofcom.gov.cn/

中国侨网，http://www.chinanews.com/

中国东盟研究院，http://cari.gxu.edu.cn/

中国国际贸易促进委员会，http://www.ccpit.org/

中国经济网，http://www.ce.cn/

中国财经网，http://finance.china.com.cn/

环球网，http://www.huanqiu.com/

中国新闻网，http://www.chinanews.com/

中国情报网，http://www.askci.com/

中国远洋渔业信息网，http://www.cndwf.com/

中国水产门户网，http://www.bbwfish.com/

国际在线，http://gb.cri.cn/

（三）其他国际网站

联合国，http://www.un.org/

世界银行，http://www.worldbank.org/

美国国务院，http//www.state.gov/e/eb/rls/other/ics/2014/22611.htm

美国中央情报局，https://www.cia.gov

美国驻印尼大使馆，https://id.usembassy.gov

美联社，http://www.cuclife.com

美国约翰霍普金斯大学，http://muse.jhu.edu

澳大利亚战略政策研究所，http://www.aspistrategist.org.au

澳大利亚罗伊国际政策研究所，http://www.lovyinstitute.org

澳大利亚广播公司，http://www.abc.net.au

曼谷邮报，https://www.bangkokpost.com/thailand.

外交官，http://thediplomat.com

经济学人，http://www.economist.com

全球商业指南（印尼），http://www.gbgindonesia.com

卡塔尔半岛电视台，http://www.aljazeera.com

维基百科，https://en.wikipedia.org

不列颠百科全书，https://global.britannica.com/topic/Java-man

东亚论坛，http://www.eastasiaforum.org

珊瑚礁基地，http://www.reefbase.org

BMI Research，http://www.bmiresearch.com

ProQuest数据库，http://search.proquest.com

Tradeindia，https://www.tradeindia.com

附录：印度尼西亚涉海涉边条约、法律译名对照表

一、印度尼西亚政府对外涉海涉边双边协议

Agreement between the Government of Malaysia and the Government of Indonesia on the delimitation of the continental shelves between the two countries	《印度尼西亚政府和马来西亚政府关于划分两国间大陆架的协定》	1969年10月27日
Agreement between the Government of the Commonwealth of Australia and the Government of the Republic of Indonesia Establishing Certain Seabed Boundaries	《印度尼西亚共和国政府和澳大利亚联邦政府确定特定海底边界的协定》	1971年5月18日
Agreement between the Government of the Kingdom of Thailand and the Government of the Republic of Indonesia relating to the Delimitation of a Continental Shelf Boundary between the Two Countries in the Northern Part of the Strait of Malacca and in the Andaman Sea	《印度尼西亚共和国政府和泰王国政府关于划定两国在马六甲海峡北部及安达曼海大陆架边界的协定》	1971年12月17日

续表

Agreement between the Government of the Republic of Indonesia, the Government of Malaysia and the Government of the Kingdom of Thailand Relating to the Delimitation of the Continental Shelf Boundaries in the Northern Part of the Strait of Malacca	《印度尼西亚共和国政府、马来西亚政府和泰王国政府关于三国在马六甲海峡北部大陆架的划界协定》	1971年12月21日
Agreement between the Commonwealth of Australia and the Republic of Indonesia on Seabed Boundaries in the Area of the Timor and Arafura Seas	《印度尼西亚共和国政府和澳大利亚联邦政府在帝汶海和阿拉弗拉海区域海底边界的协定》	1972年10月9日
Agreement between the Government of the Commonwealth of Australia and the Government of the Republic of Indonesia Establishing Certain Seabed Boundaries in the Area of the Timor and Arafura Seas	《印度尼西亚共和国政府和澳大利亚联邦政府在帝汶海和阿拉弗拉海区域确立特定海底边界的协定》	1972年10月9日
Agreement between Australia and Indonesia concerning certain Boundaries between Papua New Guinea and Indonesia	《印度尼西亚和澳大利亚关于巴布亚新几内亚和印度尼西亚之间几条边界的协定》	1973年2月12日
Agreement Stipulating the Territorial Sea Boundary Lines between Indonesia and the Republic of Singapore in the Strait of Singapore	《印度尼西亚与新加坡在新加坡海峡的领海划界协定》	1973年5月25日
Agreement between Australia and Indonesia Concerning certain Boundaries between Papua New Guinea and Indonesia	《印度尼西亚和澳大利亚关于巴布亚新几内亚和印度尼西亚之间某几条边界的协定》	1974年2月12日

续表

Agreement between the Government of the Republic of India and the Government of the Republic of Indonesia Relating to the Delimitation of the Continental Shelf Boundary between the Two Countries	《印度尼西亚共和国政府与印度共和国政府关于两国大陆架的划界协定》	1974年8月8日
Agreement between the Government of the Republic of Indonesia and the Government of the Kingdom of Thailand Relating to the Delimitation of the Sea-Bed Boundary between the Two Countries in the Andaman Sea	《印度尼西亚共和国政府和泰王国政府关于划定两国在安达曼海域海底边界的协定》	1975年12月11日
Agreement between the Government of the Republic of India and the Government of the Republic of Indonesia on the Extension of the 1974 Continental Shelf Boundary between the Two Countries in the Andaman Sea and the Indian Ocean	《印度尼西亚共和国政府与印度共和国政府关于延长两国1974年就安达曼海和印度洋的大陆架达成的边界的协定》	1977年1月14日
Agreement between the Government of the Republic of Indonesia, the Government of the Republic of India and the Government of the Kingdom of Thailand Concerning the Determination of the Trijunction Point and the Delimitation of the Related Boundaries of the Three Countries in the Andaman Sea	《印度尼西亚共和国政府、印度共和国政府和泰王国政府关于在安达曼海域三国交界点划定相关边界的协定》	1978年6月22日
Agreement between the Government of the Republic of Indonesia and the Government of Papua New Guinea Concerning the Maritime Boundary between the Republic of Indonesia and Papua New Guinea and Cooperation on Related Matters	《印度尼西亚共和国政府和巴布亚新几内亚政府关于两国在海上边界和有关事项上的合作协定》	1980年12月13日

续表

Memorandum of Understanding between Indonesia and Australia concerning the Implementation of a Provisional Fisheries Surveillance and Enforcement Arrangement	《印度尼西亚和澳大利亚关于实施临时渔业监管与执行安排的谅解备忘录》	1981年10月29日
Timor Gap Treaty	《帝汶缺口合作条约》	1989年12月11日
Agreement between the Government of Australia and the Government of the Republic of Indonesia on Maintaining Security	《印度尼西亚共和国政府和澳大利亚联邦政府关于安全保障的协定》（AMS）	1995年12月18日
Malaysia-Indonesia Prevention of Incidents at Sea Agreement (MALINDO INCSEA)	《印度尼西亚—马来西亚避免海上事故协定》	2001年1月18日
Joint Declaration on the Comprehensive Partnership between The Government of the Republic of Indonesia and The Government of Australia	《印度尼西亚共和国政府和澳大利亚联邦政府关于全面伙伴关系的联合声明》	2005年4月4日
Agreement Between the Government of the Republic of Indonesia and the Government of the Russian Federation Regarding the Protection of Reciprocity of Intellectual Activity Results Implemented and Acquired in the Framework of Military-Military Bilateral Cooperation	《印度尼西亚共和国政府和俄罗斯联邦政府关于相互保护在双边军事技术合作过程中应用和获得智力活动成果的权利的协定》	2006年
Memorandum of Understanding Between the Government of the Republic of Indonesia and the Government of the Russian Federation on Assistance in Implementation of the Program of the Indonesia-Russian Military-Techincal Cooperation for 2006-2010	《印度尼西亚共和国政府与俄罗斯联邦政府关于协助实施2006—2010年印度尼西亚—俄罗斯军事技术合作方案的谅解备忘录》	2006年6月29日

续表

Agreement between Australia and the Republic of Indonesia on the Framework for Security Cooperation	《印度尼西亚共和国和澳大利亚联邦关于安全合作框架的协定》	2006年11月13日
Lombok Treaty	《龙目条约》	2006年11月13日
Agreement between the Government of the Republic of Indonesia and the Government of the Republic of Singapore on Defence Cooperation	《印度尼西亚共和国与新加坡共和国关于防务合作的协定》	2007年4月27日
Memorandum of Understanding between The Nationa Oceanic and Atmospheric Administration U.S. Department of Commerce of The United States of America and The ministry of Marine Affairs and Fisheries of The Republic of Indonesia on Marine and Fisheries Science, Technology and Applications Cooperation	《印度尼西亚海洋事务和渔业部与美国国家和大气管理局、美国商务部关于海洋和渔业科学、技术与应用合作的谅解备忘录》	2007年9月18日
Jointly Declaration by Ocean Policy Research Foundation (OPRF) of Japan and Institute for Maritime Studies (IMS) of Indonesia	《印度尼西亚海洋研究所与日本海洋政策研究基金会关于海上安全合作的联合宣言》	2008年10月9日
Framework Arrangement on Cooperative Activities in the Field of Defense between the United States of America and the Republic of Indonesia	《印度尼西亚共和国政府与美利坚合众国防务领域合作框架协议》	2010年6月
Joint Declaration on New Strategic Partnership between the Republic of India and the Republic of Indonesia	《印度尼西亚共和国与印度共和国关于建立新型战略伙伴关系的联合声明》	2011年1月25日

续表

Agreement Between the Government of the Republic of Indonesia and the Government of the Russian Federation on Military-Techincal Cooperation	《印度尼西亚共和国政府与俄罗斯联邦政府关于军事技术合作的协定》	2012年4月24日
Indonesia-Malaysia-Philippines Trilateral Cooperative Arrangement	《印度尼西亚—菲律宾—马来西亚三方合作安排》	2016年7月14日
Joint Declaration by President of the Republic of Indonesia and President of the Republic of the Philippines on Cooperation to Ensure Maritime Security in Sulu Sea	《印度尼西亚共和国总统和菲律宾共和国总统关于合作确保苏禄海海上安全的联合宣言》	2016年9月9日
IMT-GT Implementation Blueprint 2017-2021	《2017—2021年印尼—马来西亚—泰国增长三角区实施蓝图》	2017年4月29日
Plan of Action for the Implementation of the Joint Declaration on Maritime Cooperation between the Government of Australia and the Government of the Republic of Indonesia	《关于执行〈印度尼西亚共和国政府和澳大利亚联邦政府关于海上合作的联合宣言〉的行动计划》	2018年3月16日
Joint Declaration on Comprehensive Strategic Partnership between Australia and the Republic of Indonesia	《印度尼西亚共和国政府和澳大利亚联邦政府关于建立全面战略伙伴关系的联合宣言》	2018年8月31日
Joint Statement on the Eighth Australia-Indonesia Foreign and Defence Ministers' 2+2 Meeting	《关于第八次印度尼西亚—澳大利亚外长和国防部长2+2会议的联合声明》	2023年2月10日
Joint Declaration on the Comprehensive Partnership between the United States of America and the Republic of Indonesia	《印度尼西亚共和国与美利坚合众国关于全面伙伴关系的联合宣言》	2023年11月14日

二、印度尼西亚涉海多边协议

Banda Sea Agreement I	《班达海协定I》	1968年
Banda Sea Agreement II	《班达海协定II》	1975年
Banda Sea Agreement III	《班达海协定III》	1979年
International Convention for the Safety of Life at Sea 1960	《1960年国际海上人命安全公约》	1960年6月17日
International Convention on Load Lines	《国际载重线公约》	1966年4月5日
International Convention on Civil liability for Oil Pollution Damage, 1969	《1969年国际油污损害民事责任公约》	1969年11月29日
International Convention on the Establishment of an International Fund for Compensation for Oil Pollution Damage, 1971	《1971年设立国际油污损害赔偿基金国际公约》	1971年12月18日
Convention on the International Regulations for Preventing Collisions at Sea, 1972	《1972年国际海上避碰规则公约》	1972年10月20日
International Convention for Safe Containers(CSC), 1972	《1972年国际集装箱安全公约》	1972年12月2日
International Convention for the Safety of Life at Sea (SOLAS), 1974	《1974年国际海上人命安全公约》	1974年11月1日
Protocol of 1978 Relating to the International Convention for the Safety of Life at Sea 1974	《〈1974年国际海上人命安全公约〉1978年议定书》	1978年2月17日
International Convention on Standards of Training, Certification and Watchkeeping for Seafarers	《海员培训、发证和值班标准国际公约》	1978年7月7日
United Nations Convention on the Law of the Sea	《联合国海洋法公约》	1982年12月10日
Amendments to the Annex of the Protocol of 1978 relating to the International Convention for the Prevention of Pollution from Ships, 1973	《〈1973年国际防止船舶造成污染公约〉1978年议定书》	1983年10月2日

续表

Convention on Biological Diversity	《联合国生物多样性公约》	1993年12月29日
Convention on the Conservation and Management of High Migratory Fish Stocks in the Western and Central Pacific Ocean	《中西部太平洋高度洄游鱼类种群养护和管理公约》	2004年6月19日
Coral Triangle Initiative on Coral Reefs, Fisheries, and Food Security	《珊瑚三角区倡议》	2009年5月

三、印度尼西亚涉海国内法令

The 1945 Constitution of the Republic of Indonesia	《印度尼西亚共和国宪法（1945年）》	1945年8月18日
Act No.4 of 1982 on the basic provisions for the management of the living environment	《印度尼西亚人类环境基本法》（1982年第4号法令）	1982年3月11日
Act No. 5 of 1983 on the Indonesian exclusive economic zone	《印度尼西亚专属经济区法》（1983年第5号法令）	1983年10月18日
Act No. 17 of 1985 on Ratification of the United Nations Convention on the Law of the Sea	《关于批准〈联合国海洋法公约〉的法令》（1985年第17号法令）	1985年12月31日
Permit for private and Foreign Companies to Fishing in the Indonesian EEZ	《关于外国私人企业在印度尼西亚专属经济区捕鱼的许可》	1990年5月29日
Law of The Republic of Indonesia No.5/1990 Concerning Conservation of the Living Natural Resources and its Ecosystem	《印度尼西亚生物多样性及其生态系统保护法》（1990年第5号法令）	1990年8月10日
Act No. 24 of 1992 concerning spatial use management	《印度尼西亚空间使用管理法》（1992年第24号法令）	1992年10月13日
Act No.6 of 1996 on the Republic relating to the Indonesian Waters	《印度尼西亚水域法》（1996年第6号法令）	1996年8月8日

续表

Law Concerning Environmental Management Law No. 23 of 1997	《印度尼西亚人类环境管理法》（1997年关于环境管理的第23号法令）	1997年9月19日
Act No. 22 of 1999 concerning Regional Administrations	《印度尼西亚地方政府法》（1999年第22号法令）	1999年5月7日
Laws on Regional Autonomy 22/1999	《1999年关于地方自治的第22号法令》	1999年5月7日
Presidential Decree No. 177/2000 on organizational structures and tasks of ministries	《印度尼西亚关于政府部门组织结构和职责的总统令》（2000年第177号总统令）	2000年
President of the Republic of Indonesia Number 101 of 2001 about Position, Task, Function, Authority, the Organizational Arrangement, and the Country's Ministerial Workspace	《印度尼西亚关于职位、职责、职能、职权、组织安排和部长办公场所的总统令》（2001年第101号总统令）	2001年
Presidential Decree Number 102 of 2001 concerning Position, Duty, Function, Authority, and Organization of the Department	《印度尼西亚关于部门职位、职责、职能、职权和组织的总统令》（2001年第102号总统令）	2001年
Presidential Decree Number 103 of 2001 concerning the Position, Duties, Functions, Authority, Organization Structure	《印度尼西亚关于部门职位、职责、职能、职权和组织架构的总统令》（2001年第103号总统令）	2001年
Act No. 32 of 2004 concerning Regional Administrations	《印度尼西亚地方政府法》（2004年第32号法令）	2004年1月1日
Law of The Republic of Indonesia Number 17 of 2007 on Long-term National Development Plan of 2005-2025	《印度尼西亚关于2005—2025年国家长期发展计划的法案》（2007年第17号法令）	2007年2月5日

续表

Presidential Regulations No. 7/2008 on General Policy Guidelines on State Defence Policy	《印度尼西亚关于国防总方针的总统令》（2008年第7号总统令）	2008年
Act No. 11 of 2010 concerning Cultural Conservation	《印度尼西亚文化遗产法》（2010年第11号法令）	2010年10月
Laws on Regional Autonomy 23/2014	《2014年关于地方自治的第23号法令》	2014年10月2日
Law of the Republic of Indonesia No. 32 of 2014 about the Sea	《印度尼西亚海洋法》（印度尼西亚2014年关于海洋事务的第32号法令）	2014年10月17日

后　记

　　在当前区域国别研究兴起的背景下，印度尼西亚受到学界越来越多的关注。印度尼西亚是海洋国家，了解印度尼西亚海权发展史，是解读印度尼西亚对外战略或具体外交政策的必要基础。印度尼西亚位于亚洲的东南部地区，作为东南亚最大的国家，也是世界上穆斯林人口最多的国家，印度尼西亚在东南亚和全球伊斯兰世界扮演着重要角色。通过马六甲海峡，印度尼西亚控制着联通太平洋和印度洋的黄金水道，具有十分重要的战略地位。马六甲海峡是我国南海进入印度洋到南亚、中东和非洲的咽喉要道。从地区影响力和地缘战略角度看，印度尼西亚是我国"一带一路"共建国家，对东南亚"一带一路"建设具有重要的示范和外溢作用。这也是笔者起初选择深化印度尼西亚研究的一大现实原因。

　　除了地理上的特殊禀赋，印度尼西亚拥有作为海洋大国的一切禀赋和从事海洋活动的悠久历史。印度尼西亚是世界上最大的群岛国家，素有"千岛之国"和"赤道翡翠"的美誉。从公元7世纪开始，依靠强大的海上力量，印度尼西亚古国室利佛逝与周边国家贸易往来频繁，以海上贸易立国，成为印度尼西亚海权的历史起源。在中国的明朝年间，爪哇岛上的麻喏巴歇与明朝政府保持着密切的商贸往来和文化交流。从人文交流层面，探讨印度尼西亚海权发展史，对于研究我国古代海上丝绸之路和中印尼人文交流的历史演变具有重要价值。

　　由于印度尼西亚的海洋国家特质，印度尼西亚的近现代发展史也是一部海权发展史。自16世纪初，葡萄牙殖民者来到印度尼西亚，开始对印度尼西亚殖民统治，接着西班牙、荷兰、英国、日本等国也相继对印度尼西亚殖民侵略，列强对印度尼西亚的殖民侵略过程实际上也是印度尼西亚海权历史变迁过程。印度尼西亚独立后，历届政府都推出了有涉及海洋权益的法律法规。1957年，印度尼西亚宣布为群岛制度国家，同年12月13日，《朱安达宣言》（Djuanda Declaration）的发表，意味着印度尼西亚政府正式确立海权相关的制度。佐科总统把建设"全球海洋支点"构想作为国家战略，旨在把印度尼西亚打造成海洋强国，为此目标，佐科政府曾推动"全球海洋支点"构想与我国共建"21世纪海上丝绸之路"倡议对接。从国家战略层面，印度尼西亚能否被塑造成海洋强国，直接关系到印度尼西亚能否实现"2045黄金愿景"。

　　基于上述思考，笔者才以"印度尼西亚海权发展"为主题申报2019年国家社科基金后期资助并幸运成功，而且据查是国内首个相关主题的国家级社科项目，让笔者在感到幸运之余又压力山大。在此，我要感谢曾经对拙作各章写作作出贡献的同学，包括：第一章，胡翊；第二章，瞿琼；第三章，邢喜忠；第四章，余珍艳。在国家社科基金评审专家和世界知识出版社编辑的建议和帮助下，课题组对拙作框架做了较大调整，包括对原稿的第二章、第三章进行了合并，在此，对所有课题组成员、评审专家和审稿编辑表示诚心感谢。由于笔者水平和精力有限，拙作纯属抛砖引玉，请同仁多指正批评。

王勇辉
2024年10月31日
于桂子山